VOYAGES D'UN CRITIQUE
A TRAVERS LA VIE ET LES LIVRES

L'ANGLETERRE
LITTÉRAIRE

OUVRAGES DU MÊME AUTEUR

PUBLIÉS DANS LA BIBLIOTHÈQUE CHARPENTIER

A 3 fr. 50 le volume.

La Psychologie sociale des nouveaux peuples........ 1 vol.
L'Antiquité................................... 1 vol.
Le Moyen âge................................ 1 vol.
Mémoires, tome I⁸ʳ........................... 1 vol.

ŒUVRES
DE
PHILARÈTE CHASLES

VOYAGES D'UN CRITIQUE
A TRAVERS LA VIE ET LES LIVRES

L'ANGLETERRE

LITTÉRAIRE

Was ich erlebte und erwanderte.
STEFFENS.

PARIS
CHARPENTIER ET Cie, LIBRAIRES-ÉDITEURS
13, RUE DE GRENELLE-SAINT-GERMAIN, 13

1876

AVANT-PROPOS

Gœthe avait raison de dire, peu de temps avant sa mort, que l'Europe ne formait plus qu'une grande patrie littéraire. L'esprit de localité, qui appartenait au moyen âge, et que le morcellement féodal développa si puissamment, est aujourd'hui éteint. L'Europe n'a plus qu'une littérature, soumise à plusieurs influences philosophiques et surtout à des tendances politiques très-diverses ; mais exempte des entraves de la nationalité ancienne. On comprend assez bien Fichte, Schelling et Hegel, en Italie. Voltaire est lu en Allemagne ; Manzoni et Pellico auraient pu écrire en français, Walter Scott en allemand; et les nuances qui différencient les bons écrivains des régions diverses de l'Europe vont s'effaçant de jour en jour. M. Bulwer, l'un des romanciers à la mode en Angleterre, a le même scepticisme, le même goût pour les saillies, le même coloris brillant et fin, mais un peu sec, la même netteté de touche, que l'on regardait comme la propriété exclusive du génie français. Le *chauvinisme* littéraire, la prétention d'être *Français*, et de n'être que Français par l'intelligence, devient un ridicule assez rare. On convient que tous les développements de l'esprit ont leur mérite, et que les querelles soulevées à ce propos, sont des querelles fort sottes et fort inutiles, abandonnées aux Colletets et aux Pradons.

Il y a un passage assez drôle des lettres de Voiture, où il parle de la réception faite à trois docteurs teutoniques par Mme de Rambouillet : tous ces Messieurs sont en *us*, Salvius Cruquius, Borchius ; l'un d'eux porte un manteau de satin violet, hiver comme été. On les traite en véritables bêtes curieuses parce qu'ils sont du Nord : on les engage à parler devant le monde ; on examine leurs révérences, on prend mesure du collet de leur habit et de la dimension de leurs pourpoints. Longtemps on tient son sérieux, mais enfin l'on n'en peut plus, on éclate de rire quand l'un d'eux, qui ne parle que latin, propose à une de ces belles dames d'apprendre l'allemand pour *se divertir*. Dans les œuvres de Boisrobert se trouve un autre fragment non moins plaisant, où l'écrivain pensionné de Mgr le cardinal raconte la surprise de Richelieu et de sa cour, entendant citer une phrase du chancelier Bacon ; personne ne savait que le chan-

celier Bacon eût existé : « Qui pourrait croire que,
« parmi les Bretons farouches,

> ..... *Remotos orbe Britannos,*
> ..... *Britannos, hospitibus feros ;*

« et parmi les glaces du Septentrion se trouverait un
« homme qui parlât avec ce *grand air* et cette noble
« façon cicéronienne. » Voilà l'esprit français d'autrefois ; grâce à Dieu, nous en sommes loin ; et le Boisrobert qui se moquerait de Gœthe ou du chancelier Bacon, ne serait qu'une exception plaisante ; le public lui rirait au nez.

Les préjugés de la France contre l'Angleterre, et ceux de l'Angleterre contre nous, vont s'effaçant chaque jour. On ne pouvait guère s'y attendre en 1820. Alors les Cockneys de Londres imaginaient encore que la *soupe maigre* était le seul repas de nos ouvriers, et que nos gastronomes ne se nourrissaient que de grenouilles. A peu près vers la même époque, j'ai entendu de graves patriciens et de célèbres littérateurs de Paris, grandes gloires *in illo tempore*, affirmer que la dépravation du goût français tenait uniquement à la lecture de Shakspeare, et que la société ne subsisterait pas deux jours si un théâtre anglais s'ouvrait dans la capitale de la France. Aujourd'hui toutes les nations se donnent amicalement la main.

Les Italiens écrivent un peu comme les Anglais ; et les Allemands se mettent au pas. Personne n'écrit plus ce style lourdement latin de Goldtsched, Samuel Johnson ou Trublet ; deux membres de phrase équilatéraux, flanqués de deux verbes équisonnants, et fleuris de trois épithètes en *crescendo*. Une nouvelle évolution de cette roue éternelle qui tourne sur elle-même sans s'arrêter jamais confond les styles européens.

Depuis environ un demi-siècle, la langue anglaise s'est éloignée du type gallique admiré de 1650 à 1750 ; elle a cherché des effets nouveaux dans ses inspirations primitives, dans les idiotismes, les tours de phrases et les expressions originairement teutoniques. Burke, tous les grands orateurs irlandais, Shéridan, Curran, Mackintosh, l'admirable prosateur Lamb, Southey, Macaulay, Bentham, ont gravé dans leurs écrits cette empreinte saxonne répudiée par Pope et Addison, empreinte dont il est difficile de donner une idée aux lecteurs étrangers, mais qui se distingue par une si vive saveur, par une si énergique concentration, par une profondeur si ardente, quand le talent veut en user ; par l'obscurité, la confusion et la raideur, lorsqu'un esprit médiocre ou faux s'en empare.

Les premières œuvres de talent que l'on rencontre dans la littérature anglaise avant le seizième et pendant le seizième siècle, les bons contes de Chaucer, la vision du laboureur Pierce, la prose concise et piquante de Bacon, portent ce cachet original de la langue et du génie anglais. Il se perpétue jusqu'à l'époque de Cromwell, non sans subir la vive et profonde influence des émotions religieuses ; mais après Cromwell il s'efface. Milton lui-même, nourri d'études classiques et hébraïques, jette l'idiome national dans un monde savant. C'est du règne de Charles II, c'est de la Restauration que datent une nouvelle littérature, une langue nouvelle. Il se fait une réaction subite contre le vieux style anglais, demi-saxon, demi-biblique ; style admirablement varié, riche, fécond, expressif, coloré de mille nuances hardies, susceptible de rendre toutes les finesses et toute la grandeur de la pensée ; style vraiment magique tel qu'il s'offre dans Shakspeare, qui en est le maître et le modèle. La période qu'embrasse cette réaction n'est pas sans éclat. Abandonnant le vieux modèle gothique, les écrivains s'inspirent de notre littérature, et latinisent leur style en voulant le rendre français. On voit briller Dryden suivi de Pope, Swift, Chesterfield, et de tous les beaux-esprits de la reine Anne, proches parents de nos classiques. Cette période dure jusqu'au commencement de notre révolution : alors l'école française a donné tous ses fruits, et l'éternelle mobilité de l'esprit humain ramène tout à coup le public anglais vers l'école ancienne de Shakspeare. Il étudie les vieux poëtes, il écoute les vieilles ballades, il s'étonne d'avoir méprisé tant de beautés, négligé tant de mérite et délaissé une littérature toute nationale, aux racines profondément implantées dans le sol, au feuillage vaste et luxuriant, aux formes capricieusement pittoresques. De cette révolution qui commence avec Burke et Godwin, qui se continue avec Walter-Scott et Erskine, naquirent les œuvres de Southey, Jeffrey, Byron, Coleridge, Wordsworth, Shelley, Dikens, et cette magnifique série de talents qui, rafraîchis et puisant de la vigueur aux sources de l'ancien langage et de la littérature primitive, ont jeté un si vif éclat sur l'Angleterre du dix-neuvième siècle.

Quel est le style qui mérite d'être repoussé? Autant vaudrait bannir une teinte de la palette ou une note de la gamme. Cette exclusion et cet anathème ne sont-ils pas d'un ridicule énorme? Quelle manière et quel style n'ont pas leur modèle admirable et leur type particulier? La Bruyère et Molière, Shakspeare et Cervantes, n'ont-ils pas écrit? Sous combien de formes l'intelligence de l'homme s'est-elle manifestée? De combien de reflets, de couleurs et de nuances s'est-elle parée? Sous combien de métamorphoses peut-elle se montrer féconde, souple, pénétrante, lumineuse, compréhensive, sublime? Qui oserait le dire? Laissez-lui sa liberté. Que Campistron et Racine écrivent dans le même genre, que Shakspeare et ses imitateurs marchent dans la même voie, que le génie et la médiocrité se coudoient sous la même bannière ; ne craignez rien, on ne les confondra pas.

D'époque en époque, chacune des nuances du mouvement intellectuel en Angleterre s'est caractérisée d'une manière nouvelle. Le style de Chaucer n'est pas plus celui de Shakspeare que celui de Walter Scott. Dikens n'écrit ni comme Stéele ni comme Walpole.

L'imitation italienne domine sous le règne d'Élisabeth, et colore d'un rayon méridional les œuvres de Shakspeare et de ses contemporains : un pétrarchisme élégant adoucit et orne les études sévères et les énergiques créations du Nord. Ensuite vient la haute influence de la théologie, de la Bible et du fanatisme puritain, sous Charles Ier et sous le protectorat de Cromwell. Modelée par ces antécédents, la langue anglaise change tout à coup, cède à l'ascendant d'une cour et d'un roi devenus français, s'assouplit, se modère, s'astreint à une marche logique, lucide, plus gracieuse qu'animée, plus élégante que pittoresque. Puis elle revient sur ses pas, remonte à son origine, cherche un rajeunissement dans l'étude de ses vieilles formes ; mais ici encore une influence étrangère et toute nouvelle la modifie à son insu ; le génie de l'Allemagne moderne la pénètre ; Walter-Scott, Byron, Coleridge, surtout Carlyle, doivent plus d'une inspiration à Gœthe, à Schiller, à Herder. Ainsi va se transformant sans cesse l'intelligence humaine, dont l'histoire serait belle, curieuse, colorée, passionnée même, si l'on s'avisait de l'écrire et de substituer ses magnifiques annales aux pauvres histoires littéraires que nous possédons ! Elles enseignent la date des livres, quelquefois leur succès ou même leur mérite, mais non la pensée qui les anime, qui serpente à travers les siècles, court en replis lumineux, ardents, obscurs, ondoyants ; poésies, drame, philosophie, pamphlet, éloquence, roman tour à tour ; italienne, hébraïque, française, latine, allemande, dans ses formes ; résumé complet de la vie morale d'un peuple, de tous ses goûts, de tous ses caprices, de toutes ses alliances même éphémères !

Institut, 1er juin 1871.

FRANCIS JEFFREY

FONDATION, DÉVELOPPEMENT ET INFLUENCE
DE LA *REVUE D'ÉDIMBOURG*.

FRANCIS JEFFREY

FONDATION, DÉVELOPPEMENT ET INFLUENCE DE LA *REVUE D'ÉDIMBOURG*.

§ I

Naissance de Jeffrey. — Sa famille. — Son éducation. — Situation morale et littéraire de l'Écosse au commencement du dix-neuvième siècle. — Luttes de la jeunesse. — Mariage. — Société et mœurs d'Édimbourg.

Francis Jeffrey, l'homme qui, depuis les premières années du présent siècle, a donné au sens critique en Europe et à travers le monde civilisé l'impression la plus vive, le premier directeur de la *Revue d'Édimbourg*, est né dans cette métropole de l'Écosse, le 23 octobre 1773.

Il a été l'organe le plus net et le plus puissant de la Critique philosophique, pendant trente années.

Trois vices aident à précipiter les sociétés sur le penchant de la ruine morale ; — le dénigrement, le commérage et la fausse admiration. Le remède à ces maux est le sens critique.

Le sens critique touche au sens moral par des racines profondes, ou plutôt l'un n'est que le mode intellectuel de l'autre; tous deux s'accordent à nier le mensonge. On assure ainsi les bases du vrai, on croit ce qui mérite croyance, on aime ce qui mérite l'amour.

Enfin la vie retrouve son but sérieux.

Jeffrey, au commencement de ce siècle, a été l'expression la plus sévère du sens critique, tel que le possède encore cette race écossaise, qui a conservé intacte la perception du beau moral, du pittoresque dans la nature extérieure, de la famille dans sa joie et son austérité, enfin ce culte de l'individualité réglée par le devoir, ce respect de soi-même et ce libre développement qui grandit les peuples en conservant les races.

L'action de Jeffrey et sa carrière ont été politiques. Dans la lutte engagée entre les deux éléments de la vie sociale, — mobilité et permanence, esprit critique et génie conservateur (deux éléments essentiels et dont on ne peut effacer l'un ou l'autre qu'au profit du néant), Jeffrey a servi d'organe à la section la plus austère, la moins utopiste et la moins destructive du parti libéral. La cause des whigs l'a eu pour propagateur et pour athlète. Il y a intéressé le monde. Il a enrôlé sous ses drapeaux une foule de convictions. La *Revue d'Édimbourg* est devenue la forteresse du whiggisme écossais. Jeffrey personnifiait très-bien ce groupe calviniste.

Porté à la Chambre des communes par sa réputation et son talent, il servit sous le drapeau de ses amis, prit une part honorable et passagère à la politique active, n'y vit qu'un épisode, et couronna, en remplissant dignement les fonctions de la magistrature suprême, une carrière que la sagacité du critique avait brillamment ouverte. Le roturier et l'homme de lettres, le critique de Moore et de Byron, mourut entouré d'autant de considération que Wilberforce ou Canning.

Races qui voulez vivre, estimez donc la critique et le sens moral.

Né d'une famille obscure, agricole et calviniste, dont quelques membres étaient attachés au barreau, il eut pour père Georges Jeffrey, « *député clerc* de la Cour suprême, » et pour mère Henriette Louden, parente par alliance des Napier et des Wilkes. Le père, tory de la vieille roche, assez pauvre et d'humeur sauvage, voyait avec chagrin les tendances whigs se développer dans sa jeune famille ; le brave homme n'épargna rien néanmoins pour élever et instruire l'enfant ; ce Francis aux cheveux crépus que le bon Dieu lui avait donné. On estimait fort à Édimbourg la poésie, le savoir et le talent. Passant par la rue haute d'Édimbourg, pendant l'hiver de 1787, l'enfant s'arrêta devant un homme qui lui parut singulier d'attitude et de physionomie. — « Hé ! *laddie* (1)*!* » lui dit un boutiquier, debout sur le pas de sa porte, en lui frappant sur l'épaule, « regardez-le bien, celui-là ! « C'est *Robert Burns!* » Un autre jour Jeffrey enfant eut l'honneur de relever et de replacer sur ses jambes le fameux Boswell, qui une fois restitué à son attitude ordinaire daigna causer avec lui et lui prédire qu'il serait quelque chose à son tour. Le goût du pittoresque avait pris l'enfant dès le premier âge. La pension où il recevait les premiers éléments de la lecture et de l'écriture était située dans une de ces localités bizarres qui ne se trouvent guères qu'à Édimbourg (*Bell-Fyfés-Close*); le souvenir en resta vivant chez Jeffrey, qui se plut à le visiter souvent dans la suite. L'instituteur qui demeurait là, un nommé Fraser, donna les premières leçons à Walter Scott, à François Jeffrey et à Henri Brougham. On sait quels admirables et singuliers aspects offrent les hauteurs d'Édimbourg et les collines qui l'environnent : jamais François Jeffrey, devenu membre du Parlement, homme politique et l'un des chefs de la magistrature du pays, ne connut de plaisir plus vif qu'une promenade sur ce nid de rochers.

Il y a des atmosphères qui donnent force et vigueur à l'âme, d'autres qui l'énervent..... « L'Écosse (ainsi s'exprime très-bien Jeoffroy) est le pays de la vertu

---

(1) *Garçonnet,* mot de patois.

« domestique ! » On peut ajouter que c'est le pays de la discussion, du raisonnement et de l'esthétique. Tous les paysans discutent ; le fermier, controversiste et théologien, sait la littérature et pratique l'Exégèse. Voici comment débute la biographie d'un fermier écossais qui a laissé quelques traités d'agronomie (Adam Dickson) : « Son père, dit le biographe, était théolo-
« gien et agriculteur. Propriétaire d'une ferme dans
« l'*East Lothian* il fit élever à l'université d'Édim-
« bourg son fils qu'il destinait à la même carrière.
« La société des fermiers du pays, si lettrés et si
« bien faits pour causer avec des gens de lettres, con-
« tribua à le former. »

Ces mots laissent deviner un état de société sans rapport avec les sociétés méridionales ; l'usage du sens personnel et de l'examen libre chez les plus humbles, le demi-sacerdoce chez le laïque, la spéculation théologique chez l'homme pratique, forment un ensemble de relations qu'a développées en Écosse l'institution calviniste, c'est-à-dire la démocratie religieuse jointe à l'esprit teutonique. Tout est âpre et sincère mais fécond sur cette pointe septentrionale de l'île Britannique ; Angleterre du nord, moins celtique malgré l'existence isolée de ses « highlanders » que tout le reste de l'île, moins rapprochée par les mœurs et le langage de l'Europe continentale que de la vieille Scandinavie. Dans les crises importantes le génie national s'est retrempé en

Écosse. L'individualité y a créé les écoles philosophiques des Dugald Stewart, des Monboddoe, des Playfair, des Reid, et cette longue série de métaphysiciens dont on connaît la subtilité sagace. Le même pays est devenu le centre du calvinisme du Nord. Là le prêtre démocrate remplit une mission philosophique. Il soutient les faibles, relève les âmes, gourmande les tièdes, console les affligés, reconforte les malades. Impossible de faire entrer plus avant la religion dans la société active ; impossible aussi d'aviver plus puissamment le sentiment de l'individu libre et pensant, d'aiguiser davantage les facultés de critique, de raisonnement et de jugement personnel.

La discussion était en honneur à Édimbourg ; clubs littéraires, assemblées dites « spéculatives », réunions de jeunes gens discuteurs « debaters » y entretenaient un perpétuel mouvement critique. En matières doctrinales, mille convictions disparates. Ni les défauts ni les faiblesses provinciales ; Edimbourg c'était la métropole d'un petit centre harmonique, parfaitement compacte, un et organique ; — conforme aux habitudes et à la direction du moyen âge qui au lieu de réduire tous les éléments à la formule d'un cadastre uniforme établissait des centres partiels. L'esprit républicain y développait la dignité personnelle, et faisait prospérer les localités séparées sans les détacher de la patrie. Ville intellectuelle, érudite et religieuse ; ni commerciale, ni manufacturière ; Édimbourg avait son collége, ses cours de justice et son congrès ecclésiastique. Une aristocratie paisible, peu ambitieuse, fière, venait l'habiter en hiver et quittait assez tard ses tourelles situées dans les « glens » et au sommet des rochers verdoyants. Le bruit lointain du continent, de ses voluptés et de ses déchéances, de ses splendeurs et de ses révolutions étonnait cette population énergique et calme ; la vieille mère du laboureur savait par cœur les ballades du pays ; la femme du laird apprenait volontiers le grec et la chimie. Les originaux et hommes bizarres y abondaient. Les familles se conservaient pures, l'esprit religieux était général, l'amour de la patrie profond. Le commerce et les manufactures suffisaient à l'activité nationale. Rien de la vigueur morale n'était en déchéance. Avec de telles qualités un peuple ne pouvait être faible.

Ce qui est certain, c'est que, très-pauvre par elle-même et placée à côté d'une rivale redoutable, l'Écosse marchait rapidement à la prospérité. La mémoire du passé, la loyauté envers les aïeux, l'amour des choses d'autrefois, caractères particuliers aux peuples germains, y régnaient encore. Tel se vantait d'avoir dîné avec le prétendant, tel autre l'avait vu entrer dans le palais d'Holyrood ; un troisième avait causé avec David Hume et Allan Ramsay. Les vieilles coutumes subsistaient, ainsi que les vieux costumes ;

là vivait, à côté du Keltisme, l'archéologie saxonne et danoise de l'Angleterre. L'expression la plus accentuée du génie teutonique refoulé vers la mer et gardant toute sa séve, se trouvait à Édimbourg.

C'était le seul pays d'Europe où l'on pût se donner, au commencement du siècle, le plaisir et le spectacle d'une assemblée théologique telle que le moyen âge les a connues. Elle se nommait *Assemblée générale.* Populaire et ecclésiastique, cette bizarre machine, inventée par les presbytériens, est « un peu déchue, dit lord Cockburn, mais curieuse encore, bien qu'elle ait perdu de son attrait et de son grand air d'antiquité. » Deux cents ecclésiastiques et cent cinquante *Elders*, présidés par un *Modérateur*, s'y réunissent sous la surveillance d'un commissaire de la couronne et y décident les cas difficiles et épineux relatifs aux matières religieuses et à la vie privée des ministres de l'Église. — « On y voit des représen« tants du trône en costume de cérémonie, étin« celants d'or, de velours et d'antiques ornements ; —
« puis cent figures originales ; personnages hétéro« clites sortis de tous les recoins du pays, des villes
« naissantes, des bourgs ruinés, des districts agri« coles, des vallées sauvages, des universités anti« ques. Dialectes variés, patois étranges prononcés
« par des gens qui n'ont pas entendu dans le cours de
« leur vie un seul mot d'anglais ; — dialogues étour« dissants, — coteries rivales, — costumes extraordi-

« naires ; — un mélange inouï de sujets politiques, théo-
« logiques, domestiques ; — un *Modérateur* incapable
« de régler la discussion et souvent de la compren-
« dre ; — des saillies d'éloquence baroque se faisant
« jour dans un chaos ; — formules du treizième
« siècle, gauchement appliquées à des objets moder-
« nes ; — enfin planant sur le tout, le souvenir des
« combats soutenus au seizième siècle par la même
« assemblée calviniste ; tout cela composait un en-
« semble unique dans le monde. » Walter Scott a dû
se former là.

La trempe d'esprit du jeune Jeffrey différait de celle
de Walter Scott. A la *Shrewdness* écossaise, à la
finesse la plus aiguë, il joignait le sentiment vif et
poétique des beautés de la nature. Ces deux éléments
s'entr'aidaient et se corrigeaient mutuellement.

Jeffrey, entre sa dixième et sa vingt-cinquième
année, imagina être né poëte, et dans cette croyance,
il composa plus de méchants vers que sa hache de
Reviewer ne devait en abattre. La réaction critique se
faisait sentir dès qu'il avait jeté sur le papier cette
gourme de poésie ; le juge s'éveillait et s'éveillait terrible. — « Je fais de bien méchants vers (écrit-il à sa
sœur), « et cela me chagrine. Ma poésie me semble pire
« de jour en jour. Si j'en avais le courage, je jetterais
« le manche après la cognée. » Il créa ainsi une tragédie dont il se dégoûta dès qu'elle fut terminée et
sur laquelle il porte le jugement que voici : « Elle est

« excessivement plate, lente et sans intérêt. J'ai voulu
« échapper à la magnificence creuse et au galimatias
« double de nos tragédies modernes, et je n'y ai pas
« mal réussi ; je suis seulement tombé dans tous les
« défauts contraires. Languissante, affectée et pédan-
« tesque, la fable n'a pas de sens, et les *caractères* ne
« sont point « caractérisés ». C'est une suite de con-
« versations à peu près privées d'action. Comme j'ai
« voulu être simple et que j'y suis parvenu, ce n'est
« pas tout à fait dégoûtant ; c'est simplement léthar-
« gique. »

Enthousiaste sardonique et raisonneur passionné,
« riant un peu (c'est lui qui l'avoue à son ami Horner),
« de tout ce qu'il admirait » ; au tempérament critique il devait la sagacité fine, l'instinct mordant du ridicule, le coup d'œil suprême des détails et de l'ensemble. Avec le poëte il avait en commun le goût de
la couleur et de la forme, la délicate chaleur du sens
moral ; —l'harmonie et la mesure aussi, bien qu'à un
degré moindre. Il lui manquait l'élément suprême de
la poésie, l'élément céleste, l'aspiration mystique et
divine. C'était le vrai fils du dix-huitième siècle, fils
honnête et mesuré, que la grande énigme de l'univers n'attirait pas vivement. Il ne consentait pas à
railler l'inconnu. Assuré qu'il ne soulèverait pas le
grand voile, il s'arrêtait devant lui sans ironie, sans
mépris et sans blasphème. Actif sans présomption,
optimiste dans la pratique et pessimiste en théorie, il

était riche de projets qu'il n'espérait pas mettre en œuvre, et de plans qu'il essayait bravement sans y compter. « Je passe mon temps, dit-il quelque part, « à me répéter que je ne réussirai pas, et à me don- « ner pour réussir toute la peine du monde. Pendant » les vingt-quatre heures de la journée, je suis aussi « étourdiment gai et aussi heureux que jamais ; mal- « gré cela je n'ai pas la moindre confiance dans l'ave- « nir, je ne crois pas vivre deux jours de suite. » — Cet homme qui ne comptait sur rien, agissait avec une activité et une fermeté que le succès couronne toujours. « Théoriquement, dit-il encore, le pessi- « misme et la désespérance constituent mon état ha- « bituel ; dans la pratique je suis optimiste comme un « enfant et je vais devant moi comme si je devais « triompher, sans jamais croire que les choses iront « bien. » Tempérament excellent pour la victoire ; c'est précisément l'opposé du tempérament poétique et mystique, celui de Hamlet, de la méditation malade jetant sa pâle « nuance sur la force et la virilité qu'elle énerve ». Espérer sans agir, c'est tout perdre ; agir et ne croire à rien, c'est tout gagner. Chez le critique Jeffrey, comme chez tous les grands critiques, chez Lessing et Aristote, par exemple, la pensée était action. Elle accomplissait son œuvre, exerçait son pouvoir et frappait le but. Néanmoins un reflet de poésie intérieure fait la supériorité de Jeffrey. Le critique privé de l'étincelle secrète est nul, même comme critique.

Revenons à l'enfance studieuse et à l'active jeunesse de Jeffrey. Entre sa douzième et sa vingtième année il a écrit plus de dix volumes d'odes, de poëmes, d'épopées, de tragédies, d'essais analytiques sur ses lectures, sur ses études, sur lui-même et sur les autres. Il est l'homme de sa *Revue* avant de l'avoir créée. A quinze ans il effraye ses maîtres par son infatigable véhémence de *debater*, ou « discuteur » littéraire. On le voit, au milieu de ses petits camarades, pérorer sur la pelouse, arguant pour ou contre, et débattant les points difficiles de la métaphysique et de la science. Son premier essai critique date de sa treizième année ; le professeur qui reçoit la confidence de cette audace la juge dangereuse et mal sonnante ; — ses condisciples ne l'en aiment pas davantage.

D'ailleurs il travaille avec une assiduité acharnée, s'affilie à la société « spéculative », termine le cours de ses études classiques et se prépare au barreau. De Glasgow il passe à Oxford. Là, des mœurs plus libres, le ton des étudiants, le peu de gravité des professeurs le scandalisent ; — ajoutons qu'il a laissé à Glasgow (lors Cockburn prend la peine de nous l'apprendre) une « *Hébé* » ; c'est le mot moral que lord Cockburn met en avant, mot bien digne de la Société « *spéculative* ».

Devenu avocat, titre aussi vide que sonore en Écosse, il se trouve en face d'une perruque solennelle, d'une clientèle nulle et d'une société hostile. Vers le barreau se dirigeaient les ambitions des Écossais, cadets de famille ; l'éloquence leur manquait-elle, ils devenaient « avocats muets », c'est le terme du pays ou, si l'on veut « *consultants* », et passaient leurs journées à méditer, comme dit Horner, « vingt-quatre pages in-folio, écrites serré, recto et verso, traitant de cette question : à savoir si un certain fossé, d'un pied et demi de large, devait se trouver à l'est ou à l'ouest d'une certaine haie, laquelle avait trois pieds de haut. »

La jeune noblesse du barreau d'Édimbourg accueillit froidement le fils du député *clerc* ou huissier. Il vit qu'il avait des chances pour mourir de faim et de silence.

Il déplaisait généralement. Sans fortune et sans patronage, très-petit de taille, l'œil brun et vif, le front bien fait mais d'un contour plus élégant que vaste, la figure douce et d'un ovale allongé ; un demi-sourire sévère se jouant sur des lèvres délicates, Jeffrey n'avait rien de populaire ou même de sympathique. « Quel est, se demandait-on, ce petit homme à l'œil « noir, aux cheveux épais, bruns et frisés, qui semble « pétri de vif argent, qui babille, qui sautille, dont « l'œil étincelle, et qui parle si vite ? Ne vient-il pas « de nous réciter tous les mots du dictionnaire ? » Ce qu'il y avait de plus dangereux pour Jeffrey, c'est qu'il paraissait léger. Les deux facultés dominantes

et contraires de son esprit, la vigueur et la subtilité de la perception, et la délicatesse ardente du sens pittoresque, éloignaient au lieu d'attirer les esprits ; il ne savait pas encore l'art nécessaire de se faire pardonner sa supériorité. En vain essayait-il de se donner les airs dégagés de l'homme du monde, il ne parvenait qu'à être mécontent de lui-même. « Je perds,
« écrit-il à l'un de ses amis, toute mon originalité, mes
« extases, mes romans intérieurs, et j'ai bien peur
« d'avancer trop vite dans le sale chemin qu'on
« appelle *le monde*. J'ai pris récemment l'habitude
« d'une espèce de plaisanterie fausse et de sarcasme
« contre le romanesque, qui me sert à me moquer
« de moi-même et de mes dispositions intérieures.
« Ce prétendu bon sens et cette raison ironique va-
« lent-ils mieux que mes rêveries de jeunesse? J'en
« doute. J'ai eu récemment des retours de poésie et
« des recrudescences de fantaisie qui me prouvent
« que je ne suis pas bien guéri. Il n'y a pas de jour
« que je ne me promène seul et que je n'aille trôner
« sur le « siége d'Arthur (1) » pour voir tout à mon
« aise le soleil se coucher. »

Après mille plans de voyages orientaux, hindoustaniques et germaniques, il finit, de guerre lasse, comme cela arrive souvent, par se précipiter dans le mariage, et dans un mariage sans fortune. Il épousa

(1) Sommet d'une colline où l'on découvre des points de vue admirables.

la fille d'un professeur au collége Saint-André, miss Wilson, qui n'avait rien. Lord Erskine, lord Eldon, Samuel Romilly, mille noms glorieux de la dernière époque en Angleterre, se sont mariés ainsi, sans que personne s'étonnât de leur imprudence. Les races teutoniques affirment que la femme a une valeur propre et personnelle, qu'il n'est point convenable à la dignité virile de chercher une dot plutôt qu'une compagne. C'est, disent-elles, favoriser l'indolence et abaisser l'homme que de ravaler ainsi la créature à laquelle nous attachons notre vie devant Dieu, et qui doit donner à la famille ses enfants.

Jeffrey écrit à l'un de ses amis : « Dans huit jours « la faim épouse la soif ! » Et à un autre : « Je me « reproche les trois livres sterling que je dépense « pour acheter mon bureau de travail. Quelle brèche « cela va faire dans mes revenus ! » Les comptes de son entrée en ménage subsistent : l'ameublement du palais nuptial lui revenait à deux cent quatre-vingt-cinq francs qu'il se reprochait comme un grand luxe.

Pauvre Jeffrey ! S'il était né vers le Midi, on ne lui aurait point pardonné d'épouser une fille sans fortune. Ces vieilles et brillantes sociétés, très-amoureuses de la paresse ; celles qui ne voient dans le travail que le lot des esclaves, et dans ses triomphes que la méprisable couronne des parvenus ; ces races qui n'estiment plus ni le labeur, ni l'honneur, ni le talent, l'auraient honni.

Jeffrey était un cœur simple. Il ne soumettait pas les choses humaines à la spéculation de son intérêt. Nulle manœuvre sur le mariage, sur la littérature, sur la politique. Pauvre, digne, laborieux et indépendant, nul ne s'est scandalisé de son succès.

Il avait raison de naître en Écosse. D'autres races l'auraient puni.

Le dix-huitième siècle venait d'expirer.

Une phase de l'histoire moderne et de la civilisation était parcourue.

Les esprits légers voyaient dans la Révolution française un accident ; les esprits sagaces, un symptôme.

Tout changeait ; la révolution était universelle. Il ne s'agissait plus de l'Europe seulement, mais du monde. L'Inde conquise ou entamée, le Canada perdu par la France, gagné par l'Angleterre, l'Amérique émancipée, annonçaient que tous les anciens cadres allaient s'élargir ou se briser. Dans ce mouvement d'expansion deux traits généraux apparaissaient, l'état passif, l'infériorité des populations méridionales, filles et héritières déchues de la civilisation romaine, et l'accroissement, l'activité du Nord, signalé par la marche envahissante de l'Angleterre, région à laquelle se rattachaient par les tendances, et obéissaient dans le fait la plupart des peuples qui parlent les idiomes germaniques. Quant à la France, elle jouait un rôle intermédiaire et violent ; les deux éléments de la situation se heurtaient chez elle et s'y résumaient dans le drame terrible de la Révolution française.

Profitant des fautes et des qualités de ses voisins, l'Angleterre avait maintenu dans un abaissement servile et dans une affreuse dégradation l'Irlande catholique, qui mordait ses chaînes sans pouvoir les briser.

L'Écosse lui offrait un danger plus réel.

L'Écosse était le vieux foyer de la démocratie presbytérienne. Cette population anglo-saxonne et danoise, réunie et non conquise, comprimée et non avilie, n'avait rien perdu de son amour du travail, de sa finesse austère, de son obstination, de son attache à l'institution de Calvin et à sa nationalité distincte. Qui eût voulu la dompter, l'eût soulevée tout entière. On se contenta de la circonvenir et de l'amortir. L'amour du passé y régnait; toute violence dans la nouveauté effrayait le caractère écossais. On encouragea cette tendance par mille moyens; les germes dangereux furent étouffés ou comprimés. Le peuple se déshabitua peu à peu de la vie politique, et sans lui refuser les satisfactions matérielles et les développements moraux qu'il réclamait, on laissa les whigs dans un isolement qui les privait d'influence comme d'espoir.

L'homme chargé du gouvernement de l'Écosse, Henri Dundas, premier vicomte Melville, excellent administrateur, tête froide, homme du monde, d'un sens profond et d'un à-propos merveilleux, savait séduire et gouverner. Il organisa une terreur douce et invisible qui, sans corruption et sans tyrannie, sans violence et sans iniquité, acheva l'œuvre que l'on voulait accomplir. Chacun l'aimait; les femmes surtout; « ses ennemis, dit lord Cockburn, n'avaient à « lui reprocher que de n'être pas de leur opinion, et « de réserver toutes les faveurs à ses partisans. » Le suivre, c'était aller à la fortune; le dédaigner, c'était languir; l'attaquer, c'était se perdre. Habile au parlement, généreux et facile dans la vie privée, excellent dans le conseil, il ne créa pas la situation de l'Écosse, il ne l'aggrava pas. Il encouragea la torpeur de l'esprit politique, et donna pour compensation au peuple une administration douce et sage. Point de représentation populaire, de bourgs émancipés, de presse indépendante, d'associations libres, à peine une ombre de jury. Les coutumes féodales et les ambages de la vieille loi rendaient à peu près illusoire l'élection des membres écossais envoyés aux Communes anglaises; il y en avait quarante-cinq en tout, dont trente élus par les comtés et quinze par les villes. Les électeurs de comtés n'étaient guère qu'au nombre de deux mille, tous sous la main du gouvernement. La masse du peuple ne s'intéressait point aux affaires électorales, et le son de la cloche annonçant la réunion des électeurs se perdait dans l'air sans émouvoir personne. Édimbourg nommait un membre, les quatorze autres villes n'existaient que sur le papier. Quatre ou cinq bourgs, sans rapport l'un avec l'autre, nommaient chacun un délégué ; ces délégués se réunissaient pour nommer leur représentant ; le public n'était pas même admis dans le local destiné à ces opérations.

Quand la Révolution française éclata, cette compression douce et presque insensible avait achevé son œuvre. La formule éclatante de la liberté partit de la France ; partout les germes étouffés reparurent ; en Ecosse un secret besoin d'activité non satisfaite, qui avait sommeillé depuis la réunion de ce pays à l'Angleterre, se manifesta par une sourde fièvre et gagna de proche en proche les jeunes gens de famille calviniste et roturière. La sagesse des individus, leur horreur du désordre, leur respect du passé, continrent le mouvement qui était double. D'une part, on en voulait à l'Angleterre, d'une autre, on désirait l'exercice réel des droits politiques.

Au milieu de tout cela, Jeffrey, avocat sans cause, aventurier de talent, n'ayant pas de naissance ou de fortune, était bien peu de chose. Le jeune ménage, obligé à vivre d'épargnes, alla se réfugier au troisième étage d'une rue peu fréquentée. Quelques amis, des whigs surtout, jeunes comme Jeffrey, ayant aussi leur chemin à faire, visitaient de temps à autre les jeunes mariés ; quant aux membres aristocratiques du barreau, ils lui montraient plus que de l'indifférence et ce que les Anglais nomment si bien le *cold-soulder*.

Jeffrey s'en attrista d'abord, puis reprit courage.

Il nous reste à dire comment il sortit de cette obscurité et de cette pauvreté ; — comment il força l'Angleterre à compter avec l'Écosse ; — donna un organe respecté à la nationalité écossaise ; enfin, instituant un tribunal métaphysique devant lequel il sommait à « comparoir » les idées comme telles, les œuvres de l'esprit comme exprimant les idées, et les faits politiques comme résultat matériel et définitif de celles-ci ; — comment il créa un pouvoir réel au profit de la sévérité et de l'examen qu'il provoquait, et auxquels il se soumettait pour les imposer.

§ II

Fondation de la *Revue d'Édimbourg*. — But et caractère de ce Recueil périodique. — Effet qu'il produit. — Son succès. — Ses premiers rédacteurs. — Principes de la rédaction.

Ce que c'est que l'histoire ! Cinq hommes d'esprit, tous gens d'honneur, pleins de bonnes intentions, de sincérité et de loyauté, tous témoins contemporains du même événement, racontent la fondation de la *Revue d'Édimbourg* à laquelle ils ont assisté ou coopéré, et ils la racontent diversement.

Jeffrey, Horner, Sydney Smith, Walter Scott et lord Cockburn donnent des versions différentes à ce sujet. Qu'un docteur Strauss le veuille bien, il affirmera sans invraisemblance et prouvera d'une manière absolue que la *Revue d'Édimbourg* n'a pas existé.

Qui l'a créée ?

Personne.

C'est la fille d'Écosse même. Le génie de la critique voulut contrôler l'Angleterre et revendiquer à son profit le droit de légitime examen. Ce fut ce Génie écossais qui donna naissance à la *Revue d'Édimbourg*. De jeunes et actives intelligences la mirent en mouvement. En dehors de toute spéculation basse et de toute combinaison mercantile, ils en firent l'expression incisive du génie national.

Jeffrey, par son contrôle assidu, ses nombreux articles et la direction qu'il a imprimée aux dix premières années de la *Revue*, nous apparaît comme le véritable fondateur de cette entreprise. D'autres l'aidèrent ; personne n'y prit une part égale, personne ne représenta l'Écosse aussi fidèlement que lui. Sydney Smith abandonna bientôt la *Revue ;* lord Brougham n'y travailla que plus tard. Sydney Smith, que l'on ne connaît guère en France, et dont le talent est comme la quintessence de l'*humour* anglaise raffinée ; un charmant railleur, — écrivain d'une distinction rare, esprit pratique d'ailleurs et habile en fait d'à-propos, affirme (ce que nous croyons sans peine) qu'à lui tout le premier vint l'idée d'une fondation de *Revue*, entre 1799 et 1801.

La critique était devenue commerciale ; la presse anglaise réclamait à cet égard un renouvellement

complet. Le hasard avait poussé Sydney Smith, pauvre et jeune, des plages anglaises aux rochers d'Ecosse. — « Je débutais alors, dit-il, dans la carrière ecclé-
« siastique ; une petite cure située au milieu de la
« plaine de Salisbury me fut confiée ; le seigneur de la
« paroisse me trouva apparemment à son gré, car il
« me pria d'accompagner en Allemagne son jeune fils
« et d'aller avec lui habiter Weymar, où ce dernier
« devait terminer ses études. Notre plan ne put être
« réalisé, l'Allemagne étant devenue le théâtre de la
« guerre. Le cours violent des événements politiques
« nous força de nour replier sur Édimbourg où je
« passai cinq ans avec le jeune homme. Il est impos-
« sible de se faire une idée de l'agitation qui y régnait,
« la Révolution française avait tout enflammé. Je me
« liai avec beaucoup de personnes, et spécialement
« avec M. Brougham, lord Murray et M. Jeffrey, dont
« les opinions politiques ne s'accordaient point avec
« le torysme des Dundas : on sait que cette dynastie
« avait la haute main sur la partie septentrionale du
« Royaume-Uni. Le hasard nous ayant réunis un jour
« chez M. Jeffrey dont la résidence fort élevée occu-
« pait le huitième ou le neuvième étage d'une rue
« obscure (ce neuvième étage est abaissé de six étages
« d'un seul coup par lord Cockburn) ; je proposai la
« création d'une Revue ; on y consentit par acclama-
« tion et le titre d'éditeur me fut décerné. Je restai à
« Édimbourg assez longtemps pour publier le premier

« numéro. L'épigraphe que j'avais proposée s'accordait
« par sa modestie avec notre situation personnelle :

Tenui musam meditamur avenâ (1),

« ce que je traduisais hardiment par ces mots : « Nous
« cultivons les lettres pour un petit pain de gruau. »

« Épigraphe peu solennelle que l'on ne voulut pas
« subir. Il fut convenu que nous choisirions dans Pu-
« blius Syrus (dont je crois pas un de nous n'avait lu
« une syllabe), le sévère exergue qui décore aujour-
« d'hui le frontispice de l'œuvre (2).

« J'ai dit les humbles commencements de ce qui
« devint une publication aussi importante qu'habile-
« ment conduite. Bientôt je quittai Édimbourg, et elle
« passa dans des mains plus fortes que les miennes.
« Brougham et Jeffrey la portèrent au plus haut point
« de popularité et de succès. »

Tel est le récit du révérend Sydney Smith ; il aurait
voulu donner à la Revue une tournure de fine et piquante ironie conforme à son humeur ; — la direction
lui échappa au moment même de la création, et une

---

(1) Avena (oatmeal, avoine). L'avoine sert, en Écosse, à plusieurs usages domestiques et culinaires ; on en fait des potages,
des gâteaux, des liqueurs, etc. Notre traduction, comme on le voit,
n'est pas exacte ; le gruau n'est pas l'avoine, bien que l'on fasse
du gruau avec de l'avoine.

(2) « Index damnatur cum nocens absolvitur » (*l'impunité du
coupable est la condamnation du juge*). Cet aphorisme maniéré,
écrit dans le goût des décadences, ne méritait guère l'honneur que
lui faisaient les jeunes fondateurs de la *Revue d'Édimbourg*.

épigraphe austère fut substituée à sa légère épigraphe. Ce petit noyau de jeunes Écossais (Allen avait trente-deux ans, Smith trente-un, Jeffrey trente-neuf, Brown vingt-quatre, Horner vingt-quatre, Brougham vingt-trois), dont Sydney Smith ne tarda pas à se détacher, ne procédait pas de la littérature, mais de la morale ; — de Garth ou de Prior, ni même de Samuel Johnson et de Malone. Ce n'était pas à la littérature seulement et à l'érudition qu'ils s'attaquaient comme Blair, Stevens ou lord Kaimes. Ils se rattachaient à cette critique protestante dont la Hollande fut le centre et le foyer pendant le dix-septième siècle, et que Daniel de Foë (1), fondateur de la première Revue anglaise, ami de Guillaume III, propagea en Angleterre au péril de sa liberté et de sa vie ; critique essentiellement germanique en ce qu'elle s'occupe du fond des choses plutôt que des formules, s'adresse à la conscience, réclame l'indépendance du jugement et exerce sans exception et sans pitié sa justice sur tous les objets de la connaissance et de la pratique humaines. Proclamation de principes sérieux ; levée de boucliers, attaque audacieuse. L'examen whig écossais se dressait contre le torysme anglais.

Le premier numéro parut le 10 octobre 1802; l'effet en fut électrique : un pays et une opinion retrouvaient leur voix longtemps étouffée. Au même moment la critique française sortait aussi de ses limbes ; Feletz, Geoffroy,

(1) L'auteur de *Robinson Crusoé*.

Dussault, Hoffmann, s'occupaient à détruire par l'ironie les rêves théoriques et les engouements du dix-huitième siècle. Force leur était de s'armer à la légère et de déguiser le sérieux de l'attaque sous la grâce littéraire de la forme.

Personne ne s'étonna en Angleterre de voir l'intelligence critique représentée par la *Revue d'Édimbourg* exploitée par le whiggisme de l'école calviniste, s'appliquer à la fois à toutes choses et passer librement de l'analyse des phrases, des mots, des sentiments et des divers modes poétiques à l'analyse de la société, des mœurs, des faits, des transactions sociales, même des tendances politiques. On n'imagina point pour cela que Jeffrey aspirât à devenir premier ministre ou que Horner voulût renverser le trône. Notre vieille habitude en France est de borner l'usage de l'intelligence à telle formule applicable et particulière ; — comme si le jugement n'était pas fait pour tout juger. Notre profonde erreur est de spécialiser le talent. Elle déshonore l'esprit humain, fait de lui un outil purement matériel, et sous le prétexte de former des hommes spéciaux et des hommes d'analyse, crée une multitude d'infiniment petits ; — elle réduit la société à ses forces moléculaires, « à l'état atomistique » dont parle le philosophe Hegel.

Horner écrivait au libraire Constable, après la publication du premier numéro : « On est unanime sur
« le succès de la *Revue* et sur la nécessité de la conti-

« nuer; il est notoire que ce qui existe aujourd'hui
« dans le même genre, est soumis à la loi des libraires
« ou n'est que l'organe d'un parti. Je ne doute pas
« que cette *Revue*, si elle est bien faite, intrépide et
« indépendante, ne devienne aussi utile au public que
« profitable à ceux qui l'entreprennent. Dix guinées
« par feuille aux écrivains, deux cents livres sterling
« par an au rédacteur en chef; et vous aurez bientôt
« la meilleure Revue de l'Europe. Édimbourg étant
« peuplé de gens de lettres et pouvant, à raison de la
« distance, exercer sur le sud du royaume une libre
« et vive influence, est la ville la plus favorable à cette
« entreprise. Au surplus, c'est un labeur considérable
« et non un plaisir pour les écrivains qui s'en charge-
« ront ; et il est évident que ce travail a besoin d'être
« rémunéré tout au moins comme je l'ai dit. Je ne
« prétends critiquer ni les libraires qui font des Re-
« vues pour leur compte, ni les gens qui vendent du
« papier pour faire fortune. C'est leur droit. Chacun
« pour soi et Dieu pour tous ! Tout marchand est
« parfaitement libre d'indiquer au public le chemin
« de sa boutique. Mais le critique a aussi le droit de
« dire au public que la boutique n'est pas l'intelli-
« gence, et qu'il ne faut pas s'y tromper. ».... « Nous
« comptons déjà pour collaborateurs, écrit-il encore
« après la publication du troisième numéro, le sage
« Horner, le mathématicien Brougham, le révérend
« Sydney Smith et P. Elmsley, deux prêtres savants

« d'Oxford, pleins de facéties érudites, mon excellent
« petit Hamilton le sanscrit, aujourd'hui avec Bona-
« parte à Fontainebleau, deux spirituels avocats,
« Thomas Thompson et Jean Murray... et de plus une
« douzaine de collaborateurs accidentels, parmi les-
« quels les plus illustres sont Walt de Birmingham et
« Davy de l'institution royale. Nous vendons réellement
« aujourd'hui 2,500 exemplaires ; et si nous sommes
« bien annoncés, cette vente doublera dans six mois. »

En effet le succès fut immense et rapide. Les premiers numéros avaient été livrés gratis à l'éditeur. Les conditions changèrent bientôt. Constable accorda sans peine les dix livres sterling par feuille ; le prix de la rédaction, progressivement augmenté, fut enfin porté à 500, 600, 750 et 800 fr. de notre monnaie pour seize pages.

La critique anglaise se voyait dépassée ; sous la main frauduleuse et violente des spéculateurs, qui, suivant la grande loi du commerce, achetait bon marché pour vendre cher, elle ornait les pages et les titres des noms de Goldsmith, Lewis, Southey, Taylor, Parr et Mackintosh, faisant briller aux yeux de l'acheteur l'amorce de l'annonce, dictant les articles, morigénant les écrivains, mêlant à très-peu de travail solide beaucoup de marchandise avariée, enfin détruisant ou détournant dans le sens de leurs intérêts personnels l'indépendance et l'originalité (1). Ce qui

(1) « The mischief was that the whole concern had fallen under

leur manquait, c'était la sincérité et le désintéressement.

La *Revue d'Édimbourg* n'existait qu'en vertu des principes contraires ; elle subordonnait le lucre à l'idée et le succès même à la probité. En vain Constable, maître pécuniaire de l'affaire, demandait à Jeffrey des complaisances pour ses éditions et ses livres : celui-ci les refusait obstinément. Ses amis les whigs publiaient des œuvres médiocres ; il en parlait avec froideur. « J'aimerais mieux, disait-il, renoncer à toute liaison avec la *Revue* que de la laisser tomber sous la main d'un spéculateur et de tomber avec elle. »

Ainsi la *Revue* réunissait les deux conditions les plus hautes : la sévérité et le mouvement ; la règle et la vie. Elle s'occupait du présent sans dédaigner les maîtres du passé. Elle faisait sa part à l'originalité individuelle, même au caprice, et ne s'astreignait pas à réaliser l'impossible; l'utopie d'un magasin complet et universel. Mais elle se gardait bien de juxtaposer dans une mosaïque ridicule les déclamations du radical et les assertions du tory. Elle trouvait sa force dans une véritable unité, dans la vérité sincère, dans la solide consistance des principes et des idées. Tous

---

« the sway of booksellers ; who dictated subjects, paid good hands
« shabbily and gave most of their space to articles for which they
« could not have paid too tittle, so that the wheat was lest among
« the chaff. »

ses articles n'étaient pas bons ou excellents ; mais ils tendaient tous à un but et ne déguisaient pas sous le mensonge d'un nom propre, ou sous l'apparence d'une unité fictive, les ruses de l'intérêt commercial, le mépris du talent ou la haine de la pensée. Ce n'étaient pas des feuilles de mille couleurs, arrachées ou dérobées tantôt par violence, tantôt par séduction, à tel ou tel écrivain en renom (1). C'étaient de vraies forces intellectuelles, volontairement enrôlées sous le même drapeau ; tout un monde d'écrivains liés par la communauté des idées. Cette liste ajouta bientôt aux noms de Jeffrey, de Sydney Smith, Horner et Brougham, ceux de Thomas Brown, Walter Scott, Jean Playfair, Hallam, Malcolm Laing, George Ellis, Wilberforce, Lord Melbourn, Jean Allen, Coleridge, Malthus, Payne Knight, Lesley, Mackintosh, Daniel Ellis, Thomas Moore, Jean Gordon, Palsgrave, Leigh Hunt, Romilly, Foscolo, Chalmers, Wilson, Macculoch, Empson, Arnold, Sir W. Hamilton, Macaulay, Robert Grant, Carlye, Alexandre Hamilton, Hazzlitt, Thomas Campbell, Pierre Elinsley, Phillimore, James Mill, Macrvey, Chenevix, Bloomfield, Sir Henri Parnell, W. Napier. Forcé de corriger les manuscrits de ses confrères et de diriger leur travail, toujours mêlé au monde ; plaidant presque chaque jour, ne laissant s'accumuler ni dossiers ni consultations arriérés,

(1) Écrit et imprimé à l'époque où nos Revues tombaient dans ces erreurs funestes.

Jeffrey, dans le cours de six années, avait fourni à la *Revue* soixante-dix neuf articles, à peu près un par mois. Il est à remarquer que Lord Brougham, Lord Eldon, Jeffrey, Erskine, surtout Brougham et Jeffrey, ont accompli dans leur vie des travaux d'une variété qui aujourd'hui nous semble prodigieuse. Dante aussi et Cervantès avaient donné des preuves de cette activité devenue chimérique. Les léthargiques ne croient pas à l'activité. Ceux dont la pensée est au repos ne comprennent plus la vie ardente des sociétés en progrès.

Jeffrey, maître du sarcasme austère qui découvre le faux ou le ridicule, les met en relief et les immole, menait au combat toute la troupe whig et lui donnait l'exemple. Lui-même écrivait beaucoup, et sur mille sujets. Depuis l'enfance, sa curiosité s'était sérieusement préoccupée de ce qui intéresse l'humanité, et il avait peu de peine à laisser courir sa plume sur la politique, le théâtre, la littérature, la poésie et l'esthétique. C'était un Bayle ; moins fin et moins aimable, moins sobre et moins malin, moins érudit et moins sceptique, — doué d'un instinct poétique plus vif, d'une verve plus mordante, d'une liberté de ton plus sévère et d'une décision plus acérée.

§ III

Combats littéraires. — Thomas Moore, Byron, Southey, Wordsworth, Coleridge. — Les Duels. — Walter Scott se détache de la Revue d'Édimbourg. — Fondation de la Revue du « Quart de l'année » (*Quarterly*). — Son succès. — Attitude des deux Revues rivales.

Raconter les luttes soutenues par la *Revue d'Édimbourg* et provoquées par ses attaques, ce serait épuiser l'histoire de la politique et de la littérature anglaise pendant les premières années de ce siècle. Tout événement contemporain, tout livre important ou notable par les idées, les faits ou le nom de l'auteur, servant de texte ou plutôt de prétexte à une dissertation ironique ou sévère, ramenait en scène les principes de l'examen et de la critique. La *Revue* se constituait ainsi « tête de pont » de la littérature et de la pensée ; bientôt, de menaçante qu'elle s'était montrée, elle devint redoutable ; et de locale, universelle.

On la vit immoler tour à tour les essais poétiques de Thomas Moore, ceux de Byron, les épopées de Southey, les odes mystiques de Coleridge et les poésies familières de Wordsworth. Un cri de mécontentement s'éleva de tous les coins de l'Angleterre, qui se sentait blessée. Il était naturel, ou, pour mieux dire, fatal que le représentant de l'Écosse rencontrât sur sa route des contradictions et des combats. Les forces intellectuelles du pays voisin s'insurgèrent. L'Angleterre était représentée par l'héritier de Newstead-Abbey ; l'Irlande, par l'auteur des *Mélodies d'Irlande ;* la philosophie, par Southey et Wordsworth. Les choses allèrent jusqu'au duel avec Moore, jusqu'aux dernières limites de l'invective avec Byron. Le sagace et mordant Ecossais avait raison contre eux tous. Il avait raison de reprocher à Byron cette douleur de fat furieux qui n'aboutit qu'au néant et ne produit que l'énervement ; il était en droit de reprocher à l'auteur de *Littles Poems* ses lubricités sentimentales ; à Southey, l'extravagance de ses fictions érudites ; à Wordsworth, l'affectation métaphysique d'une vulgarité affectée. Si l'avenir n'accepte pas comme définitive la sévérité de ces sentences, il se souviendra que grâce à elle Wordsworth a écrit ses admirables sonnets ; Southey, ses œuvres en prose ; — elle seule a contraint Byron de renoncer à ses puérils essais pour créer *Childe Harold*, Thomas Moore d'abdiquer les grâces frivoles.

C'est là l'œuvre littéraire, l'œuvre utile et durable de la *Revue d'Édimbourg ;* c'est aussi la portion fructueuse de sa mission politique. Associé comme whig libéral au mouvement de son parti, il développa en les harcelant sans miséricorde, — sans jamais avoir recours au mensonge et à la falsification, les talents et le pouvoir. Sa Revue, mêlée de pages diffuses ou de trop pointilleuses critiques, offre néanmoins dans son ensemble un monument considérable et des plus importants, — non pas un amas de fragments disparates, — mais le développement complet des opinions whigs, l'application de leurs dogmes à tous les noms et à toutes les œuvres, à tous les faits et à tous les événements contemporains, c'était une encyclopédie mobile et progressive, représentant les intérêts de l'Europe ; œuvre intellectuelle, non commerciale, ou théorique.

Jeffrey eut d'abord à répondre de ses attaques à deux adversaires peu endurants, à lord Byron et à Thomas Moore.

Byron venait de publier ses *Heures oisives* (Hours of idleness), jet paresseux d'une plume hâtive, improvisation d'impertinente jeunesse. Un Anglais, un lord, un adolescent, sans avoir rien fait pour la gloire ou la considération, tranchait de l'Ossian superbe ! C'était bénédiction de l'accabler. Un des tirailleurs de la petite armée de Jeffrey fut chargé de l'exécution ; il s'en acquitta avec plus de taquinerie et de dureté que d'adresse et de bon goût. L'article parut dans le vingt-deuxième numéro de la *Revue*. Byron s'irrita. L'orgueilleux homme de génie, qui n'avait daigné jeter au public que la vaine écume de son talent, sentit poindre, du fond de sa colère, toutes les ardeurs furieuses de sa verve. Un glaive acéré avait forcé de jaillir cette source amère. Héritier à la fois de Jean-Jacques, de Werther et de Bayle, le poëte blessé partit pour l'Italie et la Grèce, prenant à partie dans sa satire intitulée : *Poëtes d'Angleterre et critiques d'Écosse*, l'Angleterre tout entière.

Depuis ce temps il ne donna plus que des chefs-d'œuvre auxquels Jeffrey fut le premier à rendre justice en riant.

Thomas Moore avait débuté par une traduction maniérée des poésies d'Anacréon, puis par un triste recueil de badinages libertins, d'un ton exécrable et d'un goût équivoque. Les Septentrionaux n'ont ni Arioste ni Parny, les langues du Nord teutonique sont si bien faites pour le bon sens, l'énergie, la passion et la liberté, qu'elles ne se prêtent guère à l'expression de l'amour sensuel. Quand ces idiomes essaient le badinage et la débauche, pour lesquels ils n'ont ni souplesse ni douceur, l'oreille et l'âme sont blessées. Tel est au contraire le génie des idiomes méridionaux, qu'on peut lire sans trop de dégoût les vives facéties de Berni, les crudités du Tansillo, même les nudités grossières et les priapées effrénées du vénitien Baffo, tant il y a d'abandon et de mollesse dans ces vices, de grâce libre dans leur expression, de nonchalance énivrée dans leur excès. Les idiomes viriles et graves n'acceptent rien de tel; les diminutifs gracieux et les détours enfantins leur manquent. Sous le rapport littéraire et moral c'était donc Jeffrey qui avait raison contre Moore : seulement il aurait dû

ménager l'homme et ne pas confondre les jeux du
poète avec ses mœurs personnelles. Thomas Moore se
fâcha et voulut se battre. En vain ses amis lui représentaient-ils que dans la vie littéraire la causticité et
l'invective n'ont aucune portée morale ; il leur répondit, et il en avait le droit, que si le poète peut faire
bon marché de son talent, l'homme ne doit jamais
livrer son honneur. Jeffrey reçut donc une lettre des
plus outrageantes et vint trouver à Londres Thomas
Moore. La rencontre eut lieu. On en trouve le récit
exact et détaillé dans les Mémoires récents publiés
par lord John Russel, ainsi que dans l'ouvrage de
lord Cockburn sur Jeffrey. Les deux adversaires se
montrèrent gens de cœur et de bonne compagnie.
Lord Byron travestit sciemment les faits, on le sait
aujourd'hui, — lorsqu'il attribue à Jeffrey la lâcheté
ridicule, à Thomas Moore la forfanterie absurde du
pistolet non chargé. C'est au contraire Jeffrey dont
la balle tomba pendant le trajet forcé auquel la police
obligea les deux adversaires de se soumettre.

Thomas Moore et Jeffrey, mis en présence par ce
duel, ne se ressemblent en rien, si ce n'est en ce
que, chez tous deux, il n'y avait ni fiel ni mauvaises
passions ; leur réconciliation fut facile, leur amitié
durable. — « Nous avons déjeuné ensemble en bons
« amis, dit Jeffrey ; Moore a déclaré qu'il se repentait
« de ses vers ridicules et promis de ne plus consacrer
« son talent à de pareils sujets. Je lui ai dit, moi, que

« je serais très-heureux de le louer dans l'occasion et
« à propos d'autre chose. Vous êtes trop sévère (il
« s'adresse à Charles Bell son ami) sur le compte du
« petit homme ; il s'est montré plein de cœur dans
« cette affaire. Il y a étourderie chez lui, non déprava-
« tion. Tous ceux qui le connaissent conviennent que,
« malgré les objections naturelles que son genre de
« poésie doit faire naître, c'est un fort bon garçon et
« une âme innocente. Je serai charmé de le recevoir
« en Écosse, s'il y vient l'année prochaine, et de
« m'asseoir à la même table que lui. » Lorsqu'un sinistre commercial inattendu vint frapper Thomas
Moore et fit peser sur un homme de lettres pauvre
une dette considérable, Jeffrey qui, par son économie,
avait mis quelque argent de côté fut le premier à
offrir son aide au poëte irlandais. Voici la lettre pleine
de délicatesse qu'il écrivit alors au poëte Rogers, leur
ami commun.

« Édimbourg, 30 juillet 1819. »

« Mon cher Monsieur,

« J'ai lu dans les papiers publics une nouvelle qui
« m'a vivement affligé, celle du sinistre pécuniaire
« considérable qui vient de frapper notre excellent
« ami Moore. N'ayant pu obtenir encore aucun ren-
« seignement précis quant à l'étendue et aux consé-
« quences probables de ce malheur, j'ai pensé que ce

« qu'il y avait de mieux était de m'adresser à vous,
« qui vous intéressez trop à lui pour ne pas être au
« courant de tous les détails de cette affaire. Vous ne
« me refuserez pas, je l'espère, les éclaircissements
« que je vous demande. Si tout ce qui le concerne ne
« me touchait au plus haut degré, je ne me permet-
« trais pas de vous importuner de mes questions.
« Quelles mesures a-t-on prises ? Quels sont les résul-
« tats probables du désastre ? Je désirerais aussi sa-
« voir si je peux lui être de quelque utilité person-
« nelle. Malheureusement je n'ai pas énormément
« d'argent de côté. Mais si ses amis estimaient qu'on
« peut l'arracher à cette calamité si peu méritée, je
« me regarderais comme très-honoré de pouvoir con-
« tribuer à ce résultat en avançant 300 ou 500
« livres sterling ; j'y ajouterais même, sous une
« seule condition, une somme double ou plus que
« double ; il me suffirait d'une sécurité quelconque
« pour le solde, sécurité aussi éloignée qu'on le vou-
« drait. Je sais parfaitement la difficulté d'un tel ar-
« rangement, quand il s'agit d'un homme tel que
« Moore ; je connais l'élévation, la dignité délicate et
« l'énergie de son caractère. S'il était garçon ou sans
« enfants, ses amis auraient moins de peine à le voir
« entreprendre une nouvelle lutte contre la vie. Dans
« l'état des choses leur obligation stricte est d'em-
« ployer tous leurs efforts pour le soustraire à la mi-
« sère horrible et définitive qui semble le menacer.

« Dans des mains aussi puissantes que sont les vôtres
« cette tâche n'est pas impraticable. Je n'ai pas besoin
« d'ajouter que je désire infiniment que cette com-
« munication, couronnée ou non de succès, reste in-
« connue à Thomas Moore. Soyez assez bon pour lui
« dire que son malheur m'a causé un chagrin pro-
« fond, et que je serais heureux de pouvoir lui rendre
« toute espèce de service. Je n'ai d'ailleurs aucun droit
« à lui parler d'obligations pécuniaires, et il me semble
« que vous ferez bien de ne pas toucher ce sujet. Si
« mon offre était acceptée, je n'aurais affaire qu'à
« vous seul, et il serait bon qu'il n'en sût rien. »

Jeffrey eut aussi l'occasion de rencontrer dans le monde trois de ses plus notables victimes, Wordswhorth, Coleridge et Southey. Le poëte religieux de la famille et du peuple, Wordsworth, bien qu'il passât sa vie dans la solitude et la contemplation, comprit, avec le tact d'un *gentleman* véritable que l'on s'abaisse en portant dans le commerce de la vie les rancunes et les amertumes littéraires. Il causa comme si de rien n'eût été, avec aisance et avec bonhomie, et laissa Jeffrey très-content de lui. Quant à Coleridge, personne n'était plus opposé à Jeffrey de caractère et d'humeur. Entre la rêverie somnambulique du poëte et la trempe acérée du critique, il y avait antipathie invincible. Ils ne se rencontrèrent jamais sans déplaisir. La phrase qui termine le récit suivant, phrase dirigée par Jeffrey contre le rêveur et l'improvisa-

teur sublime, livré à la dangereuse habitude d'endormir ses souffrances par l'usage immodéré de l'opium, témoigne assez de cette répulsion. — « L'his-
« toire de la pauvre Madame *** est touchante, dit
« Jeffrey ; elle avait une vive inclination pour un jeune
« homme qui s'en alla aux Grandes-Indes et y mou-
« rut. Son père la força d'épouser alors un commer-
« çant, dont la fortune semblait devoir être considé-
« rable. Elle obéit après la mort de son fiancé et devint
« une épouse exemplaire, rare, même dans le pays
« de la vertu domestique. Son mari se ruina. Voici
« bientôt un an qu'ils n'ont pas un penny, et que la
« pauvre enfant nourrit et soutient sa famille avec le
« seul travail de ses mains innocentes. Elle a conservé
« au milieu de tout cela une gaieté héroïque, une par-
« faite égalité d'humeur ; elle vient de consentir à
« s'exiler avec son mari et à partir pour une terre
« très-éloignée, où elle n'aura pas un ami. Voilà de
« la magnanimité. Cela vaut mieux que d'improviser
« des vers sans rhythme, et de prendre du laudanum
« à forte dose. » Le sens moral de Jeffrey se montre ici sous son plus sévère aspect.

Le bénédictin laïque Southey rencontra aussi Jeffrey dans le monde ; voyant que le Goliath de la critique écossaise avait à peine cinq pieds de haut et riait de toutes choses, il prit fort peu d'estime pour ce petit homme qui n'aimait pas les immenses épopées hindoues, et qu'il regarda dès lors comme un assez mauvais artiste en épigrammes. Il passa outre.

C'était l'effet peu agréable que la présence et la conversation de Jeffrey produisaient très-souvent. Sa petite taille, la mobilité de ses traits, un persifflage mêlé d'érudition et de poésie, le faisaient ressembler (dit un homme qui l'a connu) à un acteur *dans* la société, plutôt qu'à un membre *de* cette société même. Il avait le ton léger et n'aimait pas à se prodiguer. Il n'était pas grave ; et faute de ce manteau solennel sous lequel le public reconnaît et admire ses Génies, on ne tenait pas grand compte de lui. Il se faisait même souvent un plaisir de cacher sous un babil frivole son érudition et son bon sens. Je crois bien qu'il eût passé toute sa vie pour maniéré, précieux et entaché d'affectation, si la direction de la *Revue*, deux ou trois duels soutenus galamment, mille attaques repoussées avec calme, les whigs écossais ralliés autour de son étendard, ne lui eussent assuré sa place et fait trouver son niveau.

En 1808, l'autorité de la *Revue* était établie sur des bases solides, l'opinion libérale trouvait en Écosse son organe, l'urgence des événements, la lutte à mort de l'empereur Napoléon et de l'Angleterre, augmentaient l'action et le pouvoir de Jeffrey et de ses amis. Ils en usèrent si bien que le torysme et Walter Scott à la tête du torysme écossais, s'en émurent. Un beau jour, un des tories les plus ardents d'Édimbourg fit ouvrir la porte de son hôtel, porte qui donnait sur la rue, et se mettant au fond du corridor qui conduisait à cette porte, ordonne solennellement à son valet de chambre de placer devant sa botte le dernier numéro de la *Revue d'Édimbourg* qu'il envoya d'un coup de pied, et au grand étonnement de la foule assemblée, tomber au milieu du ruisseau. Ce fut alors aussi que Walter Scott, de concert avec Canning et Georges Ellis, éleva en face de la citadelle wigh une forteresse pour les tories, la Revue des *Trois Mois*, car le mot « trimestrielle » ne rend que d'une manière fort inexacte le sens du mot *Quarterly*. Gifford, l'orphelin, l'apprenti cordonnier, le mousse, devenu ami de Canning, et la terreur des écrivains médiocres, fut chargé de diriger l'artillerie du *Quarterly*. Reproduisant avec vigueur les opinions et les vues du torysme anglican, cette Revue adverse fut bientôt le centre des esprits les plus brillants, les plus solides et les plus distingués du parti. Les deux éléments de la vie, le mouvement et la permanence eurent leur double encyclopédie périodique.

Les ennemis ou les adversaires sont très-utiles à ceux qui savent les supporter. Au lieu de nuire à la *Revue d'Édimbourg* et de la détruire, la *Revue du Quart de l'Année* (*Quarterly*), la consolida et l'affermit. Au caractère philosophique, spéculatif et critique de sa rivale, la Revue nouvelle se plut à opposer l'expression et le développement de l'intelligence anglicane ; au sarcasme ardent et amer de Jeffrey, une ironie humoristique d'une saveur distincte et qui rappelait surtout le ton de la haute société de Londres. Le côté moral et libéral des questions, ce point de vue pratique que le dix-huitième siècle avait mis en honneur, préoccupait surtout Jeffrey. Le *Quarterly* fit ressortir le danger du calvinisme démocratique.

En Écosse comme en Allemagne le sentiment religieux, conservé dans le peuple et dans la bourgeoisie, s'était ailleurs subtilisé et rationalisé ; le dogme était devenu d'une ténuité excessive, et Jeffrey, ainsi que Lessing, se trouvait voisin d'un socinianisme involontaire ; telle était la tendance du siècle ; les plus célèbres comme les plus vertueux calvinistes essayaient d'accorder avec les droits de l'intelligence les dogmes du christianisme ; ils n'y réussissaient guère. Le *Quarterly* se porta défenseur de l'anglicanisme, de l'*Établissement*, — tandis que la Revue écossaise réclamait l'extension et la régularisation définitive des droits électoraux, celles de l'éducation populaire, une meilleure distribution de la charité publique et privée, la destruction politique de l'esclavage, crime des temps antiques. Elle demandait que l'émigration fût régularisée, l'Irlande traitée non plus comme une coupable ou comme une Ilote, mais comme une sœur ; enfin que l'Angleterre et l'Écosse marchassent ensemble à la tête de la civilisation (1).

(1) Je crois devoir, etc.

§ IV

Mort de mistress Jeffrey. — La mer. — Fureur du critique contre la mer. — Second mariage. — Jeffrey quitte la direction de la Revue.

Après 1805, les whigs dont la *Revue d'Édimbourg* portait les couleurs (*Blue and buff*) arrivent au pouvoir. Selon les lois de la politique vulgaire, Jeffrey devait les y suivre ou tout au moins profiter de leur succès. Il n'en fit rien. Jeffrey conserva sa libre parole et son indépendance. Champion de l'opinion whig, sans s'asservir à l'impulsion et sans recevoir les ordres des ministres dirigeants, il resta sur la brèche où il combattit avec la même ardeur et la même simplicité, ne demandant rien pour lui ni pour les siens, — honorable, honoré, — oublié par conséquent. Il avait conquis l'aisance, la considération et l'influence; il avait le bonheur domestique, le plus grand des biens; quand la mort lui enleva sa première femme au mois d'août 1805 : « Cher Jean, écrit-il à son frère établi en Amérique, je suis maintenant de tous les hommes
« le plus désespéré et le plus misérable. Il y a juste
« une semaine que la pauvre Kitty est morte dans
« mes bras et m'a laissé sans joie, sans espérance, sans
« consolation dans ce monde. Sa santé avait été très-
« délicate; et pendant cet été, elle avait été plus
« faible qu'à l'ordinaire... Il m'est impossible de vous

« dire le sentiment d'isolement affreux et l'amère
« douleur qui m'a oppressé après quatre ans de ma-
« riage. Jamais femme n'inspira une tendresse plus
« méritée ; après quatre ans de mariage, mon atta-
« chement était plus vif que le premier jour. Rien de
« ce qui ne la touchait pas ne m'intéressait ; et quand
« je l'avais quittée, mon plus grand plaisir était de
« penser à ce que je lui dirais au retour. Jamais après
« une demi-journée d'absence je ne l'ai revue sans
« que mon cœur battît comme au premier temps des
« jeunes amours. C'est pour elle et pour elle seule que
« j'ai fait tant d'efforts. Je suis d'une nature indolente,
« vous le savez ; réputation et fortune ne me séduisent
« guère ; en lui prouvant que je valais quelque chose,
« j'étais heureux de l'investir d'une portion de l'hon-
« neur que je pouvais mériter, de mettre à ses pieds
« mes conquêtes et d'accroître ainsi l'orgueil et la
« vanité qu'elle pouvait ressentir pour son mari. Elle
« aimait la vie ; elle en comprenait et en faisait goûter
« toutes les joies ; le coup qui l'a frappée semble aussi
« peu naturel qu'inattendu. Bien qu'habituée à la
« souffrance, elle se rétablissait vite, et nous la retrou-
« vions si gaie, si charmante, si libre d'esprit, si
« tendre et si folâtre, que jamais il ne me serait
« entré dans l'esprit que je dusse la perdre si tôt.
« Nous avions arrangé plusieurs petits projets d'a-
« musements pour l'automne, et elle n'a pas cessé de
« s'en occuper, la pauvre enfant, avec un bonheur

« plein d'espoir, tant qu'elle a été capable de pronon-
« cer quelques paroles. — J'ai la consolation de penser
« que le peu de temps qu'elle a passé avec moi a été
« aussi heureux pour elle qu'il pouvait l'être. Notre
« vie suivait un progrès constant. Ressources, amis,
« considération, allaient croissant et notre mutuelle
« affection suivait le même cours. Maintenant rien ne
« me charme; je n'ai d'intérêt à rien. Comment vous
« la peindre? Intégrité, générosité ; des qualités
« d'âme qui eussent fait honneur à notre sexe, des
« principes d'honneur inébranlables que je n'ai ren-
« contrés chez aucune autre femme. Elle ne savait ce
« que c'était que la ruse ; âme transparente et can-
« dide, elle gagnait du premier coup votre confiance
« et vous forçait au respect ; la plus simple et la plus
« gaie des créatures, la plus modeste, la moins armée
« de prétentions et du commerce le plus facile, —
« pleine de dignité ; — d'une ingénuité à gagner les
« cœurs. Ses médecins et jusqu'aux hommes de peine
« qui la portaient au bain jusqu'aux gens de boutique
« à qui elle avait affaire l'ont pleurée. O mon pauvre
« ami ! je sens que j'ai froid au cœur, et je n'aperçois
« devant moi qu'obscurité et tristesse. J'ai pris l'ha-
« bitude de placer dans les joies domestiques toutes
« mes espérances ! Que faire de ma vie ? »

L'activité, la lutte, le travail, le but à toucher, les
ennemis à vaincre sont des remèdes certains pour
de telles douleurs : Jeffrey, en face du *Quarterly* dont

l'excellente et vigoureuse rédaction assurait le succès, ne se reposa pas un instant. Il devenait centre de parti, et l'attraction naturelle qui dispose des forces sociales et des hommes en raison d'une affinité nécessaire le lia tour à tour avec Simond le voyageur genevois, celui qui a tracé de l'Angleterre à cette époque le tableau le plus vrai et le plus détaillé, et avec la famille du fameux démagogue Wilkes, si connu par sa corruption et sa vénalité ; M. Simond avait épousé l'une des sœurs de Wilkes ; le frère de ce dernier, Charles Wilkes, banquier à New-York, accompagna en Ecosse, entre 1811 et 1813, sa fille pour laquelle Jeffrey éprouvait une vive sympathie et que Jeffrey demanda en mariage. Le père et la fille s'embarquèrent pour les États-Unis; et Jeffrey, — cet analyste philosophe, dont toute la vie fut sentimentale et un peu romanesque —, se détermina à aller chercher lui-même au loin sa fiancée. C'était un très-grand parti assurément. Le critique détestait la mer.

Il en avait peur et il en avait mépris. Les montagnes de sa chère Ecosse lui plaisaient seules, l'Océan ne lui semblait ni beau ni pittoresque ; il le haïssait de tout l'amour qu'il avait pour les *glens* et les *bracs*. Sa traversée à la recherche d'une fiancée perdue, épisode touchant et comique, nous a valu les pages les plus originales qu'il ait écrites: « Hélas ! hélas ! pas de terre
« (s'écrie-t-il dans son journal). Je n'en apercevrai
« donc pas un petit morceau avant d'aborder en Amé-

« rique ! Quel effet mesquin et étroit produit cet
« Océan, quand il n'a pas de puissants rivages pour
« en assurer la grandeur ! La portée de notre œil ne
« s'étend guère au delà de sept milles ; à quoi bon
« cette immensité perdue ? Aujourd'hui la mer n'est
« pas pour moi beaucoup plus grande qu'un dollar
« d'Espagne, et elle est à peu près de la même teinte.
« Pas une voile, pas une trace humaine sur cet Océan.
« L'homme est ici sans puissance ; il se sauve comme
« il peut, et c'est son plus beau triomphe. Lui qui dé-
« pouille la terre de ses forêts, qui l'a couverte de blé
« et de cités puissantes, qui en a changé l'atmosphère,
« les produits, les qualités intrinsèques, maître du
« globe ; — la mer lui échappe ; — elle reste indomp-
« table. Ce qu'elle fut au premier jour de la création,
« elle l'est encore. Nul vestige des innombrables voya-
« geurs qui l'ont sillonnée. Aucun pouvoir ne modifie
« ses mouvements ou les vents qui l'agitent et la sou-
« lèvent. Désert mobile et uniforme, elle est, dans ses
« profondeurs et à sa surface, la même qu'au jour de
« la création. Notre race s'éteindrait tout entière que
« la mer ne changerait pas. Le temps et la mort n'y
« pourraient rien. Les continents s'usent et se conso-
« lident. Les forêts végètent ou rendent leurs détritus
« à la terre ; mais la vaste étendue des eaux, c'est le
« néant, le vide... Nous avons eu un grain qui nous a
« fait faire cent trente milles d'un seul coup. Ils ap-
« pellent cela magnifique ; rien ne me semble plus

« laid. J'ai tort peut-être, mais je ne puis parler de la
« mer ni penser à elle sans une affreuse mauvaise hu-
« meur et sans un mépris qui touche au dégoût. J'ai
« passé plusieurs heures sur le pont, malgré l'écume
« qui nous couvrait. Je ne l'en aime pas davan-
« tage. »

Le calme ne le séduit pas plus que la tempête : —
« Qui me délivrera de cette éternelle stérilité des vagues
« grondantes et du vent qui siffle? Quand serai-je quitte
« de ce cachot où nous gémissons et de cet éternel
« désir inassouvi de retrouver la terre? Il faut bien au
« surplus que tout cela finisse de manière ou d'au-
« tre... » Et plus loin : — « Depuis sept heures du
« matin pas de vent, pas le moindre souffle, un calme
« étouffant... C'est abominable. Ah! si j'étais à terre!
« comme je jouirais d'une telle journée, si chaude, si
« paisible, si glorieuse! Que ces admirables nuages
« floconneux et étincelants me raviraient! Pas assez
« de vent pour remuer nos planches et juste ce qu'il
« en faudrait pour rafraîchir le front du promeneur
« dans les bois et faire frissonner les petits feuillages!
« Ici la brise ne sert qu'à secouer lourdement nos
« linceuls qu'on appelle des voiles et à nous infecter
« des vapeurs nauséabondes du porc qui mitonne
« dans la cuisine. C'est aujourd'hui dimanche. Rien
« n'est aussi doux à mon imagination et à mon sou-
« venir qu'un beau dimanche des premiers jours d'au-
« tomne; cette splendeur tempérée, dorant les champs

« couverts d'épis et les clochers des temples ; l'air
« calme et silencieux nous apportant doucement des
« bruits lointains et champêtres ; bœufs qui mugissent,
« moutons bêlants, fanfares aiguës des coqs se répon-
« dant d'une ferme à l'autre et traversant l'atmosphère
« transparente; jusqu'aux pigeons sauvages et aux cor-
« neilles des bois faisant retentir les solitudes ; l'écho
« vague des cloches et les groupes paisibles sortant du
« temple pour regagner le toit domestique ; — partout
« les signes du repos, de la prospérité, de l'activité, de
« la prévoyance humaine. Ici de quoi puis-je jouir ? de
« cette mer qui me ballotte pour me donner la nausée
« et de cet éclat stupide et monotone qui m'éborgne ? »
Jamais le paysage écossais n'a été plus finement et
plus vivement décrit que dans cette page excellente.

« Voici l'énumération des bonheurs d'une traversée :
« — 1° Un froid glacial, vertige, point d'appétit, nau-
« sées continuelles ; — 2° grand'peur de me noyer et
« grand repentir de m'être exposé volontairement à
« une mort aussi stupide ; — 3° impossibilité de pren-
« dre aucun exercice, d'aller même du lit à la table et
« de la table au lit, sans se casser le cou quand on n'a
« pas le pied marin ; — 4° un tapage d'enfer incessant
« effroyable, les planches qui crient, les mâts qui cra-
« quent, les cordages qui sifflent, les voiles qui battent,
« le vent qui hurle, le flot qui bouillonne et la lame
« qui tonne contre les bordages ; 5° éternel contact

« d'une foule de personnages désagréables que vous
« êtes forcé de voir, d'entendre, de toucher, surtout
« de sentir, sans espoir ou sans possibilité de leur
« échapper; enfants qui pleurent, capitaine qui radote,
« femmes qui larmoient, Français qui babillent, mate-
« lots qui jurent, Espagnols qui fument, le tout sur
« votre dos et sur vos talons ; — 6° l'incertitude irri-
« tante de votre sort ; car on ne sait jamais ni ce que
« l'on deviendra, ni si, après avoir fait cent cinquante
« milles aujourd'hui, on ne les perdra pas demain ; la
« traversée durera-t-elle trois mois ou trois semaines?
« nul ne le sait ! — 7° l'affreuse cuisine et l'appétit dé-
« goûtant de ceux qui la dévorent ; 8° l'uniformité et
« la laideur du point de vue..... Je n'ai jamais rien
« connu de plus laid ; et ce qui est pis, laid sans su-
« blimité ni terreur; un ciel très-noir, une eau d'un
« bleu noir avec un peu d'écume et de larges flaques
« d'un vert sale, indiquant le bris de la vague. Quant
« aux montagnes d'eau dont nous parlent les poëtes,
« je n'ai vu que de très-pauvres collines de vingt pieds
« de haut tout au plus et de quelques soixante pieds
« de large, toutes ridées à la surface par le vent. Quel-
« ques oiseaux noirs, piaillant à travers la brume, et
« une espèce de fumée humide que le vent détache
« de la surface des eaux et tient suspendue en vapeur
« gazeuse et transparente..... Oui, si j'étais à bord de
« quelque vieille carène ou d'un petit bateau, je pour-
« rais avoir peur; ici je trouve le spectacle mesquin,

« misérable, ennuyeux, voilà tout. Nulle odeur de
« végétation, nul sentiment de la vie, nul souvenir
« local, aucune variété. Les couchers du soleil sont plus
« terribles encore que magnifiques ; — pilastres en-
« flammés cachant des nuages noirs, sillonnés d'éclairs
« livides et laissant le regard pénétrer jusqu'à des
« abîmes de feu : d'autres nuages roulant sur ces pro-
« fondeurs flamboyantes, enfin les eaux couvertes de
« longues traînées d'une lumière infernale..... Depuis
« ce matin je n'ai pas cessé de penser à mes douces
« journées de loisir et d'automne, passées à Hatton,
« — à mes promenades matinales et paisibles sous le
« soleil naissant, à mon petit escalier gris, aux rampes
« enlacées de fleurs, à votre petite fille aux yeux bril-
« lants ; — à mes lectures languissantes, interrompues
« sans cesse par nos bavardages insouciants du matin,
« — à mon petit cheval et à son trot méditatif d'avant-
« dîner ; — à notre thé du soir, fenêtres ouvertes ; —
« à l'hirondelle qui passait devant nous et jetait son
« ombre sur ma tasse de crème ; — à mes lectures
« paresseuses dans le lit et à mon habitude de m'en-
« dormir sous le regard fixe de la lune, que je priais
« d'entrer par ma fenêtre toujours ouverte ! »

Dès qu'il s'approche de terre, il est charmé on le
pense bien : — « Nous l'apercevions sans peine en nous
« tenant sur le pont. C'était une ligne longue et noire
« qui bordait l'horizon. La rive était à vingt milles de
« nous ; à mesure que nous approchions, nous distin-

« guions les collines boisées, la nuance variée des
« champs et une zone brillante de sable blanc enlaçant
« la plage tout entière ; enfin des villages et des habi-
« tations humaines répandues sur la rive. Non, Colomb
« découvrant l'Amérique n'avait pas été plus heureux
« que moi ! C'était une échappée de vue sur le Paradis !
« Je me rappelai mon cher pays, en voyant ces mai-
« sons couronnées d'une petite colonne torse de fumée
« s'échappant paisiblement du milieu des arbres, les
« clochers rustiques des églises et les teintes profon-
« des de la verdure indiquant les enfoncements des
« bois, enfin tous les signes de l'industrie champêtre.
« Mes yeux en étaient affamés. Ce sentiment de joie
« et de fraîcheur, je ne l'avais pas éprouvé depuis mon
« départ. Le ciel était pur et sans nuage ; la vue por-
« tait très-loin. Quand je découvris sous des arbres
« quelques paysans buvant leur lait, mangeant leur
« pain et croquant leurs pommes, il me sembla que
« la civilisation humaine se présentait à moi dans son
« plus beau développement. »

Il ramena en Angleterre sa fiancée et revint diriger la *Revue* dont l'autorité et l'influence crois-
sante réclamaient sa présence. L'entreprise lui rapportait des profits notables ; et la simplicité de sa
vie, son économie habituelle lui avaient permis de
réaliser un capital qui suffisait à ses besoins. Sa position s'éleva encore lorsque la guerre contre Napoléon
fut terminée. Le parti whig, l'élément libéral et de pro-

grès dont Jeffrey avait représenté si noblement la plus active fraction, et la plus morale, prit alors un nouvel ascendant. Ses confrères les avocats l'appelèrent à la présidence de leur corps, au titre qui équivaut à celui de « bâtonnier » parmi nous (doyen de la Faculté). Un an plus tard, en 1830, le même parti whig ayant remporté un triomphe définitif, composa le ministère Grey et porta naturellement Jeffrey, d'abord aux fonctions de *lord avocat* (avocat général), puis à la Chambre des communes. Depuis un quart de siècle Jeffrey avait dirigé avec succès l'œuvre de sa création la *Revue;* c'était assez, il confia le timon du navire à une autre main et entra dans la vie publique où nous allons le suivre.

§ V

Vie publique. — Jeffrey à la Chambre des communes. — Le bill de la Réforme et le bill écossais. — Jeffrey avocat général et lord juge. — Caractère de son esprit et de son talent. — Son œuvre littéraire. — Mort de Jeffrey. — De l'esprit critique en Angleterre, en Allemagne et en France. — Résumé.

Le but des immenses efforts de l'Angleterre depuis un siècle et demi était enfin touché.

Les nations protestantes ne pouvaient bouger que sur ses ordres. La suprématie commerciale et le sceptre de la mer étaient à elle. Soixante-cinq guerres, cinquante millions six cent mille livres sterling (plus d'un milliard de notre monnaie), et une dépense incalculable d'énergie, d'adresse, d'acharnement et de prévoyance, l'avaient portée à ce sommet de la civilisation moderne, qui dépasse de beaucoup la puissance romaine, puisque les dernières limites de l'Asie et de l'Amérique y sont comprises.

C'était la liberté qui triomphait.

L'Angleterre s'était faite l'athlète du progrès ; elle représentait dans son effort et son triomphe la nouvelle expansion européenne. Mettre ce triomphe extérieur d'accord avec le développement de ces mêmes forces à l'intérieur, forces gigantesques qui avaient pris conscience d'elles-mêmes : tel était le problème que la politique anglaise avait à résoudre.

Jeffrey ne pouvait rester étranger au mouvement whig. Lorsque le bill de réforme élargissant le cadre des capacités électorales, donnant des représentants aux villes importantes, corrigeant l'inégalité du cens, obtint, sous la direction de lord Grey, ce résultat presque démocratique qui livrait les élections à la classe moyenne, devenue maîtresse de l'impôt et des lois, Jeffrey se rangea sous le drapeau de son chef. Il représentait Malton, un bourg qui n'existait plus qu'à demi ; ses ennemis n'ont pas manqué de lui en faire un crime. Quel crime ? On sait que les partis n'y regardent pas de fort près, et qu'ils louent comme ils accusent.

Jeffrey, — ce critique, ce juge, cet écrivain remarquable, auquel la Chambre des communes offre une place honorable et que l'on écoute avec attention et respect, — va-t-il se classer parmi les orateurs ou du les *debaters* (discuteurs) célèbres et doués d'action sur les esprits?

Il a soixante ans, c'est vers le déclin de l'âge qu'il pénètre dans cette arène où tant de mobiles étrangers au talent décident du succès. Il y apporte la volubilité lucide plutôt qu'éloquente de sa parole, et cette fermeté fine d'argumentation qu'il a souvent exercée. Mais la manœuvre des intérêts parlementaires réclame un long apprentissage, une expérience assidue, une tactique journalière, une grande connaissance de mille ressorts, dont la logique et la probité ne constituent pas toujours le fond. Jeffrey, sans démentir sa réputation, commit dans cette voie nouvelle quelques fautes honnêtes. Il ne sut pas toujours taire ce qu'il était bon de laisser ignorer, il eut le tort d'emprunter à la vérité philosophique trop d'arguments esthétiques. Dans la discussion du bill de la réforme il fit valoir le développement considérable des lumières et des richesses depuis cinquante ans, l'extension de tous les intérêts, les réclamations du peuple, le danger de ne pas lui céder, enfin la nécessité. Il apportait la vérité historique, non l'argument parlementaire; ses amis le blâmèrent.

Lui-même, considéré et aimé, s'apercevait qu'il avait peu de pouvoir et d'influence. Il n'était pas à sa place. « Je suis sorti le matin harassé, dit-il, de cette

« Chambre des communes. Il était à peu près cinq
« heures, la séance venait d'être levée. C'était une
« matinée calme, douce, magnifique, rose, muette
« comme la mort. Personne absolument sur le pont
« de Westminster; je m'y promenai rêveur; j'arpentai
« à trois reprises cette solitude au centre de la ville;
« admirant les contours de Saint-Paul qui se dessi-
« naient à vives arêtes ; — et tous les clochers de la
« cité se dressant dans un ciel sans nuages ; et le beau
« rouge-orange qui commençait à dorer les arbres de
« l'abbaye; — et les vieilles fenêtres de la Présidente ;
« — et les vapeurs verdâtres du fleuve qui, s'élevant
« comme une brume, flottaient sur deux ou trois car-
« casses démâtées, lesquelles glissaient lentement
« sous les arches et montaient avec la marée. Je
« sortais d'une chambre où l'on étouffait, où l'on hur-
« lait, où j'étais resté emprisonné longtemps, parmi
« toutes les exhalaisons imaginables et respirant la
« vapeur des bougies près de s'éteindre. » Pittoresques
et poétiques paroles, écrites par un homme de soixante
ans, fondateur de la *Revue d'Édimbourg;* enrôlé
comme capitaine sous la bannière politique de la réforme.

A Londres, où la société supérieure l'accueillait
avec l'estime qui lui était due, il eut occasion de connaître les personnages célèbres, riches ou en crédit,
gens du monde, diplomates, artistes. Il se lia avec le
prince de Talleyrand, avec Wordsworth, Southey, avec

le sculpteur Chantrey. Southey (1), qui ne savait rien des hommes ni du monde, s'écria en le voyant : « Comment se fâcher contre ce petit bonhomme tout « simple? Il est impossible d'avoir de l'humeur contre « lui. » A son tour, Jeffrey, dînant avec le prince de Talleyrand, prit ce dernier pour quelqu'un de fort candide. « J'ai été surpris, dit Jeffrey, de trouver le « prince très-naturel, sans façon et de bon sens. Le « ton reposé de la meilleure compagnie, parfaitement « l'opposé du sarcasme prétentieux et sautillant des « faiseurs de bons mots; un air tout uni, plein d'indul-« gence et de bienveillance ; beaucoup de récits aima-« bles et de souvenirs de l'ancienne cour, sur M. le « Dauphin; sur M. de Malesherbes, sur M. Turgot; « force anecdotes diplomatiques; et le tout dit de la « façon la plus naïve et la plus agréable. Il n'a bu que « de l'eau à la glace, a très-peu mangé et ne s'est occupé « de gastronomie que pour demander avec instance la « recette de notre soupe écossaise, le *cocky-leekie* où « nous faisons cuire des prunes. Il a voulu absolument « savoir si les prunes doivent cuire avec la soupe ; il a « fini par décider que *oui*, mais ajoutant qu'il fallait « les servir à part. » Si Jeffrey, le fin critique, avait semblé à Southey un bonhomme naïf; M. de Talleyrand était devenu pour Jeffrey un parfait ingénu.

« J'ai trouvé, dit-il ailleurs, dans l'atelier de Chan-« trey, une vraie curiosité humaine, un poëte écos-

(1) Voy. plus haut.

« sais, imitateur assez estimable de notre Burns (1),
« espèce de surintendant de Chantrey, lequel a toute
« confiance en lui. Celui-ci avait commencé par ap-
« prendre l'état de charpentier. Ayant reçu une bonne
« éducation, comme la plupart de mes compatriotes,
« il se rendit à Londres et devint *reporter* pour les
« journaux. On lui fit faire une besogne qui répugnait
« à ses sentiments d'excellent whig, et il conçut tant
« de dégoût des choses qu'il était forcé de donner à
« l'impression, qu'il s'en alla chez Chantrey, autre
« espèce de whig, et lui déclara qu'il aimait mieux
« balayer son atelier que de continuer le vilain métier
« qu'il faisait. Maintenant il est le bras droit de Chan-
« trey pour lequel il a inventé diverses machines et
« instruments fort ingénieux. Je vous enverrai un
« volume de sa poésie, et vous verrez que les Ecossais
« sont « bons à tout ». Jeffrey était resté pur Écossais,
« on s'en aperçoit : « on a beau me montrer, dit-il,
« de magnifiques parcs et de très-beaux chênes drui-
« diques anglais, je m'attriste (*I pine*) de ne pas en-
« tendre mon doux et cher idiome ; notre dialecte
« dorien. »

Ce qui le captivait et l'étonnait surtout à Londres,
c'était ce type unique au monde, la duchesse anglaise, la « grande dame », dont il a esquissé le portrait le plus charmant et le plus achevé : « La grande
« dame anglaise ne se trouve qu'en Angleterre. C'est

(1) *Allan Cuningham.*

« un repos, une simplicité, une délicatesse de ton et
« de manières, jointes à un sang-froid toujours maî-
« tre de lui-même. Elle tient la vulgarité à distance
« et impose à la présomption. Elle parle bas, à demi-
« voix, mollement, avec une douceur singulière, et
« une aisance élégante ; son goût est parfait ; sa con-
« versation fine ; ses manières sont naturelles. Point
« de babil ou de vive animation ; une sorte de lan-
« gueur digne et d'indolence dédaigneuse ; nulle os-
« tentation de ce qu'elle sait ni de ce qu'elle vaut.
« Pour brocher sur le tout, un air de bonhomie, de
« candeur et de bienveillance qui ravit les cœurs. Je
« ne sais si tout cela ne cache pas assez de petites
« passions, d'ambition, de froideur d'âme et de du-
« plicité. Un Américain la jugerait d'abord insigni-
« fiante et glaciale ; mais elle gagnerait sur lui par
« degrés. Je ne connais pas au monde de créature
« plus séduisante et d'un plus dangereux attrait. Meil-
« leure ou plus heureuse ? c'est une autre affaire ! »

La mesure relative à l'Ecosse (Scotch-bill), ce grand but de tout le parti whig écossais, fut votée le 27 juin 1832. Jeffrey, chargé du *management* ou de la direction, de la discussion et de la rédaction du *bill*, eut à subir quelques-uns des ennuis de la vie politique. Il ne put vaincre sur plusieurs points importants, les préjugés du premier ministre, ni venir à bout d'y introduire plusieurs articles indispensables. Malgré ses efforts, les deux comtés limitrophes de

Peebles et de Selkirk, l'un comptant douze mille, l'autre huit mille habitants, durent élire chacun un membre, tandis que les îles d'Orkney et de Shetland, qui ont chacune 30,000 habitants et sont séparées l'une de l'autre par une distance de trente milles et la mer la plus orageuse, n'en purent nommer qu'un seul. Les îles *Shetland* avaient été nommées dans le bill îles « Zetland ». Il y eut des réclamations furieuses de la part des Shetlandais, et un pamphlet considérable en faveur des deux lettres. S et H auxquelles on avait substitué la lettre Z. « Quand le bill
« eut passé, dit Jeffrey, les sentiments que j'éprouvai
« en revenant chez moi, seul, furent étranges. Au
« lieu d'être soulagé ou exalté, un découragement et
« une mélancolie profonde me saisirent, et je crois
« qu'en m'arrêtant au milieu du square Saint-James
« pour m'interroger sur mes propres idées, une ou
« deux larmes tombèrent de mes yeux. Je ne m'ex-
« plique pas bien cette impression ; ce qui surnageait
« dans mon esprit, c'était une vague idée de la peti-
« tesse et du néant de toutes choses, même de ces
« importants débats. Depuis cette époque, j'ai tou-
« jours eu le plus intense désir de revoir mon toit
« domestique ; les deux ou trois semaines que je suis
« forcé de passer ici, pendant que la plupart de mes
« collègues se préparent à quitter Londres, me parais-
« sent horriblement pénibles. J'espère néanmoins
« que ce sera tout, et que j'aurai encore un peu

« d'été à savourer à mon aise. J'ai faim de paysage,
« j'ai soif de voir mon Ben-Lomond et ces *hautes ter-*
« *res* (High-lands) aux fronts boisés ! »

Sa carrière parlementaire, d'assez courte durée, lui permit de comparer la vie harcelée de l'homme politique avec la vie studieuse et paisible qu'il avait menée jusqu'alors. Cependant elle fut marquée par un résultat dont l'honneur lui reste. Grâce à lui les trois quarts de la terre d'Ecosse ont cessé d'être assujettis à cette loi plus que féodale qui les enchaînait pour cent soixante années d'immobilité, sans possibilité de mutation, de vente ou d'achat ; la faculté exorbitante de frapper de la même immobilité, jusqu'à la fin des siècles, tous les domaines d'Ecosse, a été enlevée aux possesseurs du sol (1).

Il revint avec bonheur à ses chères montagnes, et reprit ses courses vagabondes à travers les forêts et même sous la pluie. « Pendant notre séjour dans ces
« *hautes terres* (2), dit-il, il a plu constamment tous
« les jours et à peu près du matin au soir. Cela ne
« nous a pas empêchés, Charlotte (sa femme) et moi,
« de continuer nos promenades comme à l'ordinaire,
« et la pluie n'a pas gâté notre plaisir. La matinée
« était douce, paisible, embaumée. Et nous de mar-
« cher, de grimper, de gravir et de ramer sans nous

(1) Actes 1 et 12, § 36.
(2) *High-lands,* mot qui ne signifie pas absolument « montagnes ».

« embarrasser des gouttes d'eau, pas plus que ne fai-
« saient les corneilles qui volaient sur nos têtes. Nous
« passions ainsi huit ou dix heures par jour, trempés
« jusqu'aux os la plupart du temps, et nous revenions
« nous asseoir à table plus roses et mieux portants
« que jamais. C'est quelque chose d'adorable que le
« grondement des torrents montagneux se faisant
« entendre dans une matinée calme après une nuit
« de pluie ; c'est une harmonie ravissante dont l'ha-
« bitant des plaines ne peut se faire d'idée. Il y en
« avait plus de cent à portée de notre oreille, et plus
« de vingt que nous apercevions du pas de notre
« porte. Tout cela vibrait et frémissait dans l'air, et
« à la moindre bouffée de vent ces vibrations et ces
« murmures se confondaient dans une sublime sym-
« phonie ». Un peu plus tard il écrit à un ami qui n'a
pas pu l'accompagner : « Vous ne savez pas ce que
« vous avez perdu ; pas une goutte de pluie pendant
« dix jours, un ciel d'azur, une mer bleue lapis, de
« chaudes journées respirant l'amour de la paresse
« et la paresse de l'amour. Ramer et marcher à la
« lumière des étoiles, sous des bouleaux chargés de
« rosée, parmi les bourgeons où la vie éclate ; voir
« le rayon du ver luisant qui scintille sous la bruyère
« et le genièvre ; pour déjeuner, des harengs-saurs
« délicieux, et pour dîner nos puddings écossais ;
« puis le vert pâle des montagnes ; sans compter la
« saveur du foin des rochers et le grésillement loin=

« tain des eaux murmurantes. Je ne peux pas ou-
« blier encore (ajoute-t-il comme par post-scriptum)
« le service divin, un vrai service des *hautes terres;*
« l'évangile lu en gaëlique à des multitudes pittores-
« ques groupées sur les rocs, en face des eaux étin-
« celantes, dans une de ces baies solitaires ou de ces
« échancrures profondes que forme la mer sur nos
« rivages. »

Il fit même une petite pointe en Irlande, où il ne resta que peu de jours, mais dont les différences caractéristiques le frappèrent : « Rien ici ne ressemble
« à l'Ecosse, quoique Belfast où je suis soit à demi
« peuplé d'Écossais. Loquacité, bonne humeur, bien-
« veillance, sociabilité ; à côté de cela vanterie, hâ-
« blerie, audacieux mensonge, flatterie, compliments
« sans fin, inventions de toutes sortes, hardiesse à
« tout entreprendre, étourderie à tout promettre,
« hardiesse à ne rien tenir ; ces signes distinctifs flot-
« tent à la surface même des mœurs irlandaises et
« s'aperçoivent du premier coup d'œil. J'ai vu O' Con-
« nell (continue-t-il) puissant et musculeux, moitié
« naturel, moitié affectation, se parant d'une sorte
« d'indolente bonhomie et d'une simplicité presque
« rustique ; parlant patois sans se gêner, indépen-
« dant et violent dans le discours, le tout avec un
« mélange de ruse et laissant entrevoir la conscience
« de sa supériorité native... Quant à l'éloquence ir-
« landaise, j'en ai eu ici plusieurs échantillons fort

« complets. A propos d'un mauvais ménage, par
« exemple, j'ai entendu l'avocat débuter ainsi : « Sa-
« chez, messieurs, comment le flambeau de l'*hyménée*
« est devenu la *torche de Tisyphone* ». Le critique de
la *Revue d'Edimbourg* reparaissait sous la robe de
l'avocat général.

En 1834, une vacance ayant eu lieu parmi les *lords-
Juges* d'Ecosse (tel est leur titre) ; cette situation honorable et élevée lui fut offerte et il l'accepta. Ses ennemis même s'accordent à louer la sagacité, la
loyauté, la fermeté de ses décisions. Les seize dernières années de sa vie furent consacrées à ces fonctions, honorées surtout dans un pays qui aime la loi,
et professe pour le juge une vénération profonde. La
solitude qu'il avait toujours aimée, à laquelle du sein
de ses travaux et de ses combats il revenait sans
cesse pour s'y retremper, abrita et prolongea sa calme
vieillesse. Le critique et l'homme du monde passa
beaucoup de temps à réparer, à orner, à reconstruire
sa petite habitation (Craigcrook), située à trois milles
nord-est d'Edimbourg sur le penchant d'un coteau
pittoresque nommé Corstorphine.

Du plateau qui couronne cette colline, le regard
embrasse l'une des plus belles vues de l'Écosse, la
mer intérieure ou le Frith de Forth (1), les montagnes lointaines de Perth et de Stirling, Édimbourg

(1) Et non the *First of the fourth*, le « Premier des Quatre, »
comme le dit un Roman moderne.

environnée de ses admirables hauteurs, enfin le village de Craigcrook posé au pied de la colline comme un nid d'oiseau de mer. Jeffrey commença par louer cette habitation, l'acheta bon marché, la répara, fut bientôt saisi de cette maladie que les paysans de France connaissent, et que les Écossais appellent l'*appétit du terrain* (earth hunger) et finit par y passer quelques-uns des jours les plus doux de son dernier âge. Il était resté le même ; — rêveur et observateur ; philosophe et homme pratique.

La double activité de cette nature rare s'accuse naïvement dans une lettre adressée à un ami. Il décrit et commente son séjour dans le château solitaire de Skelmorlie, sur les bords de la Clyde, vieux château dont la mer baigne les assises, et qui domine au Nord les points de vue magnifiques des comtés d'Arran et d'Argyle : « Je jouis avec un profond bonheur de ma
« tranquille solitude. Je déjeune à mon aise dans un
« cabinet éclairé par trois fenêtres aux baies pro-
« fondes. L'une de ces embrasures laisse voir la mer
« lointaine qui brille sous une arcade de chênes verts.
« J'étudie les journaux avec le soin et l'amour que
« doit y apporter l'habitant d'une île déserte. Je
« m'égare dans les bois. Je lis paresseusement et au
« hasard quelques fragments de Shakspeare, de
« Fletcher, de Keats ou de Schelly. Je m'assieds pour
« guetter au passage tout ce qui apparaît et glisse sur
« les eaux, yachts, vapeurs, phoques, veaux marins,

« même ces petits nuages qui vont se jouer avec la
« tête nue des pics d'Arran.... — ou même encore
« ces petites vagues qui brisent leur écume autour de
« mes rochers. J'aime tout cela ; — et le serpolet
« sauvage ; — et les abeilles ; — et les maisons blan-
« ches qui étincellent çà et là sur les granits, sur les
« baies, sur les promontoires ; — jusqu'aux cailloux
« et aux coquillages de la rive. Vous savez qu'à pro-
« pos de ces cailloux Scipion et Lelius causaient phi-
« losophie ; — ce sont les seuls objets qui soient restés
« les mêmes dans un monde où tout a changé. Les
« cailloux de ce temps-ci ressemblent aux cailloux de
« ce temps-là. Je crois aussi que l'honnête homme qui
« dans la vieillesse se repose de ses labeurs a les mêmes
« pensées que ces vieux Romains. »

Il mourut le 26 janvier 1850, à soixante dix-sept ans. La lucidité vive de cette intelligence demeura intacte, et l'Écosse entière, — hommes rustiques et esprits cultivés, rendit hommage à sa mémoire.

Ce n'est ni le modèle d'un style parfait ni même l'équité définitive des sentences qu'il faut demander à Jeffrey. L'action sur son temps et la vive influence lui appartiennent bien plus que la perfection de l'art. Critique infatigable et loyal, il a vécu comme il convient à un vrai critique, d'improvisation et par l'improvisation ; il n'en a jamais usé pour servir ses caprices, ses intérêts ou ses passions. Doué de cette faculté brillante qui concentre les forces pour les faire éclater sur un point au moment donné, il a néanmoins cherché le vrai, le bon et le juste, il est resté fidèle à lui-même. L'improvisateur exagère toujours. Jeffrey, malgré la rapidité de son travail, saisissait avec une puissance et une dextérité rare les caractères spéciaux des écrivains qu'il analysait. Il ne calomniait ni la muse qui lui avait refusé ses dons suprêmes, ni les génies contemporains qu'il avait aiguillonnés de sa critique. — « On ne sait pas, dit-il, « combien l'humanité doit à ces grands bienfaiteurs, « aux poëtes, — quelle somme énorme de bonheur « réel et de misère consolée ou guérie ils ont ap- « portée à notre race. Non, je ne voudrais pas, au « prix de la moitié de ma fortune et de presque tout « ce qui peut me rester encore de santé et de loisir, « que Shakspeare ou Byron, par exemple, n'eussent « pas existé. »

Il était sincère en parlant ainsi.

Essentiellement libéral et whig, il ne pensait pas à faire régner l'utopie, à gouverner par la raison pure et par l'*abstrait*. Il comprenait que l'Europe n'est pas prête encore ; que pour beaucoup de races le *self-government*, est une chimère. Il annonçait même en termes exprès (1) l'inévitable établissement d'un gouvernement militaire chez quelques races inférieures. « Avant l'an 2000, ajoutait-il, l'Europe ne sera pas

---

(1) Lettres à Honner, t. II.

« mûre pour le triomphe de la raison humaine, pour
« un gouvernement sage et libéral. »

Ce triste aveu ne le décourageait pas ; il ne s'occupait qu'avec plus d'ardeur du sort des classes pauvres et inférieures, de l'éducation publique et populaire, et des efforts charitables du docteur Chalmers et de ses amis. Il encourageait vivement Charles Dickens à publier ses dernières œuvres, favorables aux mêmes vues. « Continuez (lui écrit-il). Il n'a pas paru, de
« notre temps, d'ouvrages qui aient soutenu avec au-
« tant de courage et de charité que les vôtres les
« droits du pauvre ; qui aient réclamé aussi généreu-
« sement en sa faveur et qui l'aient montré sous un
« jour plus touchant. Nul n'a fait autant que vous
« pour consoler et soutenir le mérite oublié ou dé-
« couragé, pour réveiller les sentiments d'humanité
« endormie et presque éteinte, pour faire honte à la
« brutalité grossière ! » « L'avenir est votre débiteur. »
Paroles remarquables, prononcées par un magistrat suprême, et dans lesquelles personne n'a vu une provocation de révolte ou une proclamation d'utopie.

L'Écosse a élevé une statue à Francis Jeffrey ; elle a eu raison.

Mais son vrai monument c'est la *Revue d'Édimbourg*. La part que Jeffrey a prise à la direction et à la rédaction de cette œuvre témoigne à la fois de son talent incisif et lucide et de sa ferme droiture. Point de manœuvre, nulle transaction ; les œuvres médiocres des gens qui peuvent le servir, il ne les loue pas ; les romans du tory Walter Scott, son ennemi politique, il ne s'acharne pas à les déprécier. Toutes les intrigues de la critique subalterne, empruntées aux mœurs mauvaises de l'antichambre ou des coulisses ; — éloges cachant le dénigrement, malices d'enfant gâté, mêlées de lâchetés d'homme corrompu ; — petites bassesses enveloppées d'étourderies apparentes ; — tout ce qui est faux, frivole, équivoque et louche ; — tout ce qui sent la Courtisane et le Satyre, — il le méprise ou l'ignore.

Vie de labeur dans la jeunesse, d'activité sévère dans la maturité, de calme honoré dans la vieillesse ; une telle destinée n'est pas permise à tous. Les sociétés qui préfèrent la vérité à la formule, qui ne se contentent pas de l'apparence et de l'artifice, et qui, fidèles à leurs aïeux, cherchent l'estime de l'avenir, peuvent seules la donner. Quoi de plus désirable que cette existence de Jeffrey mêlée au mouvement de la civilisation, aux caprices de l'esprit et aux efforts de l'art, et cependant simple, domestique, honnête, attirée par la nature, par les grands lacs et les bois antiques !

Que ces sentiments humains conservés intacts dans les luttes véhémentes de la politique nous plaisent !

Nous aimons ces notions du beau moral que n'effacent ou n'ébranlent ni l'exercice belliqueux de l'inligence ni les combats littéraires les plus animés. Et que l'on ne disc pas que tout cela est de l'originalité ! c'est se condamner soi-même que de nommer originalité ce qui est naturel.

ROBERT SOUTHEY

SA VIE ET SES ŒUVRES

ROBERT SOUTHEY

SA VIE ET SES ŒUVRES

The Life and correspondence of Robert Southey, edited by his son, the Rev. Charles Cuthbert Southey (M.-A.) (*R. Southey's Common Book*, edited by his so-inn-low, John Wood Warter, B. D. London and New-York) (1).

§ I

Physionomie de Southey. — Sur sa réputation et sa vie.

Il est mort en Angleterre (il y a déjà vingt ans), au bord de l'un de ces charmants et délicieux lacs du Westmoreland, qui sont au lac de Genève ce que la Seine est à la Tamise, un rêveur, un oisif et un inutile, qui toute sa vie, et sa vie a été longue, a fait mille efforts pour mourir de faim, et qui n'y a pas réussi. Les contemporains, leurs goûts, leurs préjugés, leurs passions, leurs vices, leurs intérêts, lui ont

(1) *Vie et Correspondance de Robert Southey*, publiées par son fils, le révérend Charles Cuthbert Southey. (*Livre d'extraits de R. Southey*, publié par son gendre Jean Wood Warter, Londres et New-York.)

toujours été indifférents. Il était pauvre et enveloppé du réseau impérieux et redoutable de cette société anglaise, aristocratique et bourgeoise, pleine de vénération pour les richesses, favorable à l'industrie, hostile aux rêveurs, professant la religion de ses traditions et de ses coutumes. Il avait besoin de tout le monde et ne se conciliait personne, non par contrariété d'esprit ou affectation de paradoxe, mais par invincible indépendance d'humeur. Quand les faveurs et les bénéfices de la popularité tombaient sur les partisans du pouvoir, il professait les doctrines du républicanisme et les théories d'une égalité chimérique. Au moment où la vogue et le succès couronnaient ou protégeaient les idées libérales, c'était la doctrine du pouvoir qu'il défendait. Naïf en tout cela, il ne tirait pas même parti de cette situation singulière, qui, malgré ses périls, aurait eu ses avantages. Il ne manquait pas de se conduire envers ses lecteurs et ses libraires comme envers le public et l'opinion. On lui demandait de la prose amusante qu'il était parfaitement capable d'écrire; c'était le plus habile prosateur de son temps : il écrivait des poëmes épiques welches, des épopées lyriques, et, n'ayant pas de quoi dîner, il allait demander à dîner à un vieil ami. On le priait de venir à Londres soutenir dans un journal quotidien ses propres opinions, et vingt mille francs de notre monnaie lui étaient assurés pour ce travail. Il répondait que les mouvements de la politique éphémère ne l'intéressaient pas, qu'il avait mieux à faire ; et il se remettait à ses poëmes épiques. Son instinct de générosité et de protection données aux faibles était devenu un système ; et il faisait place à côté et au-dessus de lui à tous les talents jeunes et malheureux qui se présentaient. Son modique revenu s'en allait en vieux livres ; son crédit s'évanouissait en recommandations pour de pauvres gens de talent inconnus, roturiers et mourant de faim. Il protégea ainsi un matelot, un maître d'études, un domestique, un garçon fermier et un enfant trouvé.

Voilà, direz-vous, un estimable homme, un aimable poëte ; et s'il était pauvre, la considération générale devait le consoler, le couronner, valoir pour lui toutes les splendeurs de fortune, plus que cela mille fois. Que vous devinez mal ! Cet habile homme, qui n'eut de quoi vivre que fort tard et en dépit de lui-même, trouva pour lui le moyen d'être le plus déconsidéré de tous les écrivains anglais. On lui lançait des strophes injurieuses et (vraiment) très-spirituelles, d'Italie et d'Allemagne. Moi, qui vous parle, j'étais à Londres quand un de ses poëmes (*Wat Tyler*, mauvais drame), réimprimé ironiquement par ses ennemis, avec un commentaire des plus dédaigneux et des plus amers, se vendait un penny dans les rues, y comprise la tête du poëte, ornée d'un diadème de chardons, et derrière elle un pilori pour l'y attacher. C'était l'époque de la popularité rayonnante de lord

Byron, qui ne contribuait pas peu à cette destruction de Southey, et qui jouait en Italie un rôle analogue dans sa disparité à celui de Voltaire à Ferney. J'étais peuple. J'étais de la masse des niais qui mettent des gants blancs, (ils étaient jaunes et montaient jusqu'aux coudes), et je croyais ce que l'on disait. On disait alors que la honte et l'opprobre de la littérature anglaise, Robert Southey, auteur de *Wat Tyler*, mendiant et débauché, homme de cour et de mauvais ton, flatteur sans succès, apostat sans bénéfice, intrigant avorté, venait de recevoir d'un homme de génie, le libéral, le généreux, le brillant, le républicain, le grand seigneur, le favori de toutes les femmes, le héros de tous les boudoirs, le défenseur de toutes les causes héroïques, lord Byron, une leçon sévère et méritée. On ajoutait qu'il était impossible ou difficile de déterminer quelles ignobles habitudes, quels vices secrets, contractés dans une jeunesse obscure et mal famée, avaient donné à Southey le besoin de ces dépenses excessives, qui transformaient sa fortune en tonneau des Danaïdes où les dons et les munificences de la cour allaient se perdre sans profit pour lui et sa famille. N'était-il pas collaborateur du *Quaterly ?* Poëte lauréat ? auteur de vingt ouvrages célèbres et répandus ? Des millions ne suffisaient pas à ce brillant et immoral Sardanapale dont le caprice et la prodigalité jetaient un reflet si évident et si notable sur la diffusion de son style et l'exubérance de sa poésie.

Voilà ce qui se répétait constamment, non pas dans les tavernes secondaires ou dans les foyers des petits théâtres, mais chez Hazlitt, par exemple, un homme d'esprit infini, d'*humour* et d'originalité, appartenant, bien entendu, au parti contraire à celui de Southey, et qui tenait à Londres, toutes différences admises, à peu près la situation que nous avons vu M. Jules Janin tenir avec tant d'éclat et de succès.

En sortant de chez Hazlitt, où l'on avait pris le thé, et en fort bonne compagnie, on heurtait dans la rue un bonhomme mal vêtu, assez semblable au *Dominic Sampson* de Walter Scott, portant le nez au vent...; et quel nez ! le plus crochu et le plus digne d'un vautour hors de combat ; — les yeux tout grands ouverts et ne voyant rien ; — vieille culotte courte de soie fanée et jadis noire ; — des boucles à la vieille mode ; — un habit boutonné de travers ; — la tournure d'un ecclésiastique protestant de quelque village éloigné, essayant de composer à grand'peine son sermon du dimanche. Voilà Southey. Il vous coudoie, ne fait pas attention à vous, tourne sur lui-même et se précipiterait sous le premier cheval qui passe, si vous ne le reteniez par sa basque. Southey (c'est bien lui) balbutie d'un air timide, d'une voix brève, son compliment et son remerciement ; puis il se hâte de fuir en vous ôtant son chapeau d'où s'échappent des flots de cheveux argentés et ondoyants. Ces beaux cheveux, retombant sur ses épaules, forment des boucles épaisses sur son front large et massif, et accompagnent bien la courbe élevée des sourcils dont l'arc se dessine sur des yeux bruns, larges, très-fendus et rêveurs. L'homme auquel appartient cette physionomie bizarre que complètent des lèvres fortes et accentuées, et où le bas du visage existe à peine, a peur de vous. Il se sauve. Il faut qu'il écrive ce soir dix pages sur un sujet qui l'a ému et enflammé. Il ne s'arrêtera dans sa course, que si un étalage plein de vieux livres l'attire et le séduit ; et s'il a trois schellings dans sa poche (chose douteuse), il les donnera au libraire. Cet homme singulier n'est évidemment pas du monde où nous sommes. C'est un ascète de la pensée, un de ces moines de l'étude et du travail, qui ne touchent pas à la vie réelle ou qui n'y touchent que pour être blessés et écrasés. Pauvre Southey ! « Ce que les hommes « nous pardonnent le moins, dit Mme de Staël, c'est ce « qu'ils ne s'expliquent pas de notre vie. » — Allez donc faire comprendre au passant qui se rend à la Bourse, à celui qui se promet de bien dîner en ville, ou qui rêve aux moyens de conclure une affaire et de n'être pas passif, mais actif dans la grande duperie humaine, tâchez donc de lui faire comprendre cet esprit et cette âme également ingénus, cet original, ce candide, cet enthousiaste, qui n'est pas un héros, qui ne croit pas l'être, qui sait tout, excepté les hommes, qui connaît tout, excepté la vie, et que l'on déposera dans sa dernière demeure, sous le porche de l'église du village, sans qu'il sache le nom du curé, sans qu'il ait rendu visite au juge de paix du canton.

§ II
Première période de sa vie, son enfance et sa jeunesse.

Les nombreux extraits de la correspondance volumineuse de Southey, de ses journaux et de ses cahiers d'études, publiés récemment par le révérend C. Cuthbert Southey, son fils, et par M. J. Wood Warter, son gendre, indiquent d'une manière très-détaillée le procédé de transformation progressive qui a fait, de l'un des meilleurs et des plus savants hommes de notre siècle, un personnage digne de haine et de risée, ou, tout au plus, de pardon. Que cet homme, dont on a voulu faire un énergumène politique, fût aussi étranger que possible aux ambitions comme aux erreurs et aux grandeurs de la politique; que la moralité de Southey fût supérieure à son talent, et la bonté de son cœur à sa moralité même, voilà ce qui résulte de ces matériaux tronqués, confus, absurdement entassés, mal éclairés, mal expliqués, à peine rattachés par les grossières coutures d'un style épais, et minutieux avec prolixité.

D'autres écriront sa vie. Quant à présent, profitons de l'échafaudage que le fils et le gendre du poëte ont lourdement construit; mesurons, étudions, déchiffrons; c'est un travail d'hiéroglyphes.

Cette tâche, devenue difficile, on l'aurait accomplie sans peine en s'en tenant aux aveux d'une de ses préfaces : « J'ai passé la moitié de ma vie dans les « labeurs de l'esprit, et les livres me sont bien plus « connus que les hommes. N'écoutant du fond de ma « retraite que ma seule pensée, j'ai cherché, avec « une ardeur attentive, quelle route serait la meil- « leure, et je me suis contenté de la suivre. »

Cet excellent homme naquit à Bristol, en 1774, connut à peine sa mère, et fut élevé par une tante d'humeur bizarre, ci-devant beauté, jadis riche, gâtée par les flatteurs, aigrie par leur oubli et leur irréparable abandon, d'ailleurs quinteuse, véhémente, passionnée, sans cesse précipitée des transports de l'amour aux paroxysmes de la colère, victime de son tempérament, y sacrifiant les autres, la pire de toutes les institutrices.

Un peu plus tard, vers 1802, Byron, recevait, d'une femme de la même espèce, sa mère, son éducation première, et son caractère, pendant la vie, eut peu d'analogie avec celui de Southey. La théorie d'Helvetius sur l'égalité essentielle des esprits et l'influence définitive de l'éducation, théorie que les philosophes ont défendue, n'aurait pas dû tenir deux secondes devant l'expérience d'une nourrice. Battu, caressé, poussé de travail, livré à lui-même, grondé, choyé, puis délaissé avec humeur, le jeune Robert grandissait avec la Révolution que nous nommons « Française » ; ce droit, nous le devons à l'usage plus dramatique que sérieux que nous avons fait de l'électricité universelle. Le siècle était à l'orage.

Il y a des temps où l'esprit se révolte, se réveille ; d'autres où il s'assoupit. En imaginant que nous avons inventé les *droits de l'homme* et l'*Assemblée constituante*, nous raisonnons comme les gens de « l'empire du milieu », dont les cartes géographiques ne contiennent que la Chine, avec deux petites îles imperceptibles de trois lieues de circonférence, représentant l'Europe et l'Amérique... Depuis Boston, où l'on jetait à la mer le thé anglais, jusqu'à Madrid, où Casupomanès faisait imprimer ses conseils « sur l'éducation des classes laborieuses », l'atmosphère morale des peuples était remplie de foudres et d'éclairs contenus par une influence violente à laquelle Southey ne résista pas.

Comment y aurait-il résisté ? il avait quinze ans au mois d'août 1789. Il était pauvre, de famille protestante jusqu'au fanatisme. A Bristol, comme à Londres, il n'y avait que des éléments enflammés ; les émeutes de Gordon qui menaçaient la capitale d'incendie, Wilkes chassé des communes par le roi et renvoyé aux communes par le peuple, Waren-Hastings mis en jugement et foudroyé par les orateurs whigs, Gordon défendu par Erskine, aux applaudissements de la masse, la reconnaissance forcée de l'indépendance des États-Unis ; les tendances littéraires, les poésies du Béranger écossais, du paysan Burns, qui venaient de paraître ; le cri antimonarchique du moraliste Cooper (1), tout semblait contagieux, tout semblait prouver que l'Angleterre, en 1788, marchait à la Révolution comme nous.

Il n'en était rien, elle était aristocratique par intérêt, monarchique par ce bon sens qui lui faisait voir, dans le calme des institutions, dans leur développement régulier, dans la discipline sociale préservée, dans l'industrie favorisée et la richesse acquise, son avenir et sa grandeur assurés.

C'est ce que devina Pitt, le fils de Chatham.

Que les imprévoyants, les jeunes et les enthousiastes fussent emportés par ces influences, c'était un inévitable effet des circonstances et de l'état des esprits.

Elevé par sa fantasque et acariâtre tante, tour à tour placé à Carlton et à Westminster, harcelé des leçons d'une morale inconsistante et d'une dévotion aigre et illogique ; — d'un tempérament fougueux et sanguin, d'un esprit absolu qui se précipitait en aveugle vers le but désiré ; — d'un caractère droit et véhément, Robert Southey fut bientôt lié d'amitié avec les plus violents des jeunes réformateurs. Il avait quatorze ans, et à quatorze ans il se proclama novateur et réformateur, et il jugeait souverainement de toutes choses, selon la coutume.

(1) *The Task, book V. the Winter Morning's Walk*'.

Cet épisode, ou ce passage de sa vie de poëte dans les plus folles années, entre quatorze et vingt et un ans, qui en eût pris note, si la haine politique et l'envie dont la tactique est certaine, n'eussent veillé près de lui? — « Ah! (dit-il quelque part avec une
« touchante et profondément honnête ingénuité)
« quels beaux rêves j'ai faits autrefois! Et quand
« j'oubliais de dîner pour rêver *Pantisocratie*, ce nou-
« vel état social dont j'étais l'unique législateur!
« combien j'étais heureux! La fougue de mon sang,
« le délire de mon cerveau, l'aspiration vers de meil-
« leures destinées, l'amour des hommes, mes plans,
« mes combinaisons où l'intérêt n'entrait pour rien,
« mon dévouement de martyr à l'utopie, m'ouvraient
« un paradis plein de joies ineffables et infinies. Ardeur
« insensée! espoir tristement déçu! Tous les hommes
« sont égaux, tous vertueux, tous libres! Je sens en-
« core, aujourd'hui que je vieillis, mon sang se ra-
« nimer dans mes veines et se porter à mes tempes.
« Je pleure mes illusions; Dieu calmera cette séve
« trop vive et les cheveux blancs viendront. Le lau-
« rier, jeune encore, portait des feuilles trop vertes
« et trop rudes; elles pâlissent aujourd'hui et pâliront
« davantage. »

La tante de Southey, miss Tyler, ayant appris à la fois la *Pantisocratie* rêvée par son neveu, et son mariage projeté avec une fille sans fortune, le mit à la porte par une nuit d'hiver, sous la tempête et la

neige. Le voilà dans la rue à dix-neuf ans, et sans asile, chassé du collége comme unitaire, banni par sa tante comme démocrate, n'ayant pas un schelling dans sa poche. « Je ne me rappelle pas bien, dit-il
« quelque part, comment je fis pour vivre ; tout ce
« que je sais, c'est que je ne mourus pas de faim. Je me
« mis à la littérature ; un rabot de menuisier eût
« mieux valu pour les produits. D'ailleurs, plus j'étais
« pauvre, plus il y avait de gens qui me demandaient
« l'aumône, et, ce qui est encore plus étrange, c'est
« que je trouvais moyen de la leur faire. Les vers que
« j'insérais de temps à autre dans ce compartiment
« des revues que l'on appelle le *coin des poëtes* m'ont
« rapporté quelques bonnes miches de pain. On s'est
« souvent demandé pourquoi moi, qui ne suis assuré-
« ment ni très-lugubre, ni fort tragique, j'ai le premier
« jeté dans la circulation les contes les plus funèbres, et
« où je prenais mes belles histoires de fantômes ri-
« mées qui ont eu tant d'imitateurs. La source de
« mon inspiration n'est pas abstruse ; cela se vendait
« mieux. Mes hymnes de vertu et de piété ne
« prenaient pas du tout ; les spectres marchaient ad-
« mirablement ! »

Ces premiers essais funèbres et fantastiques réussirent donc beaucoup. L'Allemagne plaisait, les deux sources gothiques se rejoignaient.

Vers 1793, on commençait à parler du jeune Southey comme d'un jeune fou. Versificateur de quelque talent, anticlassique, contraire à Pope, capricieux et baroque, lequel écrivait des ballades allemandes, dans le goût satanique de Burger et de Klinger, il était toujours amoureux, et l'argent lui manquait pour se marier. Apprenant alors que Chatterton, le jeune poëte suicidé, comme lui Bristolien, avait laissé une jeune sœur dans la détresse, son âme chevaleresque s'enflamma ; il se mit à préparer une édition nouvelle et complète des œuvres du malheureux et orgueilleux enfant, employa toutes ses ressources, toutes ses forces, et celles de ses amis, à la faire réussir, ne se réserva pas un denier pour ses labeurs, et en envoya le produit, qui fut assez considérable, à la sœur de Chatterton.

Ce fut son premier succès et le premier échelon de sa gloire, non de sa fortune, puisqu'il ne fut jamais riche. Une certaine admiration, mêlée d'ironie, commençait à l'entourer. D'imprudence en imprudence il venait de se marier à la jeune personne pauvre qu'il aimait. Ses mœurs très-pures, singulièrement honnêtes et chastes, lui conciliaient les honnêtes gens. Cottle, libraire de Bristol, ne lui refusait pas, dans l'occasion, un ou deux schellings par avance ; enfin il vivait.

Un jour même qu'une grande idée de poëme épique avait traversé le cerveau du jeune homme, Southey vint dire à Cottle : « J'ai trouvé un magnifique sujet « d'épopée à la fois chevaleresque, touchante, gran-

« diose, pathétique et vengeresse ; une justice écla-
« tante à tirer de ces prêtres maudits et sataniques
« (la haine du papisme fut, dès l'origine, un des
« *hobby-horses* de Southey); c'est une grande œuvre
« que j'ai achevée, mais je n'ai pas de quoi l'imprimer ;
« ma renommée et ma vie en dépendent. » — Cottle
imprima le poëme qui lui coûta quelque 2 à 3,000
francs, compta, en outre, quelques livres sterling au
pauvre poëte, et *Jeanne d'Arc* parut au grand jour.
« Lorsque je composais *Jeanne d'Arc*, et pendant
« l'impression de l'ouvrage, dit Southey, mes affaires
« n'étaient pas bonnes ; l'avenir se montrait incertain,
« et le besoin pressait dans la plus cruelle vérité du
« mot. Souvent n'ayant pas dix-huit sous dans ma
« poche pour payer ma modeste table d'hôte, pas un
« morceau de pain et de fromage chez moi, je sortais
« et me promenais dans les rues pour avoir l'air d'al-
« ler dîner. J'avais faim ; croyez-vous que pendant
« ma promenade je fusse occupé du dîner qui me
« faisait défaut ? pas du tout, ma tête n'était remplie
« que de ma *Jeanne d'Arc*. En me couchant le soir,
« je repassais le plan du poëme : quand je m'éveillais,
« c'était ma première pensée ; les maigres produits
« de mon épopée s'en allaient d'avance en pain et en
« beurre, sucre et thé, lait et café, item qui devien-
« nent formidables pour un homme qui n'a pas de
« capital. Eh bien ! c'est ce poëme héroïque (vraiment
« le mot n'est pas déplacé relativement à ce qu'il

« m'a fait souffrir) qui m'a donné, tout imparfait qu'il
« puisse être, un bon coup d'épaule dans le monde ;
« il a commencé ma réputation. »

Aussi garda-t-il à Cottle, son libraire, une reconnaissance qui dura autant que sa vie. Ce Cottle qui vit encore et vient de faire réimprimer son propre poëme, *Alfred,* à la grande risée des connaisseurs, avait un frère, mordu comme lui de la rage de l'épopée. Deux frères épiques, chers à Byron, à Canning, à Thomas Moore et à tous les satiriques du temps :

> « Ce couple siamois, ces Épiques-Libraires
> « Et « cantare pares, » et dignes d'être frères ! »

Ainsi chantait Thomas Moore :

> « J'adore *Alfred-le-Grand,* par Cottle le cadet.
> « La *Cambrie* est aussi fort belle, s'il vous plaît ;
> « Cottle l'aîné, l'auteur de ce dernier poëme,
> « Est encore sur mon âme, un poëte que j'aime.

L'un s'appelait *Joseph,* l'autre *Amos.* A Joseph appartiennent les deux beaux vers souvent cités par les critiques, description si concise et si animée des longs combats des Danois contre les Anglais :

> L'Anglais est un boa, le Danois un lion.
> Le lion lutte en vain, le boa le dévore.

Il y a mille anecdotes littéraires piquantes relatives à ces deux Cottle, que Southey a toujours aimés et défendus.

Un improvisateur italien, nommé Talassi, de Ferrare.

à peu près de la force de Cottle et de son frère, passa par Bristol et voulut rendre ses devoirs à Joseph : Joseph était fort riche. Quand son valet de chambre lui apprit qu'un poëte italien inconnu demandait à lui parler, il craignit la préméditation d'une attaque à sa bourse et fit répondre qu'il n'était pas chez lui. Talassi savait l'italien et le français ; ce poëte, médiocre en deux langues, demanda du papier et des plumes et écrivit :

« Confrère en Apollon, je me fais un devoir
« De me rendre chez vous par désir de vous voir.
« Vous êtes occupé, je prendrai patience ;
« Je ne jouirai pas d'une aimable présence.
« L'auteur d'*Alfred* se cache, et pourquoi, s'il vous plaît ?..
« Je m'en vais désolé ; mais, hélas ! c'en est fait !... »

Puis se repliant vers sa langue natale :

Signor Cottle riverito,
Men'andro come son ito,
E se voi, sublime vate,
Un poeta non curate,
Io del pari ve lo giuro,
Non vi cerco, e non vi curo.

Et il signa bravement : ANGE TALASSI DE FERRARE, poëte « au service actuel de la reine de Portugal. »

Ces anecdotes puériles avaient un attrait, une saveur, un goût particulier pour Southey. Un coin d'érudition bizarre et naïve se cachait dans son esprit, et ces bribes biographiques, pailles et débris, fragments de toute sorte, flottant sur le courant de l'histoire littéraire, il les recueillait avec un soin minutieux, et de tous ces débris il a fait son charmant docteur.

Le bon Joseph Cottle serait tout simplement un des soldats les plus obscurs de l'armée innombrable des poëtes épiques ridicules, si Robert Southey, son compatriote, son ami et son protégé, ne s'était chargé de réhabiliter cette honnête mémoire.

Ils restèrent toujours fort liés; et Cottle, devenu propriétaire à bon compte d'ouvrages dont la valeur vénale ne cessa pas de s'accroître, fut un beau jour saisi de scrupules de délicatesse sur ce point ; il offrit donc une indemnité à Southey, qui répondit :

« Ce que vous me dites de mes droits d'auteur m'a
« fort touché. Cher Cottle, mettez votre cœur en repos
« à ce sujet, vous n'avez rien à vous reprocher. Ces
« ouvrages sont bien à vous, loyalement achetés, loya-
« lement vendus. Vous avec couru les chances d'un
« succès, ce que pas un éditeur de Londres n'aurait
« osé faire ; et si vous ne les aviez pas achetés, ils
« n'auraient jamais paru. J'ajoute que si vous n'aviez
« pas publié *Jeanne d'Arc*, je n'aurais jamais écrit ce
« poëme, ni, selon toute probabilité, acquis cette répu-
« tation qui est le capital dont je vis et la force qui me
« met à même de le soutenir. Mais ce n'est pas tout :
« supposez-vous, Cottle, que j'aie oublié ces actes es-
« sentiels et ces preuves d'amitié vraie que vous
« m'avez données quand j'en avais le plus grand
« besoin ? L'argent même qui me servit à acheter mon

« anneau de mariage et à payer les frais d'église, c'est
« vous qui me l'avez fourni. C'est avec vos sœurs que
« j'ai laissé Edith (sa femme) pendant mon absence de
« six mois ; et c'est de vous que j'ai reçu, pendant les
« six mois qui ont suivi mon retour, semaine par
« semaine, le peu qu'il me fallait pour vivre, et sans
« cela je n'aurais pas vécu. Ce n'est pas en réglant un
« compte que l'on paie des obligations de ce genre.
« Vous êtes dans l'habitude de conserver vos lettres,
« et, si cela n'était pas, je vous supplierais de garder
« celle-ci, afin qu'elle puisse être lue après vous,
« certain que je suis que jamais cœur plus généreux
« ou plus humain que le vôtre n'a existé ; et vous me
« croirez si j'ajoute qu'il n'y a pas homme sur terre
« dont je me rappelle le souvenir avec plus d'affec-
« tion. Mon cœur bat et mes paupières brûlent à ces
« souvenirs. Bonsoir, cher ami et bienfaiteur. »

Voilà l'homme que Byron n'a pas cessé, jusqu'à la fin de sa vie, de livrer à l'ironie et à la colère de ses contemporains.

Vers la même époque, un grand-oncle de son père, avoué (solicitor), qui avait amassé une grande fortune dans l'exercice de sa profession, mourut sans enfants et n'oublia pas de déshériter complétement son petit-neveu le poëte, ce jeune étourdi et cet homme de cour, ce mauvais sujet que nous avons vu à Keswick, mener une vie si scandaleuse. Southey était dans son cabinet de travail, à l'ordinaire, quand il apprit cette nouvelle : c'était, toute répartition faite, une trentaine de mille livres de rente qui lui échappaient. Il improvisa, en manière de vengeance et pour se débarrasser de la rancune, les vers suivants, dont le sérieux et la légèreté élégiaque sont tout à fait remarquables.

« Il y a des morts dignes d'envie : celle du vieillard
« qui a vu disparaître avant lui tous les êtres qu'il
« aimait ; celle du moine qui presse le crucifix sur son
« cœur, croise pieusement les bras sur sa poitrine
« pendant que ses frères, debout autour de lui, chan-
« tent et endorment son dernier repos. Mais il y a
« aussi des morts dont la pensée est une angoisse
« profonde pour le cœur, une vie sans amour et sans
« joie, terminée par une fin que nul ne pleure ! Pas
« un ami dans ce monde ni dans l'autre ! Pas une
« larme pour toi sur cette terre, pas une âme pour
« t'accueillir là où tu vas ! un cœur fermé pour tout
« le monde, père, mère, frère, sœur, même pour ta
« mère ! Le tombeau se referme aussi pour recouvrir
« une pierre qui n'a jamais vécu ! »

§ III

Seconde époque de la vie de Southey. — Les Épopées et les Chroniques.

Revenons à Joseph Cottle et à *Jeanne d'Arc*. Un souffle naïvement épique, d'une fraîcheur et d'une élévation admirable, d'une simplicité d'inspiration qui ravit, un candide amour des hommes, le développement primitif et comme l'expansion involontaire de l'imagination dans sa fleur et des sympathies généreuses dans leur élan ; peu d'art, et d'artifice encore moins ; un talent de narration et d'exposition singulier, la majesté du rhythme, la souplesse onduleuse de la période, conserveront le souvenir de ce poëme qui d'ailleurs eut avec les œuvres de Cooper, de Burns et de Crabbe, bien avant l'apparition du *Marmion* de Walter Scott et du *Childe Harold* de Byron, l'honneur d'ouvrir la carrière éclatante du dix-neuvième siècle littéraire anglais. On le lut beaucoup ; la politique s'en mêla ; les yeux se fixèrent sur le jeune poëte mourant de faim, ce dont personne ne se doutait et ce qu'il n'avouait à personne. On savait seulement d'une manière assez vague, que notre Homère de vingt et un ans voulait fonder une république égalitaire (*pantisocratique*) aux bords de la Susquehoüa, et qu'il venait de publier à ses frais les œuvres de Chatterton, édition dont la sœur de ce dernier avait recueilli les bénéfices. Par un effet ordinaire de ce mirage inévitable, de cette éternelle chimère qui fait jouer aux yeux des hommes, absorbés par leurs intérêts, la fantasmagorie du mensonge et le frivole spectacle des apparences qu'ils prennent toujours pour des réalités, tant leurs esprits sont frivoles et peu curieux du vrai, la notoriété de Southey, devenant tout à coup de la gloire, on imagina qu'il était riche ; et comme on mesurait sa fortune sur sa renommée qui commençait à s'élever rayonnante, et sa capacité de servir autrui par la charité expansive de son âme, on lui adressa de toutes parts des félicitations qui le ruinaient en ports de lettres et des demandes de secours qui le désolaient. Il venait de sortir de l'obscurité ; on le croyait sorti de la pauvreté ; à peine avait-il de quoi vivre. La passion des bouquins (c'est le seul mot qui convienne) l'avait atteint déjà, et pour achever de le faire riche, l'impossibilité de refuser une aumône à tout pauvre diable qui la demandait, venait s'y joindre.

« Le hasard a voulu (dit-il dans une lettre) qu'un
« certain afficheur, nommé comme moi, Robert Sou-
« they, reçût une missive qui m'était adressée : il
« demeurait dans Bedford-Street ; je ne sais comment
« il s'y prit pour découvrir mon adresse, mais il me
« déterra, me remit la lettre qui m'appartenait et me
« fit l'honneur de me glisser sa carte de visite dans la
« main. Voilà une connaissance qui repose, comme
« vous voyez, sur de fortes bases. Il vient de m'écrire
« une lettre qui fend le cœur, où il me dit que lui et
« sa famille n'ont pas, depuis huit jours, de quoi
« mettre sous la dent et où il sollicite ma charité.
« Pauvre malheureux homme ! suis-je donc beaucoup
« plus avancé que lui ; comme je griffonne énormé-
« ment, on croit en général que je suis surchargé de

« richesses. Qu'est-ce que je peux faire pour lui ?
« Bien peu de choses. C'est égal. Je n'aime pas à
« fermer mes oreilles et mon cœur à des plaintes
« comme celles-là. Ayez la bonté de lui envoyer deux
« livres sterling en mon nom. Il demeure à Lambeth,
« bâtiments d'Hercule, n° 10. Vous feriez bien d'y en-
« voyer de suite votre domestique, de peur qu'on ne
« le mette à la maison de travail. »

Un peu plus tard, Southey écrit encore : « Je vais
« de nouveau vous ennuyer d'une requête que votre
« bon cœur excusera. Faites-moi le plaisir d'enve-
« lopper dix livres sterling en bank-notes, à l'adresse
« de Charles Lamb, qui les remettra au pauvre Jean
« Morgan, que vous avez vu il y a quelques semaines
« chez moi. Ce pauvre garçon, mon camarade de
« classe et dont la mère m'invitait souvent à dîner,
« quand ce dîner me faisait grand plaisir (autrement
« il aurait fallu m'en passer), hérita d'une quinzaine
« de mille livres sterling qu'il a perdues sans aucun
« vice, sans même une étourderie de sa part. Une
« attaque de paralysie lui a enlevé toutes ses res-
« sources et le moyen d'y suppléer. Sa femme, ex-
« cellente créature, que j'ai connue dans l'état de la
« fortune et de la beauté, a accepté une place de
« sous-maîtresse dans une école de charité, place
« qui lui rapporte quarante livres sterling par an ;
« ce misérable salaire est tout ce qu'ils possèdent.
« Dans une situation si déplorable, Lamb et moi nous

« nous sommes promis de lui assurer, chacun dix li-
« vres sterling de pension pour toute sa vie. J'ai ob-
« tenu d'un excellent garçon que vous ne connaissez
« pas et qui ne veut qu'on ne le connaisse que sous
« les initiales de A. B. cinq autres livres sterling pour
« lui ; je viens d'écrire à ses amis de Bristol, sur les-
« quels il a le plus de droits et sur lesquels il peut
« compter à cause de leur fortune plus que sur nous
« autres, pauvres gens ; si bien que j'espère lui
« assurer les moyens de vivre décemment. Compre-
« nez bien que c'est là une explication et non une sol-
« licitation. En pareil cas la charité est une affaire de
« sentiment et de dévouement pour ceux qui connais-
« sent la personne; il ne peut être en aucune manière
« question des étrangers. » Précisément à la même
époque, il dit à un autre de ses amis : « Ma femme
« m'a donné une Édithling (une petite Édith). J'ai
« donc une fille, mais je n'ai pas d'habit et de cha-
« peau neufs. J'ai grand besoin de l'un et de l'autre.
« Il y a aussi un pantalon et des bottes qui me de-
« viennent fort nécessaires. Je comptais me fournir
« de tout cela en rendant visite à mes amis d'Édim-
« bourg. Je me suis dit, qu'après tout, pour un voya-
« geur, mon équipement pouvait passer, et que si,
« d'après l'Ecclésiaste, *Science vaut mieux que terres*
« *et maisons*, elle vaut certes infiniment mieux
« qu'un habit neuf. J'ai donc mis tout mon argent en
« livres et mes vieux habits iront tout l'hiver. Ma

« bibliothèque a reçu dans son sein un assez grand
« nombre d'hôtes nouveaux, gentilshommes d'impor-
« tance, mais dont les dos resteront anonymes en
« attendant l'argent qu'il faut pour les vêtir. »

Pauvre Southey, sa vie s'écoulait ainsi entre les livres et les générosités. Il oubliait qu'il était pauvre en faisant l'aumône ; il domptait son imagination par la lecture. Il pensait avec notre bon gentilhomme Froissard que :

> « Lire est ung doulx mestiers,
> « Quiconque le faic à plaisance !
> « Ne scay au jour d'huy ordenance (profession),
> « Où j'aie mieulx entente et coër.

A force de lire de vieilles ballades, de travailler pour les revues qui lui plaisaient, et d'amasser des matériaux pour ses histoires projetées et ses épopées futures, il était devenu, à vingt-trois ans, un liseur accompli. Il ne lisait plus, il devinait.

Le volume, dévoré par lui en quelques minutes, léguait à sa pensée et à sa mémoire la trace ineffaçable de toute la substance utile et féconde que les pages de l'auteur pouvaient contenir. Quelques procédés matériels aidaient encore ses immenses lectures. Une S marquée au crayon, à la marge du livre, un sinet de papier placé entre les feuilles ; deux ou trois mots d'explication sur son *memorandum* lui suffisaient. Grâce à une mémoire qui ne perdait rien de ses acquisitions et à une régularité de travail que le bénédictin le plus assidu lui aurait enviée, les quatorze à quinze mille volumes de sa bibliothèque, livres rares et précieux pour la plupart, successivement acquis à force d'économies et de sacrifices, lui étaient aussi familiers que s'il en eût été l'auteur. « Je suis de l'avis de Lucas de Penna (1). Mes chers « livres, dit-il quelque part, un livre est la lumière du « cœur, le miroir du corps, le maître des vertus, ce « qui chasse les vices, la couronne des prudents, le « diadème des sages, la gloire des bons, l'honneur des « érudits, le compagnon du voyage, l'ami de la mai- « son, notre interlocuteur dans le silence, le collègue « et le conseiller de celui qui dirige, un vase plein de « sagesse, la boîte à parfums de l'éloquence, un ver- « ger empli de fruits, un pré émaillé de fleurs, le prin- « cipe de l'intelligence, le trésor de la mémoire, la « mort de l'oubli, la vie du souvenir. »

Et se délectant au sein de ce dithyrambe, en style du moyen âge, Southey continue : « Que je suis heureux « de mes livres ! un cœur qui a besoin d'aimer y trouve « son aliment. Quand on a, comme je les ai, les joies « de la famille, ils ne font que redoubler et entretenir « le sentiment du bien-être. »

Il avait publié après *Jeanne d'Arc* ses *Ballades* et ses *Poésies* (1797) où le génie épique et narratif se mêle si heureusement au lyrisme dramatique ; et sa réputation grandissait.

(1) In Rubricà C. de Navie. L. H.

Ce n'était ni le travail ni la renommée qui manquaient à sa vie, mais l'argent. Il était marié. Avec ses goûts de charité et de bibliomanie, il ne pouvait, selon l'expression vulgaire, joindre les deux bouts que par la régularité du travail le plus incessant et le plus actif.

« Les actes de ma vie, dit-il quelque part, sont
« depuis longtemps réglés comme une pendule. Trois
« pages d'histoire après déjeuner, ce qui vaut à peu
« près cinq pages d'impression in-4°. Je copie ensuite
« et je transcris pour la presse. Jusqu'à dîner, je fais
« des extraits et me livre à mon caprice de lecture
« comme un véritable vagabond. Entre le dîner et le
« thé, je mets à jour ma correspondance, je lis le
« journal et me permets quelquefois un peu de sieste
« (j'ai créé une théorie pour en prouver la nécessité
« et la moralité). Après le thé, va pour la poésie; je cor-
« rige, je revois, jusqu'à ce que je sois fatigué; après
« quoi, je fais de nouveau l'école buissonnière litté-
« raire, j'attends le souper. Telle est ma vie; si elle
« n'est pas trop gaie, elle est aussi heureuse que mon
« cœur puisse le désirer. Quand je cesse d'être gai, je
« deviens contemplatif, au point de regretter que la
« vie soit si courte et sa fuite si rapide; sentiment
« auquel succède toujours une impulsion nouvelle
« qui me rend la vigueur avec le désir et l'espoir de
« ne pas mourir sans laisser un monument solide et
« durable de mon passage. »

Que cette discipline rigoureuse, Southey se la soit imposée, comme le prouvent ses lettres et les *Réminiscences de Cottle*, dès le premier âge et dans la fougue même du sang et des passions, c'est un prodige. Toutes les contradictions qui peuvent naître des extrêmes de la délicatesse morale et des scrupules de conscience, Southey les réunissait. C'était bien l'homme qui plus tard, lorsque son ami Coleridge, victime d'une étrange hallucination nerveuse, causée par l'abus de l'opium, quitta sa maison y laissant sa femme et ses enfants sans ressources, les recueillit sous son toit, les logea et les nourrit de son pénible labeur, sans épargner au rêveur de génie, à l'insensé Coleridge, les durs reproches de son amitié.

Il était impossible qu'un tel homme n'attirât pas à lui la sympathie et l'intérêt des âmes chastes. Ceux qui connaissaient sa vie étaient tout de feu pour lui. Un de ses camarades de classe, M. Wynn, le força d'accepter une pension de cent soixante livres sterling par an, laquelle fut continuée jusqu'au moment où le gouvernement lui fit une modeste pension à peu près de même valeur ; Southey alors refusa les services de son ami. Vers 1797, un oncle, le docteur Hill, qui avait essayé successivement et toujours en vain de le faire entrer dans les ordres et de le transformer en avocat (profession qu'il abhorrait), M. Robert Hill, nommé chapelain de la factorerie de Lisbonne, le conduisit avec lui en Portugal. Le profit qu'il tira d'un séjour de plusieurs années dans ce pays si curieux et peu visité, fut une connaissance approfondie de la langue, de la littérature et surtout des écrivains portugais. Il étudia particulièrement ces belles chroniques, si larges et si nettes où l'on retrouve du moins la hauteur vraie et la simplicité grandiose qui les éternise, si ce n'est l'art accompli et la perfection de détail qui distingue les historiens antiques. Son séjour en Portugal fut livré à l'étude. Il s'occupa d'y réunir les matériaux de cette belle *Chronique du Cid*, publiée par lui en 1808, une des œuvres de critique et d'histoire les plus remarquables de ces derniers temps. A son retour il était aussi pauvre d'argent, non d'érudition, qu'à son départ; ses amis, qui le peignaient comme un enfant de génie, se hâtèrent de le faire nommer secrétaire particulier du chancelier de l'échiquier (ministre des finances) pour l'Irlande; sinécure qui rapportait trois cents livres sterling par année. Malheureusement, le chancelier l'ayant prié un jour de donner quelques leçons à ses enfants, Southey, déjà fort humilié de recevoir trois cents livres sterling pour ne rien faire, le fut doublement et donna sa démission. Jamais il n'avait cédé un pouce de sa dignité indépendante.

Quelle place lui chercher? Quelle position inventer qui pût le satisfaire? Intendant des domaines de l'hôpital de Greenwich, consul à Lisbonne, secrétaire de légation; tous ces emplois assujettissants et pratiques l'effrayèrent tour à tour. Historiographe et bibliothécaire, c'était ce qui lui convenait; le premier poste de ce genre lui était promis. Mais le prince régent avait un favori, flatteur sans talent, très-bien en cour, habile en intrigues, sachant écarter ses rivaux par la médisance, J.-B. Clarke, que l'on se hâta de pourvoir. Quant à Southey, il se tint pour battu.

§ IV

Seconde période de la vie de Southey. — Sa retraite à Keswick. — Les Lakistes.

On a pu imaginer que ces poëtes anglais, connus sous le nom singulier de Lakistes ou poëtes des Lacs, formaient un groupe spécial et comme un bataillon de rêveurs et de critiques, marchant à l'assaut de l'ancienne presse, soumis à une sorte de discipline régulière, commandés par un chef élu par eux constituant une école. Wilson, Coleridge, Wordsworth, Lamb, Southey, apparaissent comme les principaux membres de cette société fantastique. Elle n'a jamais eu de réalité. Mais, comme il arrive toujours, le prétexte ou la cause de cette illusion du public émanaient d'un fait interprété par le caprice, adopté par la crédulité moutonnière et mis en œuvre par l'envie. Il n'y a pas dans les trois royaumes, de comtés plus remarquables par l'agreste beauté des sites et leur pittoresque variété, que le Cornouailles d'une part, et, d'une autre, le

Westmoreland ; et ce dernier, plus rapproché des centres de commerce et de civilisation, offre les avantages d'un état social plus complet et plus cultivé, que ne possèdent pas le Cornouailles, la Bretagne et l'Angleterre. Peu d'aspects grandioses ; rien qui ressemble aux pics de la Jungfran et du Schreckhorn. De petites routes sinueuses autour de lacs assez étendus, mers en miniature (meres) singulièrement dessinées, dont les rives attirent les yeux par une variété de dentelures bizarres ou d'arabesques verdoyantes ; des mouvements de terrains à la fois si fréquents et si doux, si peu âpres dans leurs escarpements et si féconds en points de vue nouveaux, que chaque pas de celui qui voyage dans ce pays est un enchantement sans être une fatigue. Partout des maisonnettes tapies sous le chèvrefeuille, et des barques amarrées aux frênes des petites criques solitaires ; des îles fleuries, semées çà et là, assoupies par les eaux transparentes des lacs comme un enfant sur le sein de sa mère ; des cataractes naines, qui, dans ces vallées pleines de silence et d'ombre, produisent un effet magnifique ; des eaux courantes, sans cesse entravées par des obstacles naturels et qui s'appellent dans le patois provincial, des *forces* (forces) ou des *branches* (gills), quand leurs flots s'accumulent et bondissent sur des rocs de trente pieds ; enfin, à l'horizon, des murailles de montagnes majestueuses et très-rapprochées, qui semblent protéger de leur grande ombre et de leurs cimes que le

soleil couronne, ce sanctuaire du silence, de la lumière
et de la beauté. Toute âme de poète est sans force
contre ces séductions. Le malheureux rêveur Coleridge,
ami de Southey depuis l'enfance, alla y chercher un
asile contre les regards du monde. Southey l'y suivit.
Après son séjour en Portugal et son court passage
chez le chancelier Corry, ce fut vers ces beaux lieux
que son penchant l'attira de nouveau ; et pendant que
Coleridge se dirigeait sur Londres, où il allait éclipser
tous les causeurs et les orateurs de son temps, l'auteur de *Jeanne d'Arc* et de *Kehama*, son second poëme
épique, alla encore habiter sa petite maison près de
Kenwick et recommença son labeur littéraire incessant.

Il y avait dans le même comté un percepteur des
droits du timbre qui ne faisait pas trop bien son devoir
et qui ne poursuivait que difficilement les débiteurs
du fisc. On le ménageait en raison d'un certain talent
poétique qui était en lui, bien qu'il semblât ridicule à
beaucoup de gens. Il se nommait Wordsworth. Sentimental, élégiaque, cherchant l'extrême simplicité dans
l'extrême raffinement, le coloris dans l'abstraction,
et le pathétique dans la plus intime et la plus humble
émotion, c'était par ses qualités et ses défauts de
poëte, la complète antithèse de Southey ; ces deux
hommes se lièrent ; honnêtes gens, sans envie et voués
aux lettres. Bientôt vint s'adjoindre à eux un chasseur
plus déterminé que le *Freyschütz*, qui, de temps à

autre, professeur à Edimbourg, franchissait le Border et venait tuer des grives et des bécasses, sans compter les daims sauvages, dans les bruyères qui tapissent les rives des lacs. Celui-ci se nommait Robert Wilson. Rien de commun entre ce Diderot de la poésie anglaise moderne et les trois noms que nous avons cités. Selon toutes les règles du tripotinisme, ces hommes de talents divers auraient dû se haïr et se persécuter mutuellement, ouvrir les yeux du monde sur les faiblesses ou les erreurs de leurs amis ; ceux-ci n'en firent rien, et, sans aucune communauté de vie matérielle, ils restèrent en très-bonne intelligence. Ne les voyant ni intriguer contre leurs frères, ni les dénigrer tout haut ou en secret, les ingénieux et les habiles imaginèrent qu'ils étaient ligués. Oui, sous un certain point de vue, à de certains égards, par une harmonie cachée des esprits, par cet accord involontaire des attractions invisibles, les amoureux de l'idéal, les sincères adorateurs de l'intelligence, les desservants désintéressés du grand culte de la pensée.

Quorum sacra fero, dit Virgile, ingenti perculsus amore, ressentaient à la fois l'irrésistible attrait de cette calme et douce nature, et de l'Esprit de Dieu qui parle au cœur d'une voix plus intelligible et plus haute dans ces solitudes agrestes ; ils protestaient ainsi, par leur vie simple et solitaire, contre le tumulte matériel, le développement des intérêts, et la recherche effrénée de la richesse, du bien-être et du pouvoir.

« Je ne sais comment, ni pourquoi, dit Southey dans
« une lettre, on a fait de moi un lakiste. Ni moi, ni
« Wordsworth, ni Coleridge, ni Wilson, nous ne savons
« ce que cela veut dire. Mais, une fois le mot d'ordre
« donné, il paraît avoir réussi ; car tous les petits bons-
« hommes qui s'en vont à la chasse des réputations,
« l'escopette en mains, avec ou sans poudre ni balles,
« en ont fait leur profit. » Enfermé dans sa cellule de
Keswick, entre sa femme, sa fille et ses deux belles-
sœurs, dont l'une était veuve de son ami Lowell (le
Pantisocrate), et dont l'autre avait épousé Coleridge,
il n'en sortit plus. C'était une modeste habitation,
mais commode et habitable.

Je supposerais que les poëtes sentimentaux, dont
les élégies font un si bel effet dans les salons et dont
l'attitude mélancolique a tant de charmes et de
succès ne s'accommoderaient point de la champêtre
résidence qui a servi d'asile et de temple intellectuel
à Southey : c'était simplement une maisonnette rouge,
carrée, avec un petit jardin.

Au bord de ces lacs, les moindres objets portent les
plus grands noms ; à peu de distance de la petite ville
de Keswick, le Glenderamaken, ruisseau imperceptible, va rejoindre un autre filet d'eau plus faible encore
qui s'appelle Glenderaterra. Un pont qui suit la route
passe par-dessus le Greta, rivière formée du mariage des
deux ruisseaux, et c'est en passant le pont, une portée
de fusil plus loin, que vous apercevez, sur le penchant

d'une colline gazonneuse et peu escarpée, une petite haie basse et une porte en clayonnage rustique conduisant à une maison carrée portant le titre seigneurial de Greta-Hall, qu'elle ne mérite guère.

De là sont sortis, entre 1811 et 1843, les nombreux ouvrages de ce bénédictin marié qui regrettait de n'avoir pas choisi le costume et la profession comme il avait l'âme du bon vicaire de Wakefield.

« Je voudrais, dit-il quelque part, avoir pu prendre
« les ordres; de tous les genres de vie, c'est celui qui
« aurait été le plus en harmonie avec ma nature; je
« me suis présenté et j'ai trouvé la porte trop étroite.
« Mes opinions, ajoute-t-il, n'ont jamais varié; c'est
« le monde qui a changé. Un paysage éclairé par le
« soleil levant est-il le même qu'au soleil couchant? »

La moyenne de son travail, à Greta-Hall, était de douze heures par jour. Sa correspondance devenue active, occupait tout l'espace compris entre le dîner et le thé, et elle était envahie presque entière par son goût chevaleresque pour les gens de lettres malheureux et les jeunes débutants dans la carrière poétique. Autour de lui, ni envie, ni ambitions rivales, ni désirs immodérés, ni fantaisies coûteuses et exagérées, une famille sans prétention littéraire et du monde. Que lui importait la critique acérée de la *Revue d'Edimbourg*? ou la mauvaise humeur du dandy sublime qui se prélassait auprès de Florence? Qu'avait-il à s'embarrasser du sifflet des journaux qui l'appelaient

« apostat, renégat et bandit littéraire, » ou qui s'étonnaient que sous le titre gothique de poëte-lauréat (que le spirituel Chaucer n'avait pas dédaigné) il reçût de l'État une maigre pension de 160 livres sterling?

Entre sa trente-deuxième et sa quarante-sixième année, le déploiement normal et constant de ses forces, dans cette situation d'humble aisance qui confinait à la pauvreté et de renommée péniblement conquise, que ses ennemis assaisonnaient d'ironie et d'invectives, lui donna peut-être la somme de bonheur la plus réelle et la plus considérable dont les conditions si mêlées de l'humanité soient susceptibles. Ce fut pendant cet espace de temps qu'il donna au public deux grandes épopées longtemps rêvées, l'*Anathème* (1) *de Kehama* et *Rodrigue le roi des Goths*, et qu'il fit paraître successivement les notices biographiques et ses œuvres d'histoire et de critique, véritables monuments entre lesquels la *Vie de Nelson*, la *Chronique du Cid* et l'*Histoire de la marine anglaise* assurent à Southey un rang égal à celui des plus remarquables prosateurs de l'Europe moderne.

Cette prodigieuse et incessante production, merveille encore plus extraordinaire, n'avait rien de hâtif et d'incomplet. Les recherches étaient consciencieuses et immenses; la pensée était sûre d'elle-même; le style ferme et viril. Pendant quarante-cinq années

(1) Curse, qui n'est pas *malédiction*.

consécutives, il donna ainsi de huit heures à quinze heures par jour à ses travaux littéraires ; poésie, histoire, biographies, voyages, essais politiques, cent volumes environ et quarante-cinq ouvrages.

§ V

Vie de Southey à Greta-Hall. — Ses ouvrages en prose et en vers (1).

C'était un genre singulier d'activité que celle dont le cerveau de Southey renfermait le ressort et le mystère : un mouvement d'une régularité continue et égale, naturellement véhémente, mais contenue par la discipline, s'exerçait sur l'érudition, la poésie, l'histoire, les faits, la philologie, même sur les lectures les plus frivoles, sur la musique et le paysage, sans s'arrêter jamais, sans précipiter ni ralentir son action ; mouvement égal à lui-même comme celui d'une pen-

---

(1) 1797. — Lettres inédites d'Espagne, etc., 1 vol.
1803. — Amadis de Gaule, 1 vol.
1807. — Lettres écrites d'Angleterre, 3 vol.
1807. — Specimen des poètes anglais, 3 vol.
1823. — Histoire de la guerre de la Péninsule, 3 vol.
1827. —   —   des Indes occidentales, 3 vol.
1807. — Palmerin d'Angleterre, 4 vol.
1808. — Chroniques du Cid, 1 vol.
1811. — L'Anathème de Kehoma, 2 vol.
1812. — Histoire du Brésil, 2 vol.
1814. — Rodrigue roi des Goths, 2 vol.
1812. — Annians, 1 vol.
(Entre 1808 — Vie de Nelson.
et 1825).   — — de Bunyen.
— des amiraux anglais.
— des poëtes qui n'ont pas reçu d'éducation.

dule ou de la roue qui fait son œuvre sans rien abandonner au caprice et sans rien perdre de sa force.

« Hier au soir, dit-il, en me mettant au lit, j'ai
« pensé au jeu de cartes et je n'ai pu m'empêcher,
« tout en m'endormant, d'inventer un nouveau jeu
« de cartes. »

Cet esprit puissant et actif, qui avait trop peu vu les hommes, ne puisait rien dans le spectacle de la société vivante ; mais sa flamme intérieure le soutenait seule : « Il brûlait en dedans, comme disait Co-
« leridge, d'un feu de tourbe, qui s'embrâsait sur une
« idée et ne cessait qu'après une consomption totale. »

A lui appartiennent, plus qu'à tout autre prosateur anglais contemporain, la vigueur solide, la sobriété ornée, l'élégance contenue, le rhythme souple et cadencé de la diction. Il occupe un juste milieu entre l'archaïsme recherché et piquant de Walter Savage Landor et la fluidité incorrecte de Walter Scott. Talent consommé, laborieux et mâle, dont une vive clarté d'imagination orientale illuminait, pour ainsi dire, les sommités, et dont une érudition, aussi profonde que variée, nourrie par un grand courage intellectuel et une infatigable persévérance, affermissait les profondes assises. Son amour pour les livres lui venait en aide ; et ce goût, passif chez la plupart, favorable à la douce paresse d'un esprit qui se laisse bercer au mouvement des autres esprits, ne lui offrait qu'un élément vigoureux d'activité nouvelle.

Dans tous les temps de sa vie, il consacra aux livres le tiers de son modeste revenu. Les vieux livres le charmaient surtout, ce qu'on appelle les bouquins, ceux où l'on trouve des anecdotes ignorées et des fragments littéraires qui ne sont nulle part.

« Je voudrais que vous me vissiez à Keswick, écrit-
« il à un de ses amis, au moment où l'on ouvrira la
« boîte de livres qui vient de m'arriver, comme j'en
« ai reçu l'adorable nouvelle. Je peux vous assurer
« que le sort de ma boîte et de ses habitants m'in-
« téresse plus que les nouvelles de la guerre. Il y a
« là quelques doubles des livres que j'ai perdus,
« comme vous savez, dans le naufrage ; les exemplai-
« res de ces neuf poèmes espagnols que j'aime tant,
« et un roman en vers sur le Cid. J'aurais besoin de
« vous de temps à autre pour les étymologies go-
« thiques. Gagner le gros lot à la loterie, mais ce
« n'est rien auprès du bonheur d'ouvrir une caisse
« de livres nouveaux ou anciens ; c'est le paradis, et
« j'imagine que saint Pierre ne me sera pas plus
« agréable lorsqu'il lui plaira de me dire : Entrez,
« monsieur, vous êtes annoncé. Il est parfaitement
« certain que je ne serai payé ni de mes peines, ni
« de mes dépenses, mais il n'est pas moins certain
« que l'on m'offrirait 10,000 livres sterling pour que
« je ne me livre pas à ce travail, j'enverrais à tous
« les diables les 10,000 livres sterling et celui qui me
« les offrirait, car le double de cette somme ne me

« rapporterait pas la moitié de ce plaisir. Ce sera une
« bien grande joie pour moi dans l'autre monde, de
« prendre un cabriolet, pour aller rendre visite à ces
« vieux personnages, qui sont ici mon unique société,
« et de leur dire combien je les ai trouvés aimables
« pour moi deux siècles après leur mort au bord de
« mes lacs du Cumberland. »

Beau spectacle pour la pensée que celui de cette forte imagination si puissamment vaincue et domptée, et de ce tempérament fougueux s'asservissant à une règle si féconde. Il en résulte que Southey doit servir de modèle et d'exemple, mais que des écrivains plus libres dans leur caprice pénètrent l'âme d'un rayon plus vif et d'un magnétisme plus prompt. Le mouvement solennel et puissant de sa pensée devient plus grave à mesure qu'il avance dans la vie et dans l'exercice de cette discipline rigoureuse. Il dédaigne ou perd alors tour à tour la force communicative que Byron, au contraire, ne cessait pas d'activer par tous les moyens, même vicieux. C'est une force de gravitation, non d'électricité, qui retient le lecteur. On trouve quelquefois que ses poëmes sont un peu lourds dans leur éclat ; qu'il y a là trop de récitatif et pas assez de chant ni de charmes. On sourit lorsque Southey, voulant se complaire à lui-même, invente des épopées inconnues sur « Robert Nervinan ». Il lui arrive de prendre les hommes pour des livres, et de commenter la nature comme une vieille édition.

Il n'en est pas moins le roi des prosateurs anglais modernes, et ses conseils sont aussi bons que son exemple :

« Les règles de la composition littéraire, dit-il, me
« semblent très-simples ; tout style maniéré est un
« mauvais style, et ce qui le prouve, c'est la facilité
« avec laquelle on imite la manière de tel ou tel écri-
« vain qui se croit original. Chez le premier inven-
« teur, cela passe, on aime l'originalité qui est tou-
« jours un signe de force. Salluste, Tacite, parmi les
« Latins ; sir Thomas Brown, Gibbon et Thomson,
« parmi nous, le prouvent assez. On les admire avec
« raison, leurs imitateurs sont abominables et ridi-
« cules. Je donnerais à un jeune auteur le conseil de
« s'occuper beaucoup de ce qu'il a à dire, et de ne
« pas s'embarrasser trop de la manière de le dire. Le
« premier point est d'exprimer sa pensée aussi clai-
« rement que possible ; sa seconde préoccupation
« doit être de le faire aussi brièvement que possi-
« ble.... Quant à la composition, elle n'a pas de dif-
« ficulté pour un homme qui sait, comme le dit
« l'auteur de Shakspeare, lire, apprendre, noter et
« digérer en dedans les matériaux qu'il doit employer.
« Je ne prétends pas qu'il soit facile de bien écrire,
« mais je suis sûr d'une chose, c'est que la plupart
« écriraient la moitié moins mal s'ils se donnaient
« beaucoup moins de peine. Pour moi, je ne regarde
« pas comme un compliment les éloges que l'on me

« donne sur la simplicité de ma prose ; je n'ai pas
« d'autre but, en écrivant, que de faire comprendre,
« de la manière la plus vive et la plus claire, ce que
« j'ai à dire ; mais quand je recopie, et toujours sur
« l'épreuve, je pèse avec soin chacune de mes phra-
« ses, je m'occupe de l'euphonie avec une attention
« particulière, et je fais disparaître les équivoques.
« Ce que l'on appelle *Style*, je n'y pense jamais, à
« quelque heure que ce soit. Songez au fond, la
« forme s'arrangera toute seule. »

§ VI

Collaboration de Southey au Quaterly Review. — Guerre
soutenue contre lord Byron.

Ses narrations, spécialement *la Vie de Nelson* et son
Histoire navale de la Grande-Bretagne, sont des chefs-
d'œuvre. La plupart de ces travaux prirent naissance
dans la Revue trimestrielle ou *Quaterly*, excellente
publication tory, aujourd'hui confiée aux soins et à
la direction du spirituel gendre de Walter Scott,
M. Lockhart. Les deux grandes revues d'*Edimburgh et
Quaterly* sont des entreprises jusqu'ici sans imitateurs sur le continent, quant à la forme et à l'importance. Un très-petit nombre d'hommes de plus de
talent que de vanité, professant d'ailleurs la même
opinion politique, et cherchant moins leur gain indi-

viduel, leur renommée présente, leur influence personnelle et actuelle, que le succès général de l'œuvre, se groupent autour d'une entreprise et choisissent un chef littéraire d'un goût éprouvé et d'une capacité reconnue. Walter Scott, Hazlitt, Carlyle, Coleridge, Southey, Thomas Moore, ont été les collaborateurs honorables et honorés de Revues diverses qu'ils ont fait prospérer. Bien que les passions humaines apportent là, comme partout, leur levain et leur péril, l'habitude de la discipline sociale et le respect de la liberté d'autrui président à ces entreprises. L'éditeur ou l'imprimeur (qui souvent est un homme distingué comme M. Murray), n'a pas la prétention de faire sa Revue tout seul, et le chef, toujours très-éminent, ne détruit jamais son propre édifice par la puérilité de l'œuvre, et n'essaye pas de prévaloir seul, en opposant les uns aux autres, pour les annuler, ceux qui collaborent à son recueil. Du procédé contraire, procédé d'entente et de concession, qui rappelle d'ailleurs la vieille habitude saxonne de s'entendre pour se défendre mutuellement, sont nées l'incontestable valeur et la puissance énorme des Revues anglaises. J'ajoute que le public est assez sensé pour comprendre qu'un bon article de Macaulay, de Scott, de Southey, de Carlyle, contient l'essence même et le rond d'un bon livre détruit par son auteur, et concentré dans un étroit espace au profit du public même, et que ce sacrifice de l'amour-propre et de l'intérêt doit être payé en estime et en pouvoir.

Southey avait besoin d'une forteresse, et cette forteresse fut le *Quaterly*, pour se défendre et aussi pour attaquer; car il attaquait aussi vivement qu'aurait pu le faire le vicaire de Goldsmith ce qui lui semblait immoral et ce qui blessait son âme, vraiment chaste dans son ardent amour du bien. De là ses combats contre Byron, et contre l'école satanique, mot qu'il inventa. Il est à remarquer que les antagonistes de Byron ceux dont il a fait ses jouets et ses victimes, étaient, quand on pénètre le fond de leur caractère, d'excellents cœurs, de bons esprits, des hommes généreux, peu personnels, susceptibles d'amitié et de dévouement, mais un peu vulnérables, aux yeux du monde, par les côtés de la sensibilité, de l'érudition, surtout de la pauvreté. Triste chose !

Avec de la fortune, du génie, un titre, un nom et un parti, Byron a su ameuter contre les honnêtes et les faibles la tourbe publique, non-seulement les sots, qui forment une belle armée, mais les frivoles et ceux qui ont peur de ne pas penser comme les autres, c'est-à-dire tout le monde. Que justice se fasse ! Pendant qu'il écrasait Leigh Hunt, homme pauvre; qu'il tournait en ridicule Southey, solitaire, laborieux et ayant à peine de quoi vivre ; qu'il écrivait sur Keats, le jeune homme de génie qui allait mourir, de cruelles épigrammes, et qu'il accablait un pauvre curé de village, homme d'esprit et de talent d'ailleurs, Bowles ; pas un de ces braves gens, car c'est le seul nom qui leur convienne, qui ne remplît son humble vie d'excellentes actions. Ils protégeaient leurs collègues, secourant les jeunes auteurs et faisant de fort bons ouvrages en même temps que des actes généreux. C'est ce que révèlent chaque jour les correspondances particulières de ces victimes de Byron.

Le grand cheval de bataille des ennemis de Southey était son prétendu changement d'opinion. Devait-il être pantisocrate toute sa vie ? Un républicain des États-Unis s'étonne avec raison de l'injuste amertume et des invectives violentes qui ont poursuivi Southey. « Que lui reproche-t-on ? demande ce républicain, « d'avoir été, à quatorze ans, enthousiaste des théories « de Rousseau et d'y avoir renoncé à vingt-cinq ans ! « Mais il a fait ce que tout homme sensé doit faire, « et le pauvre homme n'y a rien gagné ; au contraire. » De la gloire il avait les inconvénients, sans en recueillir les bénéfices ; pas de poëte en espérance ou d'homme de lettres malheureux qui ne s'adressât à lui et ne lui demandât ses services. Les gens habiles ont pour principe de n'en jamais rendre, afin de ne pas encourager les solliciteurs futurs. Mais déjà nous savons avec quelle vivacité le cœur de Southey et son esprit s'enflammaient pour le malheur et le talent. Il devint bientôt comme le protecteur juré et l'huissier introducteur des poëtes pauvres. Après avoir prêté secours à la sœur de Chatterton, à Henri Kirke-White, à Herbert Knowles, à Jones, le valet de chambre, il

se vit assailli par une telle nuée de solliciteurs qu'à la fin d'un de ses ouvrages consacrés aux élus de la poésie et aux parias du monde, il ne put s'empêcher de s'écrier *humourously* : « Je dois prévenir que je suis
« bout de ressources en faveur des poëtes mal élevés ;
« je les aime beaucoup ; mais ils paraissent croire
« que je suis un grand seigneur et que j'ai des rentes.
« Je n'ai absolument que ma plume et une petite
« pension, et je voudrais bien que l'on fît pour moi
« ce que j'ai fait pour Jones, le valet de chambre. »
Beaucoup de femmes le désiraient pour soutien et pour guide de leur essor littéraire. A l'une d'elles, il écrivait : « Vous me dites que tout votre bonheur est
« dans la littérature. N'y a-t-il pas autre chose ?
« Femme du grand monde et femme de talent, je le
« sais, il faut que vous ayez trouvé dans ce que j'ai
« écrit des points en accord avec votre propre nature
« pour que vous vous soyez adressée à moi, de pré-
« férence à des poëtes plus à la mode. Pardonnez-moi
« donc de vous dire que la poésie et les lettres ne
« sont qu'une fraction peu importante de la vie. Je
« ne suis ni méthodiste, ni fanatique, ni superstitieux,
« ni bigot. Vous me pouvez donc croire si je vous dis
« que votre cœur blessé qui a besoin d'un objet et
« d'un baume, ne trouvera de consolation réelle que
« dans la pensée religieuse. Le cœur a besoin d'es-
« poir, et l'espoir n'est que là. »

Un jour, il reçut des manuscrits envoyés par une

personne qui, disait-elle, méditait un suicide. Southey lui répondit une de ses lettres les plus éloquentes, à laquelle ce malheureux répondit, après avoir accompli son acte funèbre, en lui adressant des manuscrits nouveaux, accompagnés d'une lettre où se trouvaient ces paroles : « J'en finirais avec la vie, « ne fût-ce que pour être édité par un aussi grand « poëte que vous. »

§ VII

Dernière période de la vie de Southey. — Ses œuvres morales. — Ses rapports avec Robert Peel.

Cependant, cette main exercée et vigoureuse s'affaissait. Il avait publié des œuvres morales d'un style excellent, d'une philosophie contestable, un peu attristées : *Thomas Moore*, ou *Réflexions sur l'avenir social* (dont nous ne pouvons accepter les corollaires et les conséquences); lorsque sir Rober Peel alla le chercher dans sa solitude, et voulut venir en aide à sa glorieuse pauvreté. Les rapports de ces deux personnes sont aussi honorables pour l'une que pour l'autre. Robert Peel n'offre pas de services, encore moins une aumône; Southey ne se montre ni mécontent, ni hargneux, ni servile. Le ministre demande au poëte qu'il lui permette d'entrer un moment dans les secrets intimes de sa vie. Le poëte répond à sa discrète curiosité par une confiance d'homme qui se respecte. Il ne s'étonne pas, n'hésite point, comprend l'égalité de rapports qui met l'homme de talent en rapport avec l'homme d'État, et n'en abuse pas. Le titre de baronet, offert par le ministre, fut refusé ; et une légère augmentation de revenu acceptée.

On ne peut poser en principe ni la protection définitive donnée par l'État aux gens de lettres et aux hommes de talent, ni leur abandon total. Le tempérament à choisir et à garder, dans ces matières, diffère et dépend de la diversité des milieux sociaux. Dans un État démocratique et fédéral, où l'industrie et le commerce absorbent toute l'activité et atteignent seules la fortune, la méthode américaine est bonne : celle de récompenser la gloire du talent par des missions diplomatiques et des rémunérations nationales. Dans un monde aristocratique quant au système gouvernemental, démocratique par l'essence même du génie, et monarchique par une fiction convenue, comme est l'Angleterre, la situation de l'homme de talent est plus complexe. S'il a toutes les routes ouvertes pour arriver, il a mille chances contre lui : c'est un combat. Remarquez qu'en définitive, par le jeu singulier de ce triple ressort, il en vient presque toujours à son honneur, quand la précocité de l'orgueil ne le précipite pas dans le suicide, comme Chatterton, ou quand une organisation maladive altérée par les excès de la pensée ou des sens, ne le frappe pas avant l'âge, comme le pauvre Keats. Les éternels abstracteurs de quintessence, qui tiennent en mépris les faits et l'histoire, oublient donc que Crabbe, fils d'un apothicaire ; *Wordsworth* à qui l'on donna un bureau de timbre pour le faire vivre ; le greffier Walter Scott, même Coleridge, qui avait passé cinq ans de sa vie dans l'ivresse de l'opium, ont marché les égaux des plus grands noms de la noblesse anglaise. Ils se sont fait place, une place laborieuse, sans doute ; mais la fatigue et le labeur de la vie politique sont-ils moins grands ? Canning s'empoisonne, Castlereagh se coupe la gorge, la plupart meurent jeunes, le cerveau débilité et l'organisation affaiblie par les luttes. C'est la condition de la vie humaine ; toute grande conquête se paie, toute grande activité use. Ce qu'il faut, c'est une forte liberté pour le talent, beaucoup d'issues pour lui, de nombreux emplois de ses forces. L'encouragement actif de son énergie, et la direction sans despotisme, de cette énergie ; car les puissances élémentaires, les forces vives, on ne doit ni leur permettre de s'évanouir dans des essorts sans but, ni les étouffer au détriment de la vie sociale, qui dépend d'elles. Je ne conçois pas trop, en France, quelle position aurait occupée Southey, qui, faute d'entregent, et par cette incapacité de dépendance que nous lui avons vue, n'aurait eu accès dans aucune coterie, et qui, par son opposition, non pas systématique, mais involontaire et d'autant plus blessante aux opinions contemporaines, se serait fermé la porte des journaux. Dans la France ancienne, sa place était trouvée : c'était, je le répète, un bénédictin.

§ VIII

Vieillesse prématurée de Southey. — Sa décrépitude et sa mort. — Place qu'il occupe dans la littérature anglaise.

Les combats cessaient, la gloire était conquise, l'estime renaissait lentement, les ennemis étaient vaincus ou lassés, lorsque cet esprit ardent et excessif même dans l'emploi de la discipline succomba tout à coup. Après avoir soigné sa femme devenue folle, Southey perdit par degrés l'usage de ses facultés mentales. Après 1838, la lumière disparaît et s'efface lentement de cette tête si active, et, après cinq ans d'une demi-enfance, il meurt à Keswick, entouré d'une vénération et d'une renommée chèrement achetée, à cinquante-neuf ans.

Il avait eu raison de dire dans une pièce de vers d'une admirable simplicité : « Mes jours, je les passe « parmi les morts ; autour de moi, mes regards ne « tombent que sur les grands esprits du passé. Amis « bien chers, qui jamais ne me font défaut ; avec eux « je converse soir et matin, matin et soir.

« Ils redoublent mon plaisir dans la joie ; je leur « demande secours dans la peine. Ah ! je comprends, « je vois ; oui, je sens au fond de l'âme combien je « leur dois, et souvent, souvent ont coulé sur mes « joues les pleurs de la pensée reconnaissante.

« Ma pensée ! elle vit avec les morts. Elle les accom-

« pagne au loin dans les temps écoulés ; elle aime
« leurs vertus, blâme leurs fautes, partage leurs
« espoirs et leurs craintes, cherche avec un esprit
« humble, et trouve dans leurs leçons la science de
« la vie.

« Mes espérances sont avec eux. Quelques jours
« encore, parmi eux sera ma place ; avec eux bientôt
« je ferai le grand voyage qui traverse tout l'avenir ;
« laissant pourtant ici, je l'espère, un nom qui ne
« sera pas poussière et néant. »

Sa place est fixée parmi les meilleurs écrivains de
l'Angleterre, comme polygraphe et comme prosateur.
Le peuple même sait le nom de cet érudit et de ce
moraliste : — « Peu de temps après la mort de Sou-
« they, dit un voyageur qui a visité les lacs en 1847,
« j'eus l'occasion de m'assurer par moi-même du
« souvenir populaire que le poëte avait laissé. Il
« était mort assez pauvre ; on avait vendu sa biblio-
« thèque, c'est-à-dire, une trentaine de mille volu-
« mes choisis par son érudition et par son goût,
« volumes que, par parenthèse, la ville de Keswick
« aurait bien dû acquérir. On s'occupait de repeindre
« la maison tout entière afin de la louer. Le petit jar-
« din était en friche ; point de sonnette ni de mar-
« teau. Nous frappâmes longtemps avec les mains,
« espérant que quelqu'un viendrait nous ouvrir. En
« effet, un ouvrier peintre en bâtiments, le diadème
« de papier posé sur la tête, se présenta bientôt,

« ayant des clés à la main. — Ces messieurs veulent
« louer? me dit-il, — Non, répondis-je, pas préci-
« sément. — Et je croyais bien que le but de notre
« pèlerinage semblerait à l'ouvrier un peu ridicule, si
« ce n'est inexplicable. Je me trompais. — Oh! re-
« prit-il, je sais ce dont il s'agit; nous avons tous les
« jours des visites, et, grâce à elles, il ne reste pas
« une fleur dans le jardin. Chacun en emporte une
« comme souvenir de Robert Southey, qui a demeuré
« ici et qui y est mort dans cette chambre, au pre-
« mier étage. — Ce brave homme semblait pénétré
« de ce sentiment de respect vague pour le talent
« d'un poëte qu'il n'avait jamais lu et la gloire d'un
« génie qu'il ne pouvait comprendre. Il nous mena
« dans toutes les chambres dégarnies, tristes et por-
« tant, sur leurs murailles délabrées, les traces des
« nombreux rayons dont Southey avait orné tous les
« étages de sa demeure, laquelle n'était guère qu'une
« bibliothèque. Sans être fort grande, la maison était
« habitable et commode. Nous fûmes surtout frap-
« pés de l'aspect de la chambre à coucher où Southey
« est mort, espèce de long parallélogramme à peine
« éclairé par une étroite fenêtre, que des clématites
« et des vignes-vierges obscurcissaient encore de leur
« feuillage épais quoique transparent. — C'est là
« qu'il est mort, dit l'ouvrier, qui ôta son bonnet de
« papier. Nous l'imitâmes, très-touchés, sans nous
« rendre un compte précis du plus ou moins de rai-

« son de nos sentiments ; et le silence de quelques
« minutes qui se fit entre nous me laissa, je l'avoue,
« une impression vive. »

Southey, excellent écrivain, ardente intelligence, fut surtout honnête homme. Que n'a-t-il écrit ses mémoires ? L'activité de sa pensée se portait ailleurs. Il a mieux aimé rédiger, dans le *Docteur,* la *biographie* de ses vieux livres, et laisser les Jean-Jacques faire à loisir les honneurs de leur existence et de leurs contemporains. Aux honnêtes cœurs et aux esprits sincères il appartient de réhabiliter la justice, de ne point souffrir que les malices ou les méchancetés jalouses de Byron soient acceptées, sanctifiées et consacrées, par la crédulité publique; de souffler sur ces folles vapeurs, qui naissent et flottent à la surface sociale ; de donner la leçon aux frivoles, aux faibles, aux sots, aux envieux et aux lâches, de leur apprendre que leurs échos multipliés sont sans puissance ; enfin, de remettre à leur place les bons, les justes et les victimes.

THOMAS MOORE

THOMAS MOORE

I. — POËTES IRLANDAIS DU DIX-HUITIÈME ET DU DIX-NEUVIÈME SIÈCLES.

Leurs efforts pour reconstituer une nationalité littéraire. — Pourquoi l'Irlande n'a pas de Ballades historiques.

Avant de suivre dans sa course brillante le poëte favori de l'Irlande moderne « Thomas Moore », avant de nous occuper enfin de *Ronim*, le Docteur Drennan, Fergusson, Callanan, disons quelques mots de ses prédécesseurs et de l'École poétique spéciale et et très-peu connue qui lui a frayé la route.

La nationalité irlandaise, étouffée dans des flots de sang par le glaive calviniste, n'avait pas relevé la tête depuis le milieu du dix-septième siècle. Le désespoir, les massacres, la misère, l'abaissement politique, n'avaient pu vaincre ou décourager le génie de la race. Il se redressa vers le commencement de notre siècle téméraire et héroïque.

C'était l'époque des révolutions, des résurrections et des tentatives de révolte. Les vieux Keltes eux-mêmes ne restaient pas oisifs.

Le faux Ossian, inventé et rajusté par Macpherson, enflammait l'Europe d'une admiration fanatique. Les travaux plus méritoires de l'érudition anglo-saxonne, la lumière fabuleuse portée dans les origines bretonnes et kymriques, les singulières hypothèses de *Légonidec* et de *Lebrigand ;* les académies poétiques et scientifiques des Gallois, des Tchèques, des Bohêmes, trahissent une aspiration commune, un désir analogue, une immense ardeur de vie ou de renaissance. Les nations germaniques sentirent leur vieille séve éclater et déborder. Les érudits suédois préparèrent leur *Kaempe-Viser*, trésor de chants antiques et traditionnels. L'évêque anglais Perey recueillit en Angleterre les traditions et les légendes. Bodmer et Breitinguer arborèrent au pied des Alpes le drapeau que soutenaient Wieland et Klopstock, Lessing et Gœthe. Des lueurs analogues sillonnèrent l'horizon germanique. Au fond de l'Ecosse et près des îles Orcades, de vifs éclairs répondirent à ces clartés. Ainsi ces fanaux de guerre au moyen âge se répondaient de montagne à montagne et illuminaient l'horizon. Poëtes, historiens, orateurs, prennent part au mouvement. Une école irlandaise, à peine connue de l'Angleterre, produit des œuvres rares et charmantes. Thomas Davies, Jean Bernin, Samuel Fergusson, Clarence Mangann, Jean Jacques Callanan, le Docteur Drenon, Gerald, Griffin, sont chantres nationaux de l'Irlande. Vivacité d'élan, fougue, imagination, saillie et caprice, quelque chose du tempérament féminin, une indiscipline charmante et farouche, une violence enfantine, l'esprit d'aventure, le sentiment mélodique le plus exquis ; ces qualités passaient inaperçues. L'Irlande catholique était écrasée ; l'oublier, c'était lui faire grâce.

Entre 1800 et 1830, un homme d'esprit *Thomas Moore*, avec moins de génie peut-être que les Fergusson et les Griffin, mais souple et bien doué, triompha de l'obstacle, imposa l'admiration aux salons anglais, s'empara de la mode et devint, pour l'Angleterre charmée, le représentant et le symbole de l'Irlande littéraire ; représentant artificiel, symbole factice mais brillant jusqu'au prestige.

Il nous reste à dire quelles singulières combinaisons politiques et quels mouvements sociaux amenèrent ce résultat.

II. — NAISSANCE ET ÉDUCATION DE THOMAS MOORE.

L'arrière-boutique du marchand de vin. — Bourgeoisie du dix-huitième siècle. — Marche ascendante de l'homme de lettres. — Le clavecin et le piano. — L'université. — Thomas Moore part pour Londres.

C'était le fils d'un petit marchand de vin de Dublin et d'une femme d'esprit qui aimait les lettres, le théâtre, la société et la musique. Le dix-huitième siècle finissait, la bourgeoisie devenait fière : Voss et

Gœthe venaient de publier leurs épopées familières. Les fils de bourgeois, qui cent ans auparavant n'avaient pensé qu'à dire leur prière et à exercer paisiblement leur métier, devenaient ambitieux. Dans la maison de Gœthe à Francfort, le frère et la sœur, qui étaient de mince noblesse, arrangeaient la Messiade de Klopstock en drame qu'ils représentaient eux-mêmes. Le père de Burns, dans sa chaumière, répétait les vieilles chansons de la patrie. Walter Scott adolescent se cotisait avec ses amis pour apprendre l'allemand ; et le vieux maître qui n'admirait que les fables de Gellert, était forcé d'expliquer le roman de Werther, publié récemment. L'homme de lettres, après avoir été la gloire et l'ornement de l'édifice social, allait en devenir le commencement et la puissance.

L'astre de Voltaire s'était levé vers 1760. La carrière des lettres semblait héroïque à tous ; on s'y précipitait. Le genevois Mallet du Pan, honnête observateur, vous dira ce qu'était avant la Révolution française l'innombrable armée des gens de lettres ; comment elle se recrutait ; quelle était sa force et le merveilleux progrès de son influence. D'Alembert, Diderot, tous ceux qu'on a nommés philosophes, n'étaient que les chefs triomphants de ce mouvement général.

Thomas Moore, dans l'arrière-boutique de son père le marchand de vin, en reçut le contre-coup. Son éducation ne fut point classique, tant s'en faut ; mais poétique et leste, étourdie et riante. Né à Dublin en 1772, le 28 mai, sa mère, spirituelle et vive créature, lui fit jouer de bonne heure la comédie, lui communiqua le goût du monde, le promena enfant à travers les salons bourgeois qu'elle pouvait fréquenter, fit admirer sa grâce enfantine et ne se tint pas d'aise lorsqu'elle le vit costumé en arlequin, dansant avec sa chatte et récitant devant un auditoire de femmes irlandaises, brunes aux yeux bleus, les petits vers que lui-même avait inventés. Quelques mots d'italien enseignés par un moine, quelque teinture de langue française puisée dans les conversations d'un émigré nommé Delafosse, les déclinaisons et les conjugaisons latines, deux ou trois fragments de racines grecques, voilà pour la science. L'amour du plaisir, la religion du tailleur, le goût du luxe, un vif penchant pour le babil féminin, le désir de briller, voilà pour le moral. Sa mère qui l'adorait ne le contraria en rien. Ainsi ses qualités délicates ne furent-elles point altérées, et le charme ingénu de sa nature se conserva tout entier.

Un jour le marchand de vin vendit une feuillette qui ne fut pas payée ; le débiteur fit banqueroute. Parmi ses meubles qu'on vendit, se trouvait un vieux clavecin délabré, qu'on apporta dans l'arrière-boutique. Les doigts du petit Thomas se promenèrent sur les touches, sa voix enfantine suivit les notes. Voilà sa vocation trouvée : son goût musical le fera poëte.

Mme Moore, ravie de cette découverte, le mène en triomphe d'une voisine à l'autre et leur fait admirer le petit prodige.

Bientôt il apprend les airs nationaux, les accompagne de son mieux et les chante avec une verve émue. Alors commençait à paraître le fléau des salons vulgaires, l'indispensable organe des compositeurs, le piano, acquisition assez dispendieuse à cette époque. On rêvait de musique dans la maison de Mme Moore, et l'on voulut posséder un piano.

Ce fut une grande affaire. Le père résistait vigoureusement, ne comprenant pas la nécessité de toute cette harmonie. La mère avait mis là son cœur, sa résolution, sa passion, et elle réussit, comme il arrive aux femmes. Après six mois d'économie bien serrée, on vit entrer un piano chez le marchand de vin!

Le petit Moore se mit à étudier la musique tout seul et à inventer ses accompagnements.

Cependant l'Irlande se livrait à une rage de révolte impuissante; bien des cœurs dévoués se sacrifiaient. Les conspirations renaissaient de toutes parts; dans l'espoir d'apaiser l'irritation, l'on donnait de temps à autre aux catholiques quelques satisfactions apparentes. En 1793, on leur permit de placer leurs fils au collége et de les faire membres de l'université de Dublin. Mme Moore se hâta de profiter de cet avantage. A force de privations et d'industrie économique, elle plaça son fils au collége, dont les honneurs universitaires ne le préoccupèrent pas beaucoup. Il apprit un peu de grec, fit transporter le fameux piano dans sa chambre, chanta et composa autant qu'il put et se ménagea des amis partout ; il ne conquit ni la réputation d'un savant précoce, ni celle d'un écolier très-attentif. Beaucoup de ses condisciples prenaient part aux complots du temps. Moore reçut leurs confidences, les comprit, les aima, les plaignit et ne les suivit pas. Il ne les trahit jamais, et ne renonça pas à leur amitié. Plus tard, devenu célèbre et maître de la mode, ami des ministres, favori des salons, il ne les oublia pas et ne les renia jamais.

Ce fut dans sa petite chambre de l'université qu'il ébaucha la traduction du vieux poëte de Teos, premier éclair de sa gloire littéraire.

A sa sortie du collége, les salons de Dublin l'accueillirent ; déjà fêté, choyé, aimé de tous, l'ambition s'empara de lui, ou plutôt de sa mère. Ils rêvèrent ensemble les grands succès de Londres, les aventures romanesques, la vie du poëte, celle de l'homme à la mode ; voilà ce que désirait pour son fils Mme Moore, en guerre sur ce point avec le chef de famille, mais parfaitement d'accord avec le jeune Thomas.

De notre mère seule dépend notre vie morale. C'est la mère qui communique à notre âme, impulsion électrique, vie et mouvement ; Gœthe, Walter

Scott et Descartes ont eu raison de le remarquer.

Le jeune Moore et sa mère, qui ne faisaient qu'un, vinrent à bout de leur entreprise ; il fallait, disait-on, se faire immatriculer avocat. Ensuite on prépara le pécule nécessaire petit, et Dieu sait à quelles vertus « épargnantes » (comme dit Furetière) il fallut avoir recours.

De même que cinq années auparavant l'on avait amassé petit à petit la somme nécessaire à l'achat d'un piano, on finit par mettre de côté quelques guinées pour le voyage, trésor modeste, cousu dévotement avec un scapulaire dans la doublure du pantalon.

Puis on s'embrasse, on espère, on pleure ; et le jeune homme est en route.

Ainsi partit pour Londres, muni de son scapulaire et de son Anacréon, l'adolescent dont la figure maligne, les cheveux frisés et le nez au vent rappelaient le page de Figaro. Ne vous alarmez pas sur son compte, il ne périra pas comme Griffin.

Il a son étoile, ou plutôt il en a trois :

La musique, la bonne humeur et l'à-propos.

III. — DUBLIN, ÉDIMBOURG ET LONDRES.

A peine ce personnage de si peu de conséquence et de poids paraît-il à Londres, il réussit. Il a la vogue, Moore ne gêne et n'inquiète personne. Ses chansons et lui ne peuvent déplaire à qui ce soit.

Les whigs des grandes familles, ces libéraux aristocratiques qui dominent la situation, qui combattent le pouvoir et qui sont le vrai pouvoir, se plaisent à combler de faveurs le jeune Irlandais sans prétention politique; les femmes, qui aiment à trouver une issue pour leur facilité d'émotions, se vengent du demi-puritanisme à la mode et protégent le chantre des amours. Habitué par sa mère à exploiter la vie sociale, à voir le monde et à se démêler de ses intrigues, Moore ne s'exalte pas, ne se sent point étonné ou enivré, ne blesse aucune vanité, et, ce qui commence le cours heureux de sa destinée, apprend bientôt cet équilibre habile, ce mélange de réserve et d'abandon, ce talent de ne rien dire, cette verve un peu stérile de paroles sans danger, cette délicatesse de tact, qui constituent l'homme du monde. Point de morgue, aucune insolence; de prétention et d'ambition, pas la moindre trace. Lord Moïra se met à la tête de ses protecteurs; le prince de Galles suit la marche; les jeunes femmes et les douairières arrangent de leurs propres mains son char de triomphe, ou plutôt son palanquin oriental. Il habite les châteaux pendant l'été, il revient à Londres pendant la saison. Il dîne et déjeune (HEARLY) de bon appétit et de bon cœur avec les princes et les marquises.

C'était alors, vers 1800, un petit jeune homme très-brun et tout frisé, l'œil émerillonné, le front bien fait, à la vive démarche, ayant plutôt l'air d'un

Parisien de Paris que d'un Saxon, ou d'un courtisan de Charles II que d'un contemporain de Napoléon. Il aurait pu briller à l'époque où Sedley se faisait arracher une dent en l'honneur de sa maîtresse, après avoir défié tous les convives de l'imiter. Moore plaisait comme anachronisme. On se révoltait en secret, surtout parmi les whigs opulents, contre l'excessive pruderie des mœurs. Le principe émis par Richardson, qu'il n'y a dans la vie aucun acte sans importance, aucune parole sans résultat, avait été éternellement exagéré. « Avoir tué (comme le dit Molière) *une puce avec trop de colère ;* » — avoir prononcé le mot *chemise ;* avoir dit : La cuisse d'une abeille ; — oser admettre dans sa bibliothèque un Catulle non expurgé, passaient pour crimes chez les gens graves.

La ville calviniste d'Édimbourg servait de foyer et de centre aux idées les plus austères du puritanisme et de la critique.

Dublin était la ville folle, la métropole de la poésie et du caprice. Il faut convenir (dit quelque part Moore lui-même) que les gens de mon pays sont de drôles de corps. « J'ai dîné avec six d'entre eux ; il
« n'y en a pas un qui ne fût un original, y compris
« les avocats généraux, historiens, ecclésiastiques,
« membres du Parlement et autres officiels. L'un
« d'eux, entrant dans la chambre, homme de qua-
« rante ans, salua l'un de ses amis en passant sa jambe
« par-dessus la tête de ce dernier. Un autre s'écria :

« — Tiens, voilà Crampton ! je vais acheter deux
« seringues !

« — Et pourquoi?

« — C'est qu'il y a quelques années, armés de serin-
« gues, nous faisions le guet, chaque soir, pour
« asperger au moment du départ les voyageurs d'une
« voiture publique.

« — Pas de folies ! criait Crampton. Vise à l'arrière-
« garde ; je me charge de l'avant-garde. »

« Pour être estimé dans mon pays, ajoute Moore, il n'y a d'autre moyen que de se ruiner ; qui n'est pas couvert de dettes subit le mépris. Tout papier timbré apporte la considération et l'amour. » Ainsi l'Irlande et Dublin, entre 1780 et 1820, étaient d'une gaieté désespérée. Le pauvre sansonnet de Sterne s'efforce de sortir de sa cage et bat des ailes en chantant. Sterne lui-même, l'Irlandais, auteur de *Tristram Shandy*, c'est la gaieté fantasque, — l'instinct opposé aux formes légales, l'élan du cœur à la gravité, — le désordre sauvage contrariant la règle, — la rébellion des sens ou de la fantaisie s'insurgeant contre la méthode et le convenu.

La société anglaise de Londres n'était ni livrée au caprice de la métropole irlandaise, ni soumise à la stricte discipline du puritanisme écossais. Centre actif des destinées britanniques, elle acceptait de toutes mains ce qui pouvait lui plaire ou l'enrichir, accroître sa force ou son bien-être.

Ce jeune garçon irlandais, qui sait dîner pour un schelling, loger dans un grenier, se faire bien venir, chanter avec goût et vivre sans souci comme sans vices grossiers, lui plaît dès le premier abord. Il est aimable, actif et naïf. Il ne fait point de dettes, ne contracte pas de liaisons basses. Il s'inquiète surtout de payer le tailleur et d'être bien mis sans faire trop de brèches à ses finances. Il n'a d'ailleurs ni prétentions ni tristesses ; il s'égaye de tout. Le côté comique de la vie amuse sa pauvreté.

Il est venu se loger prudemment dans le quartier de Londres le moins coûteux, et au-dessous de lui demeure un évêque français, membre de notre émigration.

N'ayant plus de domestiques, l'évêque s'est avisé de suspendre dans son couloir un écriteau double, sur un côté duquel sont inscrits ces mots : *L'évêque y est;* sur l'autre : *L'évêque n'y est pas.* On retourne l'écriteau suivant les besoins du moment. Voilà ce qui intéresse Moore bien plus que sa détresse ne le préoccupe ou ne l'attriste. Il ne se lie point avec l'évêque, le salue en passant et va droit à ceux qui doivent le servir.

Un piano s'installe dans sa chambrette ; Anacréon et le piano le consolent. Le soir il court la ville, se rend agréable et utile, babille avec les femmes, chante pour elles et prend le thé avec elles. Il chante ; ses succès de Dublin recommencent : il est musicien avant tout. La séduction de sa voix se joint aux grâces ingénues de sa personne. Comment se montrer sévère pour cet aimable enfant que nul ne trouve sur sa route, indulgent, bienveillant, à l'œil vif, et qui possède une si jolie voix de ténor léger? Dès sa huitième année il est acteur, chanteur habitué aux coulisses dont sa mère raffolait. De petits théâtres de société ont exercé son talent, et s'il eût suivi cette carrière, je ne doute nullement qu'il n'y eût réussi. Tous les êtres possèdent un fonds essentiel et comme un point unique auquel se rapportent, comme à un centre, les divers rayons de leur existence morale. Jeffrey d'Édimbourg était un observateur analytique ; Byron, un fat passionné ; Walter Scott, un observateur antiquaire ; Coleridge, un mystique ; Gœthe, un artiste dans le plus vaste sens du mot. Thomas Moore, c'est la musique même ; elle est née avec lui ; il n'en fait pas son étude ou son plaisir : c'est le point vital de son organisme. « Ma vocation, c'est la musique, » dit-il quelque part. Et il a raison.

Le sentiment de la mélodie n'abandonnera pas Thomas Moore. Nous admirerons ce don particulier dans sa prose comme dans ses vers, dans ses poésies élégiaques comme dans ses épigrammes, même dans ses satires et dans ses poëmes orientaux. La clef divine de la mélodie doit lui ouvrir les portes de la renommée et de la fortune. Elle réalisera les fabuleuses espérances que sa mère avait rêvées en faisant entrer le petit piano dans l'arrière-boutique du marchand de vin.

IV. — DE L'ARISTOCRATIE WIGH ET DE SON ACTION SUR LA SOCIÉTÉ ANGLAISE.

Les whigs de 1800. — Les Bermudes. — Voyage aux États-Unis et aux Bermudes. — Le retour.

Voilà notre jeune homme adopté par la société whig ; elle s'était groupée autour de l'héritier de la couronne, du prince de Galles ; singulier chef pour une opposition libérale, car on ne peut imaginer de caractère plus despotique, de maître plus capricieux, de personnage plus libre dans ses mœurs, — plus dénué de toute conviction et de tout principe, — celui-ci excepté, qu'il faut garder le pouvoir.

L'*Anacréon* de Moore s'imprime alors sous le patronage du prince, qui en accepte la dédicace (1) ; Moore va rêver et chanter sous les ombrages de Donnington-Park, chez lord Moïra. Son habit s'use, cela est vrai ; mais il fait peu de dépenses, et il publiera un nouveau recueil de poésies, quand les cent guinées de son *Anacréon* seront épuisées. En attendant, tout va bien ; « *Le Petit*, » c'est le nom que lui donnent les duchesses, est frais et vermeil ; salons et boudoirs de l'aristocratie whig s'ouvrent devant lui ; il danse à ravir, il valse mieux encore ; il chante comme la fauvette ; les dames de haut parage le trouvent délicieux, et le traitent en Chérubin de la *Folle journée*. Sans

(1) L'éditeur Power paya l'*Anacréon* cent guinées.

doute, disent-elles, il y a dans ses vers quelques pas sages un peu vifs ; mais c'est une ardeur si innocente, si finement contenue et mêlée d'une ingénuité si charmante! On ne lui connaît point de goûts vulgaires ; ses gants sont irréprochables ; et Martial, ainsi que Tibulle, en disaient bien de plus fortes que lui. Enfin, c'est un Irlandais, un étourdi sans conséquence et qui se donne pour tel.

Moore comprend tout cela, et il en use.

En face de Napoléon et de Nelson, quelle singularité piquante de jouer innocemment parmi les whigs le chevalier de Faublas en s'accompagnant sur la lyre de Parny! Il fallait ne point blesser les gens qui donnent le ton, ne pas tomber dans le ridicule, plaire surtout à l'armée libérale. L'Irlande et ses malheurs servaient aux whigs d'instrument d'attaque et d'arme d'opposition. Moore saisit très-bien cet à-propos. Chez lui le sentiment national irlandais était réel. Il devint le poëte irlandais par excellence, et sa bataille fut gagnée.

L'Irlande attendait un nouvel organe poétique, non pas de menace et de violence, tel que les Davies, les Callaman et les Fergusson, poussant le cri funèbre des douleurs amères et le cri de guerre des insurgés, mais un écho doux et mystérieux, un écho voilé des longs regrets de la patrie en deuil de ses aspirations désolées. L'Écosse et l'Angleterre possédaient leurs poëtes. L'Écosse, pays des souvenirs féodaux, de la poésie rustique et de la sagacité observatrice, était représentée par Walter Scott. L'esprit anglican avait choisi Southey pour symbole. L'esprit de libre opposition harcelant les convenances sociales se résumait dans lord Byron. L'Irlande eut pour symbole Thomas Moore, et les whigs le consacrèrent. Ce fut le secret de son succès.

Si l'activité de cette âme artiste ne s'était pas concentrée dans la sphère de la musique et des rêves poétiques, il se serait sacrifié comme les frères Sheares; il aurait marché avec le drapeau vert, il aurait pu se mêler à l'agitation catholique. Mais son catholicisme et son libéralisme dînaient sans remords chez les chefs protestants et anglo-saxons. Ainsi, ce charmant homme whig et aristocrate, auteur érotique et gardant les convenances, Kelte protégé par les Saxons, chanteur et poëte, musicien et homme de salon, bien élevé et sans patrimoine, accordait, grâce au compromis le plus habile, les qualités contraires. Il acceptait tous les mots d'ordre sans les confondre, et sauvait les dissonnances sans dureté. Pour accomplir ce miracle, que de souplesse, de grâce, de légèreté surtout et d'agrément, était nécessaire ; et il avait vingt-deux ans !

D'initiative, pas la moindre ; de jugement personnel et de consistance, pas davantage. Solitude et rêverie, étude profonde et sentie, sacrifice héroïque à la vérité cherchée ou aux devoirs remplis, sont hors de la question. Moore ne s'appartient pas : il est tout à ses camarades et au grand monde.

Il résout avec une grâce et une aisance merveilleuses ce problème complexe de sa vie, et devient le poëte par excellence des whigs, qui de leur côté, balançant la morale et la liberté par l'intrigue et l'amour du pouvoir, accomplissent avec un bonheur analogue leur compromis politique. Toute cette société anglo-saxonne couronne Moore de fleurs et de gloire, et lui permet, non de conspirer, mais de chanter pour son pays. Attaché à lord Moïra et à lord Holland, chefs du whiggisme, il suit leur fortune. Ses protecteurs et ses protectrices le couvrent de faveurs et de sourires, le comblent de dîners, l'accablent d'invitations, mais oublient un peu le solide et « lui donnent des *manchettes brodées* (il l'écrit à sa mère) sans songer qu'il lui faut des chemises. » Il espère néanmoins que les whigs arriveront au pouvoir avec le prince royal à leur tête; ce sera le moment de la moisson. En attendant, il reste fidèle au parti et au drapeau; il refuse avec fierté le titre de « poëte lauréat, » qu'on lui offre de très-bonne heure, avant même qu'il l'ait mérité ; et tous ses amis d'applaudir. On fait de lui un héros; les partis n'y manquent pas : c'est une qualité française et keltique, une vertu irlandaise et de race, que cette ardeur à marcher avec sa cohorte; cet esprit de camaraderie, ce dévouement du compagnonnage ; cette attache à ceux mêmes que l'on n'estime pas, ou dont on ne partage pas les principes ; cette espèce d'enrôlement volontaire, sans conviction,

Thomas Moore, pour qui ses amis politiques ne faisaient pas grand'chose, ayant peu de goût pour les whigs, ne cessa cependant pas de les servir et de les suivre ; jamais il ne se laissa séduire par l'ennemi.

Le refus du « Laurier » officiel rendit plus cher aux whigs le jeune Moore, ou plutôt *Thomas le Petit* (Tom-Little), dont les poëmes faisaient scandale parmi les sévères fatigués du puritanisme ; jeunes filles et jeunes garçons les lisaient en cachette. Lord Moïra, particulièrement touché de cet héroïsme, s'ingénia pour découvrir quelque fonction lucrative qui indemnisât le pauvre jeune homme. La place de *contrôleur des prises* aux îles Bermudes devint vacante ; Moore, à qui elle fut offerte, l'accepta et partit. En peu de temps il se lassa des jeunes Bermudiennes au teint de bistre, des planteurs et des esclaves, des palmiers et des bananiers, se balançant sous un ciel d'émeraude sous la brise maritime. Il alla visiter les États-Unis, qui ne l'amusèrent pas ; il se hâta de revenir, après avoir livré à un chargé d'affaires la gestion de sa place.

Avec quel bonheur retrouva-t-il ses aimables duchesses, son piano favori, ses fonctions de chanteur et de danseur et son tourbillon bien-aimé ! « Le prince de Galles daigna lui frapper sur l'épaule. » Guinées, honneurs et gloire vont tomber à flots sur cette jeune tête souriante. « Ma mère, » écrit-il à mistress Moore qui est restée à Dublin, et à laquelle il confie de près ou de loin ses bonheurs et ses désappointements, « le prince m'a frappé sur l'épaule ! »

Esprit frivole, oiseau léger, cœur tendre et charmant !

V. — TRIOMPHE DE MOORE.

Les duels, les amours, l'opposition, la satire. — Le rôle brillant. — Le mariage, la catastrophe et l'exil.

La *Revue d'Édimbourg*, qui avait dès lors beaucoup de succès, organe de l'austérité écossaise, tenait l'œil ouvert sur tout ce qui se publiait à Londres ; ce jeune triomphateur, chanteur de poëmes érotiques, Grécourt en gants jaunes, applaudi par de chastes duchesses, ne pouvait échapper à sa férule.

Déjà les poëmes de *Little* avaient subi les vertes semonces de Jeffrey. Il traita plus mal encore le second volume de vers publié par Moore sous le titre d'*Odes et Épitres ;* et nous ne pouvons, en conscience, l'accuser d'une sévérité outrée. Ce n'est pas seulement la décence, c'est le bon goût qui manque à ces œuvres vieillotes et juvéniles, dont le ton, toléré, en 1802, dans quelques boudoirs anglais d'ordre inférieur, nous paraît aujourd'hui détestable. Le jeu de mots y abonde avec le calembour, et le mot souligné rend plus vivement irritantes mille intentions malsaines. C'est du Paul de Kock couvert d'une gaze rose et transparente ; l'austérité des langues septentrionales, la chasteté innée de tous les idiomes teutoniques, prêtent à la licence des idées un caractère prémédité qui déplaît et choque souverainement. Ce n'est ni la fougueuse ardeur des érotiques de l'antiquité, ni l'enfantine et molle volupté des Vénitiens et des Napolitains modernes ; je ne m'étonne pas que les gens graves aient crié au scandale. L'affreuse virulence d'Horace, hurlant contre les vieilles femmes ses vers immondes, inspire moins de dégoût que les tristes moqueries adressées en stances harmonieuses à une dame en cheveux blancs qui avait déplu à M. Lepetit : *« Je n'aime pas l'antiquité pour elle-même, Madame ; je suis un pauvre virtuose en ce genre, et les ruines dorées me déplaisent, etc., etc. »*

Nous n'avons pas, en vérité, le cœur de traduire ce que nous rejetons dans une note (1).

Quelle plaisanterie de déclarer à une femme chargée de trop d'embonpoint, qu'on ne veut d'elle qu'une *fraction* et qu'on ne saurait que faire du *tout* (2) ! L'agréable invention, digne des poètes de l'Espadon sa-

(1)   I once heard of an amorous youth
            Who was caught in his grand-mother's bed ;
    But I own, I had ne'er such a liquorish tooth
            As to wish to be there in is stead.
    T'is for you my dear, Madam, such conquests to make ;
            Antiquarians may value you high ;
    But I swear, I can't love for antiquity's sake,
            Such a poor virtuose am I.
    I have seen many ruins all gilded with care,
            But the tracks were still plain to the eye
    And I ne'er felt a passion to venture in there,
            But turn'd up my nose, and pass'a by !

(2)   If ever, by Fortune's indulgent decree,
            To me such a ticket should roll,
    A *sixteenth*, Heaven Knows ! were sufficient for me
            For what could I do with the whole ?

tirique, de dire à une jeune fille dans les yeux de laquelle on se mire qu'on s'y voit *en miniature*, que c'est chose heureuse pour la population, que ce sont des *petits enfants* en espérance !

Jeffrey prit la parole et tança le poëte au nom du goût blessé et de la pudeur outragée. Puis il vint à Londres où il fut appelé en duel par Thomas Moore, dont personne ne contestait la bravoure et dont l'irritation était extrême. Avertie par des amis communs, la police intervint ; réconciliés par l'aimable poëte Rogers, ils gagnèrent à cette rencontre un goût très-vif et une cordiale liaison, terminée seulement par la mort.

Tous deux avaient la délicatesse des sentiments, la *gentlemanly keennees* de la conduite et la finesse de l'esprit. Ils s'aimèrent. Rien de plus honorable que ces relations où les petites vanités de Trissotin et de Vadius s'évanouissent, où la différence des situations et des tendances ne sert qu'à rendre plus vifs l'échange des idées et celui des sympathies.

Peut-être l'Écossais Jeffrey avait-il eu tort d'appeler au tribunal de Rhadamanthe un Irlandais aimable, jeune, rieur, à qui les principes élevés manquèrent toujours. Mais ce fut pour Thomas Little un accident heureux que l'assaut violent de Jeffrey. Sa susceptibilité belliqueuse plut aux femmes. Lord Byron, avec qui il voulut aussi se battre, le jugea digne de son amitié. L'essaim des belles à la mode lui prêta une oreille plus attentive. Quant à lui, que l'on n'avait jamais critiqué, qui n'avait point appris la lutte contre le sort et les hommes ; lui, l'enfant gâté des salons et des dames ; étranger à cette amertume douloureuse et saine, à cette révolte contre l'injustice, à cette âpre résolution, à cette courageuse patience, qui donnent tant de puissance aux opprimés, il se mit à réfléchir sur la frivolité de ses premières œuvres.

La faveur dangereuse qui le berçait aurait pu le perdre ; il ne s'abandonna plus sans réserve à ce courant rapide et facile d'un plaisir à une fête, et de triomphe en triomphe, qui l'emportait doucement.

Son duel manqué avec Jeffrey inaugure la période littéraire de sa vie. L'hôtel de lord Holland était devenu un centre plus actif que jamais, et l'accession des whigs au pouvoir y réunissait tous les hommes politiques qui, pendant les années suivantes et jusqu'en 1845, devaient conduire à la conquête le parti libéral. Déjà les whigs lui avaient accordé, pour son père, une petite place, et pour lui-même des promesses magnifiques ; son sort allait être assuré lorsque les tories chassèrent à leur tour les whigs du pouvoir et laissèrent Moore dans sa situation précaire. Alors il termina deux grandes affaires : il se maria d'abord ; puis il conclut un traité avec l'éditeur Power pour la publication des *Mélodies d'Irlande* (Irisch mélodies), son œuvre capitale.

Les *Mélodies d'Irlande* reproduisent avec un charme infini le pathétique naïf et la gaieté fantasque de l'esprit irlandais ; caractère double et ravissant, propre aux Sterne, aux Shéridan, aux Goldsmith, et dont personne n'a saisi et propagé avec plus d'habileté que Moore l'inspiration, la grâce et la flamme.

Miss Dilke, jeune et belle personne qui se destinait au théâtre et que Moore épousa, fut le bon ange du reste de sa vie. Il choisit et habita ces retraites champêtres, ces cottages dont la solitude lui inspira ses plus mélodieuses poésies ; harassé du monde et rassasié de sa gloire, il trouvait près d'elle le bonheur intime. On ne peut imaginer de dévouement plus féminin et plus complet, de résignation plus candide et de personnage plus intéressant que mistress Moore ; point d'âme plus résolue et plus délicate. Elle comprend le caractère de son mari, mobile, affectueux et social ; nature fine, légère et tendre. Pour l'artiste, qu'elle appelle son « oiseau chanteur », elle prépare le nid le plus moelleux et l'asile le plus paisible ; quelquefois Élisabeth (la chère Bessy), comme Moore la nomme, met de côté six ou sept guinées, pour faire présent à son mari (qui n'a souvent pas un schelling) des opéras de Rossini qu'il veut connaître ou des vieux livres dont il a besoin pour son érudition courante. Thomas Moore, à qui le monde faisait grand'peur, ne l'y conduisait guère, et elle ne s'en formalisait pas. Elle savait qu'en rien un favori de la mode ne devait contrarier le monde, maître redoutable qui ne ménage ni favoris ni maîtresses, et elle ne se plaignait jamais. Le mariage qui semblait imprudent fournit les consolations nécessaires à Moore pour soutenir jusqu'au bout le brillant fardeau de sa popularité et de son succès.

En 1812, changement à vue; le prince de Galles, appelé à la régence, s'empresse de congédier ses vieux amis les whigs; lord Moïra part pour l'Inde en qualité de gouverneur général et ne peut rien faire pour le poëte. Adieu à toutes ses ambitions, châteaux en Espagne que la politique élève et balaie d'un souffle.

La séduction sociale l'entraîne. Que de fêtes ! Que de bals et de dîners en ville ! Combien de concerts et de matinées musicales dont il fait les délices ! Son étoile monte et la société qu'il enchante l'arrache à lui-même ; elle le comble de distractions, dissipe sa verve, fausse son talent, le réduit en parcelles et en poussière, prive sa pensée de méditation et de solidité. Ses gains littéraires s'y fondent et l'économie de mistress Moore n'y peut rien.

Cependant les *Odes* publiées par Power, les gracieuses *Mélodies d'Irlande* étaient dans toutes les bouches, et les jeunes cœurs battaient à l'unisson du sien. Byron lui dédiait son poëme du *Corsaire*. La *Revue d'Édimbourg*, par l'organe de Jeffrey, son directeur, sollicitait sa collaboration, au taux le plus élevé (1) et aux conditions les plus libérales. Le grand poëme oriental qu'il avait sur le chantier, *Lalla-Rookh*, acheté 75,000 francs par Longman, était accueilli avec enthousiasme.

Un coup de foudre vient mettre en poudre ce bel édifice. Moore a oublié (2) son agent des Bermudes et ne l'a pas surveillé. Cet agent s'est enfui, emportant la valeur d'une prise considérable, et Moore, qui en est responsable envers l'État, va devoir au gouvernement qui l'attaque 150,000 francs de France. C'est en avril 1818 que cette nouvelle lui est adressée par le *Doctor Commons*, espèce de tribunal dont ces affaires ressortissent. Il ne s'en préoccupe pas trop.

Pendant que ses amis s'inquiètent, s'agitent, prennent des mesures, essayent des expédients, surtout le plaignent et s'attendrissent, il conclut avec un libraire un nouveau traité pour une biographie de Shéridan, s'informe de tous côtés auprès des anciens collègues de Burke et de Fox pour obtenir d'eux les documents nécessaires à ce livre, et continue à mêler sa vie de joies domestiques et de plaisirs mondains.

Ainsi se passe une année entière avant que l'arrêt du tribunal soit prononcé. Il n'y pense guère, mais

(1) De 500 à 750 fr. par feuille.
(2) I had forgot (!) both him and his office (1818. Lett. to lady Donegal).

ne perd pas un instant de vue la société dont il est l'idole, et de salon en salon, de boudoir en boudoir, il va murmurant ses chansonnettes. Rogers, poëte et banquier, cœur délicat et esprit sensé, lui reproche son étourderie : « Votre vie, lui dit-il, est un joli « poëme ; mais c'est de bien mauvaise prose. » L'étourdi lui répond par ces deux lignes du vieux Balzac : « Il vaut mieux être un peu étourdi que de « prendre tant de peine à être sage. »

Et il ne prend aucune peine pour être sage.

Ame musicale et lyrique, lorsque les vanités du monde l'ont enivré, il se berce et s'endort dans les rêveries de la mélodie et de la nature. « O le beau « jour ! s'écrie-t-il quelque part, une vraie journée « de retraite champêtre ! Dans mon jardin, pendant « le jour entier ! Quel malheur d'avoir été forcé d'é- « crire de la prose et de continuer ma vie de Shé- « ridan ! Pas de rhythmes, pas de rimes, le plat lan- « gage des affaires. » Dès qu'il le peut, il se met au piano, il joue Mozart ou Haydn ; quelques stances, gaies ou tristes, coulent de sa veine capricieuse et facile ; c'est un rossignol ou une fauvette et Mme Moore a raison. Le lendemain du jour où il apprend qu'on va l'arrêter pour cette fameuse dette des Bermudes, il court au bal, danse toute la nuit, oublie ses chagrins et ses dangers : « Délicieuse « journée ! délicieuse soirée ! » écrit-il le matin dans son journal. Puis il part chantant, des larmes dans les yeux, mais il visitera le continent pour échapper à la prison. Ses compagnons de route sont lord John Russell, le sculpteur Chantrey, le peintre Jackson. Sa chère Bessy et ses enfants doivent le retrouver à Paris.

VI. — LES VOYAGES ET L'ÉRUDITION.

Le continent. — La vie de Paris. — Grands poëmes et biographies. — Le retour. — Les *Amours des Anges.*

Si Thomas Moore eût voulu rester à Londres ou dans son cottage de Mayfield, je pense que rien ne lui était plus facile. La société anglaise, qui appréciait son talent, son esprit, sa délicatesse, s'émut de son désastre. Le généreux Jeffrey, l'honorable sir John Russell, lord Holland, lord Landsdowne, sir Francis Burdett, le marquis de Tavistock, les éditeurs Longman lui offraient à l'envi de l'argent, des sécurités, des cautions, une souscription qui aurait été à l'instant couverte, une pétition au Parlement. Moore refusa ces offres.

Voilà une société généreuse et forte qui n'abandonne pas son favori, ne montre pas du doigt sa victime et ne prend pas un lâche plaisir à fouler aux pieds son idole !

Ce fut à Venise que Moore, assez heureux, je crois, de sa petite tournée sur le continent, rencontra lord Byron. Dès 1815, le grand poëte avait rompu violemment avec la société anglaise. Libéraux tous deux, et plus que libéraux, ils ne tardèrent pas à s'entendre, comme gens qui détestent cordialement les mêmes choses. Quoi de plus vif que la sympathie fondée sur des répulsions communes! L'anglicanisme, le torysme, le monde légal, leur étaient également odieux pour des raisons diverses. Byron, qui s'était tout à fait détaché de ce monde et qui ne pensait qu'à le taquiner, venait d'imaginer un nouveau moyen pour cette belle œuvre : c'était d'écrire « ses Mémoires » ou plutôt de l'en menacer. Des Mémoires! de vrais Mémoires! rédigés par le grand pontife de la fatuité satanique! Va-t-on ébranler les idoles, détacher les bandelettes des momies, repousser du pied les fétiches? Byron savait bien quelle terreur il allait répandre. Aussi commença-t-il son œuvre ou plutôt son ébauche, dont le bruit ne tarda pas à se répandre.

Mais des « Mémoires, » ceux du moins que la postérité daigne lire, offrent plus de difficultés que Byron ne le soupçonnait. Être poëte ne suffit pas pour cette œuvre. Il faut, ou avoir pris part aux grandes affaires, ou connaître les hommes et pénétrer les âmes, ce qui est le plus rare de tous les dons. Les poëtes forment toujours le projet d'écrire leur vie; après une vingtaine de pages, la plume glisse de leurs doigts. Moore lui-même n'en a pas écrit davantage; les *Confessions* de Jean-Jacques, ce philosophe poëte, ne contiennent guère que ses premières années et ses premiers sentiments. La *Vita Nuova* de Dante est l'histoire énigmatique et psychologique de son enfance. On peut en dire autant de Walter Scott et de Gœthe.

Byron avait commencé son œuvre quand le hasard le mit en présence de cet aimable Thomas Moore, qui plaisait à tout le monde et qui le séduisit. Charmant compagnon, toujours gai, toujours prêt à chanter et à causer, pétillant et avenant, conteur plein de goût, convive plein de saillies, sachant écouter et placer son mot, étranger à toute affectation dédaigneuse, il éveilla et stimula toutes les qualités bonnes et mauvaises de cet étrange venue de génie : facile sympathie, abnégation des intérêts vulgaires, générosité, vengeance, taquinerie, plaisir de produire une sensation et de faire de l'effet. Byron pensa que ce serait un jeu habile et double d'épouvanter la société anglaise en servant Moore, de lui donner, pour en disposer à son avantage et liquider la dette des Bermudes, ces terribles Mémoires qui seraient publiés après la mort de leur auteur; de le constituer ainsi son obligé, son éditeur, le patron de ses haines et de ses vengeances, chargé de diriger le brûlot posthume qu'il lancerait contre le monde britannique.

Moore accepta. Ce fut une étourderie.

Moore emporte les premiers chapitres de ces Mémoires; description poétique de l'enfance et des jeunes sensations du poëte. Puis il vient s'établir auprès de Paris, à la Butte, entre Bellevue et Sèvres, dans une situation charmante qui domine le cours sinueux de la Seine, les lointaines collines, Paris à l'horizon, et l'un des paysages les plus variés de cette contrée. Paris, alors la capitale des plaisirs faciles et des petites voluptés de chaque jour, exerce sur cette nature si bien appropriée à un tel milieu une fascination irrésistible. Ce ne sont que dîners chez Baleine, soupers chez les Frères-Provençaux, parties fines à Versailles, côtelettes à la Soubise et loges aux Variétés. Les duchesses s'effacent un peu et se retirent sur le second plan; la gastronomie commence son entrée en scène, gastronomie délicate, bien comprise, digne des maîtres, avec vin de Sauterne et des meilleurs crus.

Après trois ans de séjour à Paris, Moore ne sait rien de la France; quelques calembours un peu usés, voilà ce qu'il retient; l'opéra et les ballets, voilà ce qu'il observe. En pleine Restauration, époque curieuse s'il en fût, le petit poëte d'Irlande n'a d'yeux et d'oreilles que pour la voix de Mme Pradher et les farces de Potier.

Il continue sa « *Vie de Shéridan* et ses *Mélodies* », chante, joue du piano, dîne en ville et mène avec lui cette aimable personne qu'il a eu raison d'épouser. Un soir que l'on rentre paisiblement à la Butte sans avoir visité les restaurateurs et les lieux publics : « Voilà, lui dit-elle en se mettant au lit, la première « journée raisonnable que nous ayons passée depuis « trois mois. » Il ne se fâche pas.

C'est le plus aimable des hommes et le plus charmant des maris. Il aime sa femme ; il sacrifierait tout à sa famille. Plein de charité et même de piété, ce favori des boudoirs, toujours étourdi, est un grand enfant. Il convient que « the dear girl » (la chère fille) n'a vraiment pas tort, et quand il se sent un peu las des bisques d'écrevisses et des premières représentations de Potier, il se hâte de faire son acte de contrition. Un soir, par exemple, dans sa petite chambrette de la Butte, les rayons de la lune éclairent le front de la jeune femme endormie ; il s'agenouille et pleure ; il prie de toute son âme.

Ses amis de Londres le rappellent ; on travaille à sa libération, et l'on a soin, car on le connaît bien, de ne rien tenter qui puisse blesser la fine délicatesse de son honneur. Il revient une première fois à Londres, orné de moustaches postiches, destinées à le travestir et qui durent l'amuser singulièrement ; car il fait observer que Napoléon, Byron et lui méprisaient la moustache ; — à Londres, il visite ses avoués et ses éditeurs et revient enfin chercher la bonne Bessy pour l'établir dans le cottage de Solperton et publier sa *Vie de Shéridan* et ses *Amours des Anges*.

Ce ne sont pas des œuvres solides et viables. Les

chansons nationales, les *Chants de l'Irlande*, écrits et composés pour Power, constituent le fond sérieux de son bagage littéraire. On gardera la trace effacée de quelques plaisanteries légères, telles que la *Poste aux lettres* (Penny post-bag) et la *Famille Fudge* (de l'Escampette), bluettes ingénieuses dont l'invention a de la grâce, et le coloris, de la légèreté et de la finesse. Mais, lorsque Moore veut être grave ou même sentimental, que de métaphores pour remplacer les idées, de quelles couleurs factices sa phrase s'enlumine-t-elle ! Quand on relit aujourd'hui son célèbre *Lallah Rookh*, on a peine à comprendre que Moore ait passé pour le rival de Byron, de Wordsworth et de Walter Scott. C'est une poésie si peu vraie, d'une élégance si maniérée, d'une fluidité si peu contenue, d'une érudition si légère ; c'est un flot ou plutôt un déluge de paillettes si évidemment artificielles, qu'on se demande comment les admirateurs du « *Giaour* » et des « *Ballades* de Burns » ont pu y prendre goût.

Je me rappelle avoir habité Londres à l'époque où ce poëme oriental fut publié en un superbe volume in-4° avec gravures, illustrations de toute espèce, notes, *hot-pressed paper*, préface et le triple appareil de la science, de l'industrie et de l'art.

On s'extasiait. Je fis de mon mieux pour l'admirer. Étrange fragilité des jugements humains ! L'agréable invention de ce roman en vers, l'heureuse harmonie du rhythme et l'éclat des peintures ne font plus illusion à personne. Tous les critiques conviennent que l'orientalisme de Moore est factice, que sa diffusion brillante et son artificielle splendeur ne peuvent soutenir la comparaison avec le coloris mystérieux de Coleridge, ou même avec la concision sévère et satirique de Crabbe. Un seul accent sauvage, émané du cœur de ce pauvre paysan douanier.

L'écossais Burns a plus de valeur que toutes les perles, rubis, opales et saphirs de Thomas Moore. Il y a néanmoins dans *Lallah Rookh* des tableaux splendides, de la volupté, de la sensibilité, de la grâce, surtout de l'harmonie. La *Vie du capitaine Rook* (symbole de l'insurrection irlandaise), la *Vie de Shéridan* ont moins de valeur. Les matériaux pour ces biographies ne lui manquaient pas ; il les recueillait avec un soin louable, avec le désir de remplir consciencieusement sa tâche.

Faute de recueillement et de sévérité dans la pensée, il se contentait de rédiger en style trop fleuri les documents dont il était maître. L'œuvre historique réclame une inexorable sagacité, arme aiguë et pénétrante que les hommes redoutent ; si Thomas Moore avait possédé ce don terrible de Saint-Simon et de Shakspeare, aurait-il été l'ami de tout le monde, essayé de tirer l'arme du fourreau ? Parmi les ouvrages de Moore les plus étranges et celui qui le caractérise le mieux, ce sont les *Amours des Anges*, recueil de récits amoureux attribués à des êtres surnaturels ; —

perpétuel madrigal où le mysticisme critique se perd et va se fondre au sein du mysticisme religieux : « Vous vous rappelez tous (dit un bel ange) ce jour où, « pour apposer sur le monde qui venait d'éclore le « sceau définitif de sa création, le roi des cohortes « angéliques, celui dont toutes choses vivantes recon- « naissent le pouvoir, convoqua dans les bosquets de « l'Éden les puissances célestes. Il avait créé la per- « fection définitive et couronné la création par une « merveille qui devait dépasser hommes, anges et « soleils. Les anges formaient le cercle. Au milieu « de la surprise et de l'adoration générale, la Femme « fut créée ; ses yeux s'ouvrirent radieux sur le ciel et « la terre. Un rayon magnétique jaillit, fit vibrer tous « les êtres vivants. »

Il y eut révolte chez les dévots. Les gens d'esprit dirent que les anges de Moore étaient des « anges en vacances ». Les femmes sévères trouvèrent la chose adorable, elles protégèrent ces chérubins galants.

Leur délicat poëte, rendu aux salons à la mode, aux bals, aux raouts, aux éternels dîners, sauvé par la généreuse persévérance de ses amis, continua le cours de ses triomphes.

VII. — MÉMOIRES DE LORD BYRON.

La faute inévitable. — Pourquoi les Mémoires de Byron furent sacrifiés. — Véritable caractère de Byron. — La société anglaise prise pour dupe. — Nouvelle vie sociale de Moore.

Lord Byron, qui avait promis à Moore de lui donner

ses Mémoires personnels, était trop gentilhomme pour ne pas remplir avec exactitude cet engagement, libéralité de grand seigneur. Le manuscrit des deux volumes fut donc adressé régulièrement au poëte irlandais par fragments séparés, successivement confiés à plusieurs personnes, soumis à leur opinion et copiés par des mains différentes. On s'étonnait d'y trouver si peu de scandale et même de médisances ; la prétendue vengeance de lord Byron semblait exécutée d'une main indulgente. Lord Russell affirme (et nous le croyons aisément) que dans les Mémoires de lord Byron il y avait peu de parties intéressantes, quelques vives peintures de sa jeunesse et de son séjour en Grèce, des tableaux poétiques et brillants, et seulement quelques passages malséants, qu'il eût été facile de supprimer d'après la permission que l'auteur avait donnée.

Sans doute lord Byron s'était fait illusion à lui-même.

Poëte de la passion et de l'ardent caprice, il se croyait La Bruyère ou Saint-Simon, ou même cardinal de Retz ou Duclos, pour se livrer à l'analyse approfondie et détaillée des éléments de la société anglaise.

Sans doute il s'enfermait volontiers le soir pour travailler ses stances piquantes et colorées contre les salons de son pays. Il possédait le trait vif, l'image hardie, l'épigramme acérée, le rhythme audacieux et rapide. Ni observateur, ni philosophe, il ne cherchait point les causes et n'aimait point à se rendre compte des effets.

Ses vrais Mémoires sont « *Don Juan* » ; sa femme, ses amis, ses maîtresses, ses doutes, ses violences remplissent cet étrange livre, le poëme épique sublime et multiple du caprice, de l'émotion et de l'ironie. Cependant Moore attendait les fameux Mémoires en prose, et les amis de lady Byron étaient aux écoutes ; Byron s'exécuta de son mieux, rédigea, et il était en fonds pour cela, des pages brillantes qui constituèrent deux volumes, et se débarrassa de son engagement téméraire.

Il allait faire de l'effet.

C'était son plus grand plaisir : « Produire de l'effet et faire parler de lui. » Adair étant ambassadeur à Constantinople et Canning secrétaire, Byron voulut dans une procession prendre le pas sur le corps diplomatique, s'avança fièrement un chapeau d'officier sur la tête et d'un air triomphal, ayant l'air de narguer les diplomates. Il reconnut ensuite qu'il avait eu tort et écrivit une lettre d'excuses à l'ambassadeur. Il tirait parti avec beaucoup de finesse, pour sa gloire et son profit pécuniaire, de ces airs impertinents et de cette coquetterie taquine. Peu de jours avant la publication de *Don Juan*, publication à laquelle ses amis s'opposaient, il écrivit à Murray, son éditeur, une lettre remplie de détails plus piquants que moraux, relatifs à son intrigue récente avec la fille d'un noble Vénitien. Non-seulement Murray lut cette épître à tout le monde, mais on fit exposer dans une galerie publique le portrait d'une autre de ses héroïnes, la célèbre *Margarita* la gondolière, avec les mots suivants écrits au-dessous du tableau de la main même de lord Byron : *Portrait commandé par George-Gordon Byron, à Venise.* Chacun voulut voir le portrait et lire la lettre. Thomas Moore lui-même fut dupe de ce *hoax* et tomba dans le piége de son ami.

Ayant achevé ses Mémoires, qui n'étaient eux-mêmes qu'une mystification, le misanthrope dandy écrivit à sa femme dont il s'était séparé de vouloir bien les lire ; peut-être cette offre cachait-elle une secrète espérance de réunion et de retour ; les « Mémoires » n'ayant rien de blessant pour elle, l'intention de Byron était nécessairement pacifique. Lady Byron, selon lady Holland, avait aimé passionnément son mari : « Il était, disait-elle, si beau, ici, sous un « rayon de soleil ! et si séduisant ! »

Lady Byron répondit :

« Kirkby Mallory, 10 mars 1820.

« J'ai reçu votre lettre du 1ᵉʳ janvier, dans laquelle « vous m'offrez, pour le lire, le récit d'une portion « de votre vie. Je n'en prendrai pas connaissance. « Je regarde la publication ou la circulation d'une « œuvre semblable, en quelque époque que ce soit,

« comme devant porter préjudice au bonheur futur
« d'Ava (1). Quant à ce qui me concerne, je n'ai au-
« cun motif de redouter la publicité. Mais, malgré ce
« que j'ai déjà souffert, je ne pourrais m'empêcher
« de déplorer quelques-unes des conséquences.

« A. Byron. »

Voici la réplique obscure et violente de Byron.

« Ravenne, 3 avril 1820.

« J'ai reçu hier votre réponse, datée du 10 mars.
« Ma proposition était honorable ; le casuiste le plus
« pervers n'aurait pu la prendre qu'en bonne part. Je
« pourrais vous répondre ; mais il est trop tard et
« cela n'en vaut pas la peine. Quant à la menace
« mystérieuse de la dernière phrase, il ne serait diffi-
« cile d'y être fort sensible, quand même je la com-
« prendrais, puisque, avant qu'elle ait son effet,
« je serai là « où rien ne nous touche plus... » Je vous
« engage d'ailleurs à anticiper sur l'époque que vous
« indiquez ; soyez certaine que de toutes les dates les
« seules qui aient de l'importance sont celles du pré-
« sent ; autrement, je répondrais avec le Florentin (2) :

« Ed io che posto son con loro in crece
« . . . . e certo
« La fiera moglie piu ch'altro mi nuoce (3).

(1) Fille de lord Byron, morte récemment.
(2) Le Dante.
(3) Ils me mettent en croix ; et c'est de ma terrible femme que je suis surtout victime.

Cette lettre amère, véhémente, épigrammatique, mit fin à tout rapport entre les époux. Byron dépêcha la continuation des Mémoires à son ami Moore, qui la reçut le 22 décembre 1820 (1), la paya 46 francs 50 centimes, inscrivit sur son journal, cette somme qui faisait brèche à son très-petit budget, et se mit en route pour placer, selon les intentions généreuses de Byron, le manuscrit à son profit. MM. Longman, devinant sans doute l'insurrection inévitable de la société anglaise, refusèrent de l'imprimer.

Ce fut alors que Moore, peu rassuré, communiqua le manuscrit à lady Holland, en la prévenant qu'elle y trouverait quelque chose de désagréable pour elle. Elle n'en parut ni étonnée, ni préoccupée. Reine d'un salon puissant, maîtresse d'un groupe politique, titulaire d'un rang élevé, alliée des pouvoirs, elle dédaignait à juste titre ces balles perdues. « I know « perfectly well my station in the world, » répondit-elle. « Je connais parfaitement ma position dans le monde. » Elle garda, en lisant les Mémoires, son aristocratique et superbe sang-froid. Chacun n'était pas aussi paisible et aussi fier qu'elle. On imagina que de terribles révélations se trouvaient contenues

(1) La mysticité de lady Byron (miss Milbauth), ébranlée par ces événements et leur choc, l'a conduite à une demi-infamie. Dans les dernières années de sa vie, elle a imaginé un inceste entre son mari, le poëte fanfaron de vices, et la demi-sœur de ce dernier, excellente femme de famille et de ménage. Ce bizarre conte, transmis à l'Europe par une autre calviniste méthodiste, M⁻ᵉ B. Stowe, a fait beaucoup de bruit.

dans le manuscrit, et Thomas Moore (de les faire paraître) fut assiégé de supplique et de sollicitations. L'innocence des Mémoires, qui, selon lord John Russel, ne demandaient pour être publiés que la suppression de deux ou trois pages cyniques, eût imposé silence à tous ces bruits ; et le strict devoir de Moore eût été de les faire paraître, avec des commentaires, si cela lui semblait convenable. Mais il se laissa vaincre par l'hypocrisie et la terreur. Le manuscrit original fut brûlé par la famille ; et s'il faut en croire les gens bien informés, il en existe encore une ou deux copies en Angleterre.

Moore reçut des remercîments publics, comme s'il eût sauvé la patrie.

« Grâce à vous, lui dit lord Stanhope, l'Angleterre a « échappé à une *pollution.* » Paroles qui lui furent rejetées le endemain textuellement par lord Glocester.

La mystification était donc complète. Moore désintéressa Murray, s'entendit avec lui pour publier une *Vie de Byron*, l'un de ses meilleurs ouvrages et qui lui fut payé très-cher.

On répandit alors dans le monde que les amis de la famille et de lady Byron avaient garrotté Thomas Moore et l'avaient tenu dans un coin de la chambre pieds et poings liés, pendant que ce manuscrit brûlait. La *Vie de Byron* ne s'en vendit que mieux. Affaire étrange, conduite et terminée avec une rare étourderie.

En compulsant les traités originaux passés entre l'éditeur et Thomas Moore, on reconnut que, d'après une clause spéciale du traité, la propriété absolue des Mémoires faisait retour à l'éditeur au moment de la mort de Byron. Thomas Moore avait donc vendu ce qui cessait de lui appartenir.

VIII. — JOURNAL ET MÉMOIRES DE THOMAS MOORE.

Les squibs du Times. — L'âge mûr. — Les souvenirs. — La décadence.

A son retour à Londres il se jette éperdu dans son tourbillon favori ; chanteur, homme aimable, poëte illustre, il voltige plutôt qu'il n'existe.

« Moore, » disait un de ses plus spirituels amis, « est une petite boule de vif argent, qui roule tou-« jours et qui brille. » Cependant il continue son journal avec exactitude ; homme du monde et homme de lettres, il sait qu'on l'imprimera tout vif après sa mort et que la postérité le regarde ; il cause avec l'avenir et continue son babil des boudoirs. Dîners, soupers, bons mots, fines saillies, sourires des duchesses, il enregistre tout.

Il assiste aux funérailles de lord Byron, pleure quelques larmes, puis se défait de son habit et court au Vauxhall avec « de bien jolies personnes », et y passe une soirée délicieuse (1).

(1) *Mémoires de Moore*, tome IV, page 213.

Il écrit toujours, pamphlets, vers passionnés ou sérieux, œuvres d'histoire, œuvres de critique tombent de sa plume étourdiment laborieuse. Il publie des volumes, lui qui n'a de temps ni pour voir ni pour vivre.

La bonne Bessy est là dans son cottage de Devizes et de Sloperton ; il y rentre épuisé de succès, exténué de sa triple vie, reprend haleine et respire.

La politique, s'emparant de cet aimable homme, en a fait un Tyrtée. Pas un ridicule, une faiblesse, une faute des puissants et des gouvernants qu'il n'ait attaqués et combattus, non avec la verve incisive, vigoureuse et philosophique de Béranger, mais par la saillie et la parodie, le calembour et la chanson. Les *squibs* ou petites satires insérées dans le *Times*, épigrammes qui lui ont rapporté autant de guinées que « *Lallah Rookh* », sont des chefs-d'œuvre dans leur genre. Nos *Actes des Apôtres* n'ont rien de plus piquant et de plus vif. Mais il s'est habitué ainsi à n'apercevoir des choses que la facette la plus mince et la puérile superficie, l'enfantillage et la bagatelle. Lié avec les hommes célèbres et les femmes à la mode, il ne voit rien, ne pénètre aucun caractère, ne réfléchit sur rien et ne s'intéresse qu'aux petits détails. Il a dîné avec lord Landsdowne et soupé avec lady Jersey ; l'anecdote racontée par lord Holland est restée dans son esprit. C'est tout ce qu'il sait. Les seigneurs whigs et les belles dames l'ont gâté, il se trouve mal à l'aise avec les simples hommes de talent ou de génie, Lamb, Grabbe et Wordsworth. Il s'arrête à contempler et entendre puérilement le maître de danse Jenkins, qui donne une leçon à une jeune miss : « Mademoiselle, » lui dit-il en lui enseignant le menuet de la cour, « vous êtes un sylphe *femelle ;* il y a longtemps que vous n'avez pas vu votre sylphe mâle. Je suis votre sylphe ; vous me reconnaissez ; vous éprouvez un sentiment de pudeur. Exprimez, exprimez ! » Et Moore note ces belles paroles dans son journal. Roi littéraire de Holland House, homme de plaisir ou de peine plutôt, de tous les concerts à la mode et de tous les bals. Il raconte qu'un soir chez lady Darnley il fut très-malheureux au bal.

« J'avais laissé mon lorgnon à la maison ; j'étais honteux de mon costume assez négligé ; et ma petite servante avait si mal raccommodé mes bas, que je risquais à tout moment de me montrer aux dames en Écossais montagnard. Pour ma misère le duc de Sussex, en me voyant caché derrière une colonne, vint me prendre par la main, et m'attirant en pleine lumière : « Vous êtes superbe, me dit-il, il faut vous mon« trer ! » Les grandes dames l'adoraient et ne le ménageaient pas toujours. Lady Holland, à laquelle il demanda si elle avait lu *Lallah Rookh*, lui répondit vertement : « Non ; deux choses s'y opposent : d'abord c'est oriental, et ensuite c'est in-4°. »

Il payait cher sa souveraineté. Tous les aspirants

littéraires arrivaient à lui. « J'écris, dit-il, des montagnes de lettres ; les escarmouches de correspondances dépensent en pure perte mes munitions de pensée et de temps. » Avec quelle volupté, chaque soir, repassait-il en minutant son journal, les éloges, les triomphes obtenus, les regards et les sourires ! Malheur aux jeunes personnes que le talent du poëte ou du musicien enthousiasmait et qui prenaient la plume pour le lui dire ; elles étaient le soir même cataloguées.

Une Mme Atherston lui écrit : « Monsieur, j'ai
« connu deux géants dans ma vie : l'un qui avait sept
« pieds de haut ; ce n'est pas vous (il en avait cinq
« à peine), et l'autre très-petit, qui est un géant d'in-
« telligence ; c'est vous-même. Je vous envoie des
« pommes, de la crème fouettée, une oie grasse et
« des cornichons. » Une jeune personne qui a lu *Lallah Rookh*, lui adresse sous enveloppe un billet de trois livres sterling. Il va prendre un bain dans Pall-Mall ; la maîtresse des bains le reconnaît. La fille joue et chante les airs de Moore pendant qu'il est au bain. A sa sortie, il est accueilli par la mère qui tient ouvert un volume de ses poésies. « Eh quoi ! Mon-
« sieur, lui dit-elle, vous seriez le M. Moore que j'ad-
« mire depuis 2,000 ans ? Quand reviendrez-vous
« prendre un bain, je vous prie ? » Voilà ce que Thomas Moore se donne la peine d'écrire et de commenter *in extenso*. Il copie jusqu'aux lettres de simple

politesse, celle de M. Langlès qui lui écrit : *Je suis très-heureux de vous témoigner la haute estime*, etc. Le duc de Devonshire lui a serré la main cordialement et n'a salué le duc de Wellington qu'après l'avoir salué. Deux belles dames, lady Jersey et lady Tancarville se sont emparées de Moore et ne l'ont pas lâché de la soirée. La duchesse de Sussex, qui était jalouse, a dit à ceux qui se trouvaient près d'elle : « Voyez « un peu comme elles l'accaparent. C'est à cause de « sa réputation seulement; car elles ne se soucient pas « plus de lui que de rien du tout. » Une dame lui mande, à propos de son mariage, qu'il est *zéphyre puni et fixé*. Un Américain lui apprend que son poëme de *Lallah Rookh* lui a été prêté en Orient, dans je ne sais quelle ville inconnue, par un Persan qui le comprenait et le lisait. Telle comtesse l'invite à dîner : « Sans vous, dit-elle, nous serions horriblement plats. » Tel Irlandais lui propose une souscription pour une statue colossale de lui-même; tel capitaine de vaisseau danois lui écrit : « J'ai besoin d'argent. « J'ai rêvé que ce serait M. Moore qui me prêterait « 100 livres sterling. Je crois aux rêves, je vous de- « mande la réalité. » Un jeune poëte lui adresse une *tragédie* de sa façon. Il absorbe avec délices tout cet encens, même celui des demoiselles qui lui écrivent : « *Vous, Scott et Byron, vous êtes le grand triangulème de la poésie.* » Vanités enfantines, lui-même en rit avec lui.

Les réunions tumultueuses de Dublin, les fêtes de George IV, le salon de mistress Fitz-Herbert, Holland-House, Londres, Venise, Paris entre 1825 et 1845 ! S'il eût été Pepys, Dangeau, Brantôme ou seulement ce vieux bourgeois de Paris, Jean de Troy, quelle précieuse récolte il nous aurait léguée !

Il aimait trop le monde, le monde l'aimait trop. Était-il donc nécessaire de surcharger son carnet de circonstances telles que celle-ci ? « 15 janvier 1823. » « Jour de neige très-désagréable. Nous nous sommes « tous réfugiés dans la serre chaude pour y jouer « au volant ; j'ai joué avec Mlles Bennett. Lord Lands-« downe et lord Stanley ont tenu le volant en l'air « 2050 fois. » — « Je me suis présenté à l'Opéra. On « ne m'a pas reçu parce que j'avais des guêtres. Je « m'étais flatté qu'on ne les apercevrait pas et qu'elles « seraient invisibles comme les papillotes parisien-« nes. C'étaient des guêtres de Paris. » D'autres détails sont plus excusables, grâce au sentiment domestique et de famille qui les dicte ; la postérité pourrait s'en passer. Il lui est indifférent que Mlle Moore ait eu la rougeole et Mme Moore un nouveau chapeau ; que deux dents aient poussé à la petite seconde et que sa mère souffre d'un panaris. Lady Charlemont a le nez aquilin et est très-belle. Moore renvoie sa servante. Ces faits remplissent deux volumes.

Ce que Moore n'oublie jamais, ce sont les bons

mots, les saillies, les pointes de vaudeville, les calembours ; il les collige, latins, italiens, espagnols. Quelques-unes de ses anecdotes ont trait à des gens célèbres. Lord Muskerry, près de mourir, s'écrie : « Je « n'ai rien à me reprocher dans ma vie, ne m'étant « jamais rien refusé. » Payne Knight, le savant et le poëte, n'écoutait jamais ceux qui lui parlaient ; il devint sourd dans sa vieillesse : « C'est faute d'habitude, » dit Rogers. Lord Ellenborough lisant sur la tombe de lord Kenyon, personnage fort avare, ce solécisme latin : *Mors janua vita* pour *vitæ*, s'écrie : *Il économise une diphthongue.* » Un bas bleu persécute le docteur Currie et veut obtenir une définition précise du mot *idée*. Le docteur impatienté lui répond : « Madame, *Idée* est le féminin d'*idiot*. » — « Monsieur « Foote, demande un jour une dame à ce célèbre acteur, est-ce que vous allez à l'église ? — Madame, « répond-il, je ne vois aucun mal à cela. » Pitt s'étant exprimé à la Chambre avec beaucoup de talent et beaucoup d'arrogance, Fox prit la parole et dit : « Le « très-honorable gentilhomme semble avoir la plus « haute idée de sa propre capacité ; c'est la seule de « toutes ses opinions que je puisse partager. » Un whig violent avait fait allusion à l'amitié connue de lord Liverpool, et le roi s'était écrié : « Vous le con- « naissez, ce mauvais génie qui se tient tapi derrière « le trône !.. » Après ce discours, lord Liverpool se lève et dit : « Monsieur le président, je ne suis pas un

« mauvais génie; je ne me tapis par derrière un
« trône. Je suis membre des Communes pour la petite
« ville de Rye, que je représente au physique et au
« moral. » Lord Landerdale, qui voulait-être plaisant
dans ses discours, n'y réussissait guère. Un jour Shéridan, entrant à la Chambre, s'étonna du silence
morne qui y régnait : « Je vois ce que c'est, s'écria-t-
« il, Landerdale vient de plaisanter. » Un domestique
de Shéridan renverse plusieurs réchauds de table,
qui font beaucoup de bruit en tombant. Le maître se
retourne furieux : « Combien d'assiettes avez-vous cas-
« sées ? — Pas une, monsieur, répond le domestique.
« — Imbécile! répond Shéridan ; et vous faites tant de
« bruit pour rien ! » L'oncle de Shéridan l'avait déshérité. Le neveu rencontre l'oncle, qui le traite avec la
dernière dureté et lui dit : « D'après la loi anglaise,
« monsieur, vous n'aurez qu'un schilling de tout mon
« héritage ! — Mon oncle (reprend le neveu en lui tendant la main), si vous aviez ce schilling-là dans votre
« poche, vous seriez très-estimable de me le donner. »
C'est à Fox qu'appartient cet autre mot excellent sur
la gravité apparente de Thurloe : « Il n'est pas facile
« d'avoir la sagesse dont lord Thurloe se donne les
« airs! »

IX. — DERNIÈRES ANNÉES DE THOMAS MOORE.

Édition complète. — Journaux publiés par John Russell.

Cependant la vie avance; l'ombre s'étend sur le

chantre des amours, à cinquante-cinq ans ; il est bien reçu partout, troubadour et poëte lauréat de l'opposition et sans aucune fortune. La douce Bessy l'encourage et le soutient ; ses protecteurs ou plutôt ses amis, lord Russell, lord Landsdowne, le traitent toujours bien ; mais la verve commence à tarir et l'enfant gâté fait de tristes retours sur lui-même. Il a publié l'*Épicurien*, mauvais roman philosophique. Voici venir l'âge où la légèreté du dandy, la dissipation des bals et même la puérile causerie et les romances chantées au piano ne sont plus de saison. En politique, il s'est détaché de lord Russell, son généreux et constant ami, dont le plan de réforme lui semble imprudent et dangereux. Il le lui dit, et Russell le combat doucement. Thomas Moore n'était pas fait pour devenir et n'a jamais été un homme politique.

Malgré cette dissidence, lord Russell conserve pour lui une tendre amitié, une affection mêlée d'estime et d'un peu de pitié délicate. Nous ne pensons pas que ce soit par négligence et par oubli qu'il a laissé publier sans beaucoup de commentaires et d'explications les journaux du poëte. C'est lui qui leur a donné cet excellent exergue : *Spirat adhuc amor ;* allusion heureuse à toute la vie de Moore.

Cette vive intelligence s'affaissa progressivement. Une impuissance complète acheva de l'ensevelir dans ces ténèbres plus que sépulcrales qui environnèrent les derniers jours de Southey, de Walter Scott et de

Swift. Il expira. Son ancien ami lord Russell ne fit point défaut au convive de sa table, à l'hôte de ses domaines, à son compagnon de voyage, au mari de miss Dilke mourant sans fortune.

La publication des huit volumes de journaux de Thomas Moore fut l'accomplissement d'une promesse sacrée faite au poëte par lord Russell.

Thomas Moore s'est plongé avec trop d'ardeur dans le courant du monde, et il a escompté ainsi sa gloire, son talent, sa vie. Le monde qui aime qu'on le serve lui a payé son légitime salaire en paroles délicates, en bon accueil, en considération, en honneur, en bienveillance, en renommée et même en fortune que l'étourdi n'a pas recueillie avec soin et placée à intérêt livré, mais qui lui était libéralement offerte. Cette immolation du poëte livré au monde lui a donné une gloire viagère, l'éclat d'un nom populaire, et a doré un long triomphe acheté par un long sacrifice ; la pauvreté sous des apparences brillantes ; enfin la décadence de la gloire après l'exagération du succès. Les œuvres solennelles de Moore reposeront oubliées dans le cénotaphe des bibliothèques. *Lallah Rookh*, animé d'un souffle factice et d'un sentiment théâtral, bien rimé, bien rhythmé, agréablement composé, a quelque chose d'artificiel qui sent l'opéra.

Les *Chants irlandais* et patriotiques de Moore constituent son vrai titre à l'admiration de la postérité et à notre estime. Là vivent les accents de colère, les cris de joie, les appels d'amour, les cris de vengeance de sa race infortunée.

Moore est vrai, touchant quelquefois, même sublime en chantant son cher pays et pleurant les misères invétérées d'Irlande. Quand on a été vrai, on a des droits au cœur des hommes ; longtemps la jeune fille de l'Ulster, le mineur irlandais en Australie, la duchesse dans son castel et le pionnier d'Amérique répéteront les mélodies de Moore, celle-ci par exemple :

« *Souviens-toi, souviens-toi de ton pauvre pays !* »

un chant naïf et des paroles touchantes, qui ont été accompagnés par bien des larmes et qui ont consolé bien des âmes.

LE
ROMAN DE MŒURS
EN ANGLETERRE

LE
ROMAN DE MŒURS
EN ANGLETERRE

VANITY FAIR, BY WILLLIAM MAKEPENCE THACKERAY.

Le romancier occupe une grande place dans la littérature moderne, et cette place est légitime. A lui seul il appartient de reproduire la complexité singulière des époques de décadence, traits bizarres, caractères mêlés, arabesques et enroulements étranges, reflets variés. Il est le raconteur, l'analyste, le poëte épique en prose des temps qui, privés de simplicité, de grandeur et d'unité, cachent des profondeurs mystérieuses et des gouffres redoutables. Après que le lyrisme a fait retentir le cri des passions, des regrets et des désirs, on voit le drame s'ensevelir sous les décorations; puis le roman, narration animée, infinie, reployée sur elle-même en mille détours pleins de caprices, vient exercer sur la foule une magie irrésistible. Malheureusement, c'est une forme littéraire facile autant que séduisante. Le raconteur en prose, maître de ressources sans bornes, oublie aisément les contraintes de l'art; le talent, quelque vigoureux qu'il soit, a besoin de discipline. Ici elle manque absolument. Le romancier est invité par l'exemple des plus grands noms à publier son œuvre par fragments, par feuilletons, par livraisons détachées, dont la succession peut se prolonger démesurément, pourvu que l'intérêt du récit se maintienne ou renaisse. Point de rhythme, de cadre, de limites; les aventures s'enchaînent aux aventures, les caractères aux caractères. On peut suspendre, reprendre, interrompre, varier, contredire au gré de la fantaisie le récit commencé. Des éléments si fluides, un moule si commode, un public si complaisant ne tournent guère au profit de l'art. Les hommes les mieux doués, tels que Walter Scott et Dickens, ne résistent pas à ces entraînements. Chez tous, ainsi que chez Richardson, qui procédait comme eux, il y a des longueurs, des redites et des faiblesses. Un romancier à la mode vit dix ans tout au plus, la vie d'une constitution chez les peuples qui se constituent. Il se voit remplacé de son vivant par un nouvel improvisateur de fictions, adorées à leur tour. Pourquoi nous plaindre de cette succession rapide et de cette perpétuelle émission? C'est à nous de jouir du talent; c'est à la postérité de choisir les chefs-d'œuvre. Ainsi sont éclos les trente volumes de Walter Scott, les vingt volumes de Bulwer et tous les romans de Dickens. M. William Makepence Thackeray se présente à son tour, et ses titres valent au moins ceux des dynasties auxquelles il va succéder.

Il a même sur quelques-uns de ses prédécesseurs l'avantage d'avoir vu et observé beaucoup plus de choses, d'hommes et de pays. Son horizon est infiniment plus vaste que celui de Walter Scott. Jeté çà et là, comme Énée, par les incidents de sa vie, il a conversé avec l'étudiant allemand *Schlafrock*, avec le jeune élève de nos ateliers de peinture coiffé de son feutre pointu; il connaît aussi bien les tables d'hôte musicales des bords du Rhin que les *clubs* de Londres et les cercles de Paris. Il s'est mêlé aux illustrations majestueusement stupides que les Indes orientales renvoient à l'Angleterre et aux habitués de Tortoni. C'est donc un homme d'expérience et de savoir-vivre, qui ne fait pas du style pour noircir des pages, un homme qui a beaucoup senti et beaucoup souffert : inévitable loi de tous les talents originaux. Les livres ne sont que de l'expérience dramatisée.

Né à Calcutta, en 1811, fils d'un *civil servant*, c'est-à-dire d'un employé supérieur de la Compagnie (et l'on sait de quels revenus et de quelle considération jouissent les *civils servants* anglo-britanniques), il perdit son père dans la première jeunesse, et fut envoyé en Angleterre. Comme la plupart des radicaux et des libéraux, il était noble de race, et fut élevé à la façon de ses pareils, d'abord dans l'école « d'un horrible tyran, » c'est ainsi qu'il l'appelle, ensuite à Charterhouse et à Cambridge, où il fut le condisciple de Warburton, de Kinglake et de Monckton Milnes. Les punitions corporelles, le *fagging*, système analogue aux épreuves et aux humiliations dont quelques-unes de nos écoles militaires ont conservé la trace, le despotisme des grands sur les petits, des anciens sur les nouveaux, et d'un pédantisme insensé sur les jeunes intelligences, semblent avoir laissé dans son âme une impression amère et profonde ; ces misères et ces douleurs de la vie à son début se reproduisent souvent dans ses œuvres ; on y retrouve aussi l'image de sa mère, femme d'une supériorité rare et d'une grande beauté.

Elle s'était remariée. Avec ses 20,000 francs de rente, et comptant hériter de son beau-père, qui l'aimait beaucoup, notre jeune homme, parfaitement paresseux, fumant, flânant, dévorant des romans et des livres de toute espèce, se livrait avec délices à un genre de talent peu lucratif, celui de faire des caricatures. Après un séjour d'une année dans une petite ville d'Allemagne, il revint s'établir à Londres où il fit semblant d'étudier pour le barreau. En réalité, il se ruinait ou se laissait ruiner ; avec un petit patrimoine, beaucoup d'esprit, d'insouciance, de sociabilité, de bonne humeur et de penchant pour les plaisirs, cela n'est pas difficile. A vingt-trois ans, William Makepence Thackeray n'avait presque plus rien, et la fortune de sa famille était aussi compromise. Les esquisses de sa jeunesse lui revinrent en mémoire. Il imagina de se faire peintre, et vint à Paris, où il ébaucha de médiocres aquarelles. Cependant son beau-père, ayant fondé à Londres un journal qui ne réussit pas, *the Constitutionnel*, jetait et perdait dans cette affaire la plus grande partie de ses capitaux. Le fils, qui venait d'épouser à Paris une Irlandaise appartenant à une bonne famille de province, était devenu tout naturellement le correspondant parisien du journal de son beau-père. Ce premier pas dans la carrière des lettres était modeste assurément, mais sa veine était trouvée.

C'était la vérité du style et de l'idée, — l'observation fine, franche, satirique, sans prétention, — plutôt le trait de l'homme du monde et sa malice que la formule de l'auteur. Il adressa au *Frazer's Magazine*, recueil tory qui aime et cherche l'originalité, une bouffonnerie qui eut du succès, les *Yellow plush papers*. C'est un laquais qui se fait critique et qui rend des arrêts dignes, bien entendu, de sa *culotte de peluche jaune* (yellow plush) et de son bon goût aristocratique. On trouva de la verve et de la grâce, surtout de la facilité et une absence complète d'affectation dans cette plaisanterie, qui, renouvelée récemment par l'auteur sous le titre de *Jeames' Diary* (*Journal secret d'un valet de chambre*), est devenue plus populaire encore.

On ne pouvait lui contester le titre d'homme d'esprit ; son rang littéraire restait incertain. Protégé par quelques-uns des plus remarquables arbitres de la presse anglaise, par le brillant et profond Carlyle, par M. Stirling et M. Barnes, il écrivit des articles de critique pour le *Times*, et pour le *Frazer's Magazine* une narration satirique dirigée contre les romans de philanthropie véhémente, alors à la mode en Angleterre, importés depuis chez nous, romans peuplés de galériens tout aimables et de bourreaux métaphysiques. Le public, blessé de voir ses goûts attaqués vivement, n'accueillit point *Catherine*. Une grande calamité domestique vint alors atteindre M. Thackeray dont la femme devint folle pendant un voyage qu'il faisait en Irlande. Ses plus mauvais jours reparurent ; quelques amis vinrent à son secours, et, dans cette circonstance pénible, l'éditeur Frazer, avec qui il était brouillé, lui ouvrit généreusement sa bourse. Un conte délicieux, le *Grand Diamant Hoggarty*, un livre d'*Esquisses irlandaises*, les *Snobs* et plusieurs autres séries très-piquantes insérées dans le *Polichinelle* (*Punch*) accrurent sa réputation. En 1845, de retour d'un voyage en Orient et en Italie, il opposa aux emphatiques et pittoresques descriptions de ses confrères les voyageurs un petit volume d'esquisses comiques, *Voyage de la rue Cornhill au*

Grand-Caire. Cette parodie des prétentions touristes plut assez; mais le ton en était leste, et le public est mécontent quand on le dérange dans ses admirations. D'autres livres, pleins de redites et de régularité, parfaitement ennuyeux, conformes de tout point au jargon politique et religieux qui était en faveur, l'emportèrent auprès des gens graves. M. Thackeray ne s'était pas donné pour un grand philosophe, mais pour un bon enfant sans façon, et on le prenait pour tel; rien de plus. Le *Bal de Mme Perkins*, charmante esquisse, et la *Rue que j'habite* (our street), n'avaient pas dû donner de lui une idée beaucoup plus solennelle. L'un et l'autre de ces petits ouvrages sont accompagnés d'esquisses au trait et au burin gravées par l'auteur lui-même, et qui sont excellentes dans leur genre. Ce ne fut qu'aux derniers numéros de *Vanity Fair*, qui se publiait par livraisons, que l'on s'aperçut qu'un nouveau romancier venait d'éclore, non-seulement un satirique et un philosophe, mais pour certains vices de race anglaise un formidable assaillant.

Vanity Fair est une attaque des plus vives et, il faut le dire, des plus dangereuses contre la société anglaise. A ce point de vue, nous ne savons trop si M. Thackeray a raison, ceux qui ont vécu dans les sociétés détruites apprécient beaucoup les peuples qui se maintiennent, même avec de grands défauts. Oui, monsieur Thackeray, ces masques vous révoltent ; l'hypocrisie circule dans votre grand bal, dans votre *foire aux vanités* de la Grande-Bretagne, sous des costumes brillants ; les ressorts de la vie anglaise sont souvent misérables et ridicules, mais la société qu'ils font mouvoir a un avantage important : elle vit.

Au moment où la société de Louis XIV s'écroulait, où celle de Louis XV naissait pour se détruire elle-même et s'engloutir, *Gil Blas* parut ; Lesage essuya le fard, détruisit les apparences, souleva les masques. Les livres de l'espèce de celui de M. Thackeray, qui raille l'hypocrisie avec une étincelante verve et une brillante vigueur, annoncent, dans un avenir plus ou moins éloigné, la chute ou la destruction progressive des institutions qu'ils parodient. M. Thackeray bat en brèche les mœurs anglaises actuelles, toutes fondées sur l'aristocratie et sur l'ascension permanente, normale, des classes secondaires et inférieures se confondant avec les classes nobles. Aussi la publication de *Vanity Fair* a-t-elle produit une vive impression, presque un scandale.

Qu'est-ce donc que *Vanity Fair*? Nous allons le dire.

Avez-vous jamais visité quelque foire de village en Angleterre, en Allemagne, en Flandre, pays où la tradition de ces vieilles fêtes populaires n'a pas entièrement disparu? Que de personnages ! quelle foule bigarrée ! que d'illusions et quel vacarme! Des saltimbanques s'exercent, des escamoteurs enchantent le peuple, des sorciers transforment l'eau pure en vin de Bourgogne et font sauter la muscade. Ici l'on danse, là on se grise ; plus loin la loterie fait briller ses espérances et leurre d'un éternel prestige les imaginations avides. On achète de vieilles porcelaines ébréchées pour du vrai saxe, et des bijoux de chrysocale pour de l'or. Tout le monde est trompé, tout le monde est joyeux. C'est un vrai sermon moral en action qu'une promenade au milieu de tant de vanités et de folies. Géants factices, prestidigitateurs hardis, magiciens frauduleux, musique bruyante, absence de repos et de réalité, beaucoup de bruit, peu de plaisir, partout des masques, les habiles se mêlant à la foule et les dupes plus satisfaites que les clairvoyants : n'est-ce pas la société elle-même dans un état de civilisation extrême ? Là-bas, sur ces tréteaux qui sont plus en vue, ces marionnettes splendides, ce sont les gens du grand monde. Il y a longtemps que, sur un énorme cahier qui est resté blanc, j'ai inscrit ces mots : *Mes Acteurs*. Je comptais y reproduire avec une fidélité entière les caricatures tristes et gaies qui nous environnent tous depuis le berceau ; *Arlequins* sérieux qui nous saluent du haut de leur grandeur éphémère et tâchent de faire un sceptre de leur batte ; *Pierrots* politiques ou spéculateurs ; *Cassandres* littéraires : le métier m'a soulevé le cœur. En France, d'ailleurs, on a renversé les tréteaux, foulé au pieds les masques, battu les passants, pillé les échoppes, et mis le feu aux quatre coins de la foire. Il ne fait plus bon s'y promener. *Arlequin* est devenu bandit, et *Pierrot*, dont je ne peux plus rire, est là, avec sa dent noire et sa main crochue, tout prêt à me voler ma défroque. Au lieu de gambader artistement sur la corde raide, les uns sont apostés le pistolet en main au coin de leurs labyrinthes métaphysiques ou derrière leurs pamphlets crénelés; les autres fuient dans les bois avec un peu de butin qu'ils vont ensevelir. Jamais la foire aux vanités françaises n'offrit un si triste spectacle.

Parlez-moi de la société anglaise de 1815, voilà une société bien en ordre dont il est amusant de soulever les masques et de fureter les recoins. M. Thackeray, en écrivant sa *Foire aux Vanités* (*Vanity Fair*), dont il a emprunté le titre à un épisode du *Pilgrim's Progress* de Bunyan, n'a pas eu d'autre but. Les marionnettes anglaises de toute condition et des deux sexes y paraissent l'une après l'autre, jusqu'à ce que monsieur le commissaire ou le diable les emporte. Excepté Gil Blas, je ne connais pas de fiction plus vraie ; elle l'est trop, si on veut la juger en artiste. C'est une succession de personnages et de portraits d'une réalité extraordinaire, d'un dessin net, qui passent devant vous en vous disant : « Me voici. » Vous rencontrez bien du mensonge et du *cant* dans ce monde-là ; heureuses les sociétés qui peuvent encore se courroucer contre le mensonge ! Pour qu'il y ait des tartufes, il faut que la vertu soit honorée, et que le bien moral rapporte quelque chose. Malheur aux peuples qui récompensent l'orgueil du mal, l'hypocrisie du désordre et la fanfaronnade de la folie ! Tant qu'il y aura des hypocrites et des tartufes, la société britannique subsistera ; sa vie est surtout dans ce respect aristocratique auquel elle n'est pas encore infidèle ; une fois l'aristocratie atteinte et blessée, tout croulera pierre par pierre.

Dans la société anglaise de 1815, l'ordre est complet ; les masques cachent les visages ; et chacun est à son poste. Le titre, si vous voulez, sera : *les Marionnettes anglaises*, ou *Tout ce qui reluit n'est pas or*, ou les *Coulisses de la société britannique*. Quel que soit le mot que vous choisissiez, le fond restera le même : une promenade dans cette *Foire aux vanités*, un coup d'œil sur la société anglaise de 1815, si touffue, si baroque, si orgueilleuse, qui valait peut-être moins que celle d'aujourd'hui, mais qui se distinguait par une originalité curieuse et unique. Exemple du caractère semi-européen que les rapports actuels de l'Angleterre avec le continent lui font revêtir, elle était pleine d'étrangetés et de préjugés antiques ; le rôle de Gil Blas ou de Figaro y était plus pénible et plus difficile qu'aujourd'hui. C'est au milieu de ce monde que nous conduit M. Thackeray, et ce que nous aimons en lui, c'est qu'il n'exagère aucune image. Il est diffus sans façon, sans emphase ; il ne crée pas de monstres, et ne force point des crimes gigantesques à sortir de son écritoire. Grâce à lui, les coulisses de la société aristocratique et bourgeoise vous ouvrent leur porte. Pénétrez-y ; vous y verrez cent figures roses et gaies, qui, privées de leur fard, perdent leur beauté. Ces formes agréables, ces blanches épaules, ces dents de perles, disparaissent ; il n'y a plus que des squelettes.

Le caractère particulier de M. Thackeray, c'est l'absence de toute recherche. Il ne peint pas, il burine ; ses figures ont un très-vif relief et une extrême précision de contours. Vous les reconnaissez ; ce sont des vivants. Quel est l'homme qui dans son cercle intime ne possède pas une admirable collection de portraits ? La plupart ne sont reproduits et saisis par aucun artiste ; ils se perdent dans la vague obscurité de la vie privée, faute d'un Homère, *quia carent vate sacro*, et c'est dommage. Si chacun passait en revue les originaux de sa connaissance et les grotesques qui l'environnent, qui ne ferait pas un bon roman ? L'auteur lui-même devrait s'y placer. Spectateur et acteur, comme il serait la plus isolée de toutes ses marionnettes, son isolement le rendrait extraordinaire ; ne tenant à rien dans cette cohue, sa position constituerait son étrangeté. Il ferait, chose excellente, des romans sans héros. Est-ce qu'il y a des héros autour de nous ? Dieu soit loué ! La nature toute seule n'en fait pas.

M. Thackeray, en procédant ainsi, a écrit un beau livre, le meilleur roman anglais de cette époque, une vaste chronique, comparable pour la longueur à nos plus fameux contes de 1840. Publiée à l'instar de ces mêmes œuvres, par livraisons détachées, elles manquent nécessairement, comme elles, de concentration et de concision. C'est une merveilleuse forêt de caractères, de détails, d'incidents et d'observations microscopiques. Il y a de l'analogie entre ce talent d'observation et celui de M. de Balzac. Ce dernier analyse surtout les détails corrompus et s'y complaît ; M. Thackeray les fait seulement deviner ; il laisse la queue de la sirène plonger au fond de l'eau où elle enlace des cadavres et glisse sur des immondices. C'est la joie de M. de Balzac de nous entraîner dans ces profondeurs, et certes on ne peut mettre dans une telle œuvre plus de talent et de sagacité puissante. Le malin plaisir de M. Thackeray est d'indiquer ce qu'il ne montre pas.

J'espère que son *Histoire anglaise* de 1815 vous amusera. En la récrivant et l'abrégeant avec une abnégation complète de toutes prétentions personnelles, comme faisaient jadis des gens qui me valaient bien, Pierre Bayle, l'abbé Prévost et le brave Daniel de Foë, j'essaie un métier ingrat dont personne ne me saura gré. Ces caractères vrais, piquants, profondément burinés que M. William Makepence Thackeray a placés sur son théâtre anglais, éclairé par des lumières toutes britanniques — et que l'on ne comprendrait pas — je voudrais les faire goûter en France. De huit volumes in-8 tout au moins et qui ont valu de la gloire et une légitime fortune à leur auteur, j'ai fait un petit volume au plus sans aucune gloire pour moi ; ceux qui aiment l'observation, la pensée, le talent original, estimeront que j'ai bien fait.

I. — RÉBECCA SHARP ET AMÉLIE SEDLEY.

La vie humaine en Belgique, l'an de grâce 1815, peu de temps avant Waterloo, était chose curieuse et mêlée. On s'amusait beaucoup à Bruxelles et à Gand, villes remplies d'Anglais dont la froideur constitutionnelle et l'étiquette convenue fondaient et disparaissaient dans l'immense tumulte joyeux et la confusion presque démocratique du moment. Il y avait là jusqu'à des amateurs, par exemple le nabab Joseph Sedley, le gastronome collecteur des impôts britanniques à Boggleywollah. Il était plus beau et plus dandy qu'à son ordinaire. En vain chercherions-nous en France le type de ce nabab gastronome, estomac infatigable, bienveillant envers quiconque respecte sa vanité et ses plaisirs, et venant assister en bâillant à une bataille qui décide du sort du monde. Tel était Joseph Sedley, revenu des Indes récemment à l'Opéra de Bruxelles, près de sa sœur en habit à la polonaise orné de miraculeux brandebourgs et se posant tour à tour comme don Juan et comme Achille, mangeur de cœurs et foudre de guerre. Nous retrouverons plus tard cet innocent original, spécimen assez commun dans l'Angleterre de ce temps-là. Du côté de la France étaient le sérieux tragique, l'ardeur de ressaisir le pouvoir perdu et aussi le triste pressentiment de l'avenir; du côté des Anglais, je ne sais quoi de plus enfantin et de moins civilisé se mêlait aux terribles intérêts qui allaient se débattre et se décider. La société britannique bourgeoise avait été tenue dans une profonde ignorance des affaires continentales; c'est à la bourgeoisie qu'appartenaient le nabab Sedley, la petite Amélie sa sœur, mariée à George Osborne, et Osborne lui-même, officier d'infanterie dans l'armée anglaise.

En face de Sedley et de sa sœur, accompagnés d'une grosse femme de colonel *enturbanée*, se trouvaient trois personnes que contenait une avant-scène et entre lesquelles cette conversation eut lieu :

« Connaissez-vous cette belle dame à turban jaune avec un oiseau de paradis et une énorme montre au côté? Bon ami, qu'est-ce que cela peut donc être? »

La personne qui parle ainsi, Rébecca Sharp, femme du capitaine de dragons, Rawdon Crowley, n'est pas d'une beauté régulière; petite et bien faite, son front est haut et lisse; ses sourcils droits se rejoignent et se touchent; son œil clair et transparent étincelle de cette clarté verdâtre que les Grecs estimaient si fort et qui donne au regard une expression extraordinaire. Des cheveux blonds d'une extrême finesse et d'une teinte dorée, où se jouent des reflets brunâtres, retombent sur des épaules d'une forme exquise et d'une parfaite élégance. Rébecca, toujours polie avec son mari dans l'intérieur, était en public tendre et charmante pour lui.

« Dans la loge en face ? demanda un gros monsieur d'une cinquantaine d'années, enfoncé dans une cravate gigantesque, le front chauve, les moustaches convenablement frisées et cirées, portant à sa boutonnière toute une brochette d'ordres étrangers, cette femme étonnante à côté d'une jolie personne en blanc ?

— La jolie personne en blanc est Amélie. Les jolies personnes ne vous échappent pas, mauvais sujet !

— Je ne connais qu'une jolie femme au monde, » dit le général (car c'était le vieux général de division Tufto, baronnet que vous pouvez admirer tous les jours du côté de May-Fair à Londres ; ses cheveux jaunes sont devenus bruns, et ses favoris reluisent au soleil d'une splendeur d'ébène). Il prononça ces mots en véritable homme de bonne compagnie dans le dialecte de 1815, maintenant passé de mode. L'Angleterre change de patois toutes les cinq années, et la vraie langue anglaise, la langue sociale, devient tout à fait inintelligible après ce laps de temps. Les romans de Dickens sont écrits dans un dialecte que personne ne comprendra en 1880 ; tel journal (*le Polichinelle* par exemple) est plus étrange pour un Français de Paris que du danois ou du lapon. A l'époque dont je parle, *dem fine gal egad!* voulait dire : « Voilà une bien jolie personne ! »

Le bras rond et blanc de la jeune femme aux yeux d'opale s'étendit un peu ; souriante elle frappa légèrement le général sur la manche de son habit avec le bouquet placé sur le devant de la loge. Derrière ces deux personnes, un monsieur en gilet blanc et en cravate noire, debout, ne paraissait pas accorder la moindre attention à ce qui se disait autour de lui. C'était le mari, qui lorgnait les loges supérieures avec une persévérance extraordinaire. Cependant Amélie, la jeune femme en blanc, et George Osborne, son mari, avaient de leur côté reconnu Rébecca Crawley, la femme du capitaine de dragons, compagne et amie de pension d'Amélie.

En moins de rien, George sortit de sa loge, se dirigea vers celle du général, et, après avoir salué Crawley dans le couloir, trouva le numéro qu'il cherchait.

« *Entrez!* » cria une petite voix claire sans être aigre, celle de Rébecca. Elle se leva vivement et tendit ses deux mains à George d'un air naïf, charmant et joyeux. Le général à la brochette enfonçait gravement et tristement son menton dans sa cravate, et ses yeux, fixés sur le nouveau venu d'un air fort boudeur, semblaient lui demander : *Qui diable pouvez-vous être ?*

« Ce cher George ! reprit Rébecca. Que c'est aimable à vous de venir ! Nous étions là, tête à tête, le général et moi, comme vous voyez, et nous ne nous amusions pas du tout. Général, c'est le capitaine George, dont je vous ai parlé souvent.

— Ah ! dit le général, en inclinant fort peu la tête. A quel régiment appartient le capitaine George ?

— Au vingt-septième. »

George aurait donné tout au monde pour avoir à prononcer une réponse plus satisfaisante et moins vulgaire.

« Un régiment qui revient des Indes. Il n'a pas fait grand'chose ; vos quartiers sont ici, capitaine George ? »

Tout cela était dit avec une hauteur et une froideur glaciale.

« Général, reprit Rébecca, vous êtes insupportable. Ce n'est pas le capitaine George, c'est le capitaine Osborne, le mari d'Amélie, ma compagne, une charmante enfant !

— Le capitaine Osborne ! Ah !... Êtes-vous parent des Osborne de Fevercombes ?

— Nous portons les mêmes armes, » répondit le capitaine en rougissant, et cela était vrai, car le père

Osborne les avait achetées et gardées. Le général ne répliqua rien, mais promena son lorgnon du haut en bas de la salle, tout en dirigeant par-dessous le lorgnon, ce dont Rébecca s'apercevait très-bien, des regards terribles sur Rébecca et sur George. Elle redoubla de cordialité envers le nouveau venu.

« Cette chère Amélie ! comment va-t-elle ? Je n'ai pas besoin de le demander, elle est si jolie ! Et cette dame à côté d'elle avec une bonne figure toute riante, est-ce une de vos passions, George ? Vous autres, vous vous gênez si peu ? Et le frère nabab, qui mange une glace, comme il la savoure avec plaisir ? Général, pourquoi n'avez-vous pas fait venir des glaces ?

— Voulez-vous que j'aille vous en chercher ? reprit le général qui crevait de rage.

— Non ; je vais voir Amélie dans sa loge. Donnez-moi le bras, George ? »

Ils s'engagèrent dans le couloir, et le regard aiguisé de Rébecca disait clairement à son cavalier : « Voyez-vous, George, comment je mène mon monde ? Pauvre général ! La bonne dupe ! »

Osborne n'entendait que la voix de sa vanité personnelle, qui lui criait : « Vous êtes irrésistible, et cette femme-ci, comme toutes les autres, cède aux enchantements de votre personne. »

Il y avait six semaines que le mariage de George et d'Amélie avait eu lieu, et déjà l'étourdi George se permettait une demi-infidélité ! « On m'aime, serais-je plus modeste et plus puritain qu'un autre ? se demandait-il tout bas. Voici une jolie femme qui se jette à ma tête et je n'en profiterais point ! quelle folie ! Rébecca m'adore ! » Il n'en était cependant rien, et le beau George Osborne, fils du riche Osborne de la cité, dupe de son amour-propre et des fascinations de Rébecca Crawley, n'était pas de force contre elle. Dans ses manéges d'opéra, de salon, de boudoir, de loge et de coquetterie, notre amie Rébecca se sentait souveraine ; personne, gens de cour ou diplomates, ne l'aurait battue sur ce terrain.

Qui est-elle après tout ? fille d'un artiste bohême et d'une danseuse française, sans fortune et sans nom, mariée à un brutal qui vole au jeu et que l'on connaît pour un *grec;* c'est elle qui dans ce récit tiendra le premier rôle ; d'une souplesse et d'un esprit rares, elle n'a de haine contre personne et joue simplement aux échecs avec la vie. Elle se trouve bien partout, pourvu que le jeu continue. Si elle triche, c'est pour s'entretenir la main. De temps à autre elle devient honnête et casanière, se cantonne au sein de la vertu et s'y repose ; alors elle aime à vivre de la vie ordinaire, se fait grave et respectable et se délecte dans la paix. Puis, ce grand effort la fatigue ; elle reprend sa course et vole à la conquête, qui, par parenthèse, est pour elle un problème des plus incommodes. Comment Rébecca, ce chasseur adroit et hardi aux succès duquel on s'intéresse, bon gré, malgré, renversera-t-elle les obstacles? Comment frayera-t-elle sa route dans une forêt si épaisse? Comment parviendra-t-elle à être acceptée par l'aristocratie, à être même présentée à la cour? C'est le sujet de notre histoire ; autour de la bohémienne se groupent en outre trois familles anglaises, deux appartenant à la bourgeoisie, une à la noblesse.

Chacune de ces familles forme un petit monde dont les annales ont de l'intérêt. Les Crawley datent seulement du seizième siècle, Élisabeth les a anoblis. Les Sedley sont de braves commerçants, modestes, actifs, intelligents, économes. Enfin les Osborne, fabricants de chandelles, négociants en gros, plus orgueilleux que les Plantagenet, aspirent à se confondre avec l'aristocratie féodale de l'Angleterre. On reconnaît aisément que ce sont là trois fausses aristocraties, trois noblesses d'emprunt. Nous verrons sourire et pleurer toutes ces figures, ces trois familles se mouvoir dans leurs sphères respectives ; les Sedley, les Osborne, les Crawley, accomplir leurs ellipses variées, et, au milieu de tous ces mouvements, le front puissant, l'œil d'opale et le nez pointu de miss Rébecca Sharps dominer toute la scène. A Dieu ne plaise que je représente sous leur vrai costume les acteurs de mon drame ! Leurs actions paraîtraient ridicules sous de tels habits, tant la mode passagère exerce d'empire et d'influence ! La charmante Amélie, aux beaux yeux noirs et aux formes si pures, vous ne

voudriez pas la voir en robe sans taille et en chapeau
« cabriolet », semblable aux vieilles figures de Boilly
et de Carle Vernet. A Bruxelles surtout éclataient
ces merveilleuses toilettes britanniques, irlandaises,
écossaises et welches, qui firent notre bonheur
en 1815 ; quelles tailles et quels chapeaux !

La scène que je viens de décrire, et qui se passait
à l'Opéra de Bruxelles en juin 1815, cachait bien des
péripéties et se rattachait aux destinées des trois familles anglaises dont j'ai parlé. Le général Tufto,
Rawdon et Rébecca vivaient de compte à demi, dans
une espèce de société à trois, fréquente dans les
grandes villes, invention complexe des civilisations
raffinées. Le monde en parlait un peu ; mais, dans un
moment de désastres et de bouleversements si terribles, on avait à s'occuper de bien autre chose que de
Rébecca et de son mari. Pour exécuter leurs rouéries,
Rawdon et Rébecca ne s'entendaient pas en paroles
expresses. Ces excellentes gens ne se disaient pas :
« Nous allons attraper l'argent de George ; » il n'y
avait pas de conspiration flagrante et avouée contre
les bourses de leurs amis ; mais le mari savait sortir
à point nommé ; la femme, debout derrière le fauteuil du joueur, souriait à l'instant favorable ; ces
deux vices se comprenaient sans se parler, et tout
allait pour le mieux.

Les emplois tenus par Rawdon Crawley et Rébecca
sa femme disent assez quelle part ils prennent à la

grande chasse aux plaisirs et aux écus. Ils vont d'autant plus vite qu'ils sont légers de scrupules. L'un est le bras, l'autre la tête. Rébecca l'aventurière dirige Rawdon le faiseur de dupes ; la lutte d'une femme sans crainte et sans principes devient effroyablement dramatique dans une société aussi mêlée, aussi serrée, aussi entrelacée que la société anglaise. Imaginez Figaro en jupe. Que n'osera-t-elle pas ! La femme ose tout et se dépêtre cent fois mieux que l'homme des difficultés extrêmes. La spirituelle Rébecca, Gil Blas féminin, court donc comme son prototype et avec un bien plus grand désavantage la bague d'une société ennemie qui se refuse à lui faire place. Pauvre Rébecca ! contons l'histoire de ses premiers pas dans la vie, cruelles épreuves qui lui laissèrent l'ardent désir de la vengeance.

Mme Pinkerton, superbe et magnifique échantillon de ce pédantisme féminin qu'il faut observer et admirer en Angleterre, dirigeait la pension où, âgée de quinze ans, Rébecca fut conduite pour y demeurer. L'esprit rigidement formaliste de la maison la suffoqua ; les prières et les repas, les leçons et les récréations, se succédant avec une régularité convenue, lui furent insupportables. Elle regardait en arrière et regrettait si amèrement sa liberté et sa pauvre école de Soho, que tout le monde et elle-même croyaient qu'elle était consumée par le chagrin d'avoir quitté son père. Elle habitait une petite chambre au grenier, où les servantes l'entendaient se promener et sangloter la nuit ; c'était de rage et non de chagrin.

Elle partait d'assez bas : son père, artiste dissipé, homme de talent, ne lui avait donné aucun principe. La vanité pompeuse de la vieille maîtresse de pension, la bonne humeur futile de sa sœur, le niais et médisant caquetage des grandes pensionnaires, la froideur correcte des gouvernantes lui répugnaient également ; il faut avouer même qu'elle n'avait pas le cœur maternel ; le babil des petites filles spécialement confiées à ses soins ne l'intéressait pas. Elle avait vécu deux ans avec elles, et pas une ne l'a regrettée. La tendre et aimable Amélie Sedley était la seule personne à qui elle se fût attachée — qui n'eût pas aimé cette douce enfant ?

Le bonheur, les avantages particuliers des jeunes personnes qui se trouvaient près d'elle, causaient à Rébecca des mouvements d'envie inexprimable. Résolue à s'affranchir, à quelque prix que ce fût, de la prison où elle était enfermée, elle profita des moyens d'instruction que lui offrait la maison. Elle était déjà bonne musicienne et possédait la langue française ; elle apprit vite ce qui lui manquait. Elle s'occupait sans cesse de sa musique, et, un jour que les élèves étaient sorties, elle joua un morceau avec une si admirable perfection, que la maîtresse, voulant faire l'économie d'un maître pour les commençantes, signifia à miss Sharp d'avoir à leur donner des leçons de musique. Rébecca refusa, au grand étonnement de la majestueuse maîtresse de pension. — « Je suis ici pour enseigner le français aux élèves, dit-elle, et non pour leur apprendre la musique. Payez-moi, je leur donnerai des leçons. » Minerve fut obligée de céder, et de ce jour prit Rébecca en haine.

« Pendant trente-cinq ans, s'écria-t-elle, personne ici n'a osé résister à mon autorité. J'ai réchauffé une vipère dans mon sein.

— Une vipère ! c'est ridicule, répondit miss Sharp prête à s'évanouir d'étonnement. Vous m'avez prise parce que je vous étais utile, il ne saurait être question de reconnaissance entre nous. Je hais cette maison et je veux la quitter. Je ne ferai ici que ce que je suis obligée de faire. »

Ce fut en vain que la vieille dame lui demanda si elle savait bien qu'elle parlait à miss Pinkerton ; Rébecca lui rit au nez, d'un rire sec et diabolique qui manqua de faire tomber Minerve en convulsion. « Donnez-moi une somme d'argent, dit la jeune fille, et débarrassez-vous de moi, ou, si vous l'aimez mieux, procurez-moi une bonne place de gouvernante dans une famille noble, vous le pouvez si vous voulez. » Dans toutes ses querelles, elle en revenait toujours à ce point : « Faites-moi une position ; nous nous détestons l'une l'autre, et je suis prête à partir. »

La digne miss Pinkerton, bien qu'elle eût un beau

turban et un nez romain, qu'elle fût aussi robuste qu'un grenadier, et que jusqu'alors son autorité eût été irrésistible, n'avait ni l'énergie ni la volonté de sa frêle subordonnée; ce fut en vain qu'elle essaya de la dompter. Rébecca répondait en français, langue que miss Pinkerton ignorait, aux réprimandes de la vieille dame. Il devint nécessaire, pour maintenir son autorité dans sa maison, d'en éloigner cette rebelle, ce monstre, ce serpent, ce brandon, et apprenant que la famille de sir Pitt Crawley avait besoin d'une gouvernante, elle recommanda pour cette place Rébecca, tout serpent qu'elle était. « Certainement, dit-elle, je n'ai rien à blâmer dans la conduite de miss Sharp, si ce n'est envers moi. Je dois reconnaître que ses talents et ses mérites sont des plus notables. De toutes façons, elle fait honneur au système suivi dans ma maison. »

A quinze ans, à côté des grandes demoiselles de sa pension, Rébecca semblait une enfant. Elle avait la précocité chagrine de la misère. Plus d'une fois, elle avait dû recevoir les huissiers et les éloigner du seuil de son père; plus d'une fois elle avait amadoué le marchand et l'avait renvoyé satisfait et résolu à continuer ses fournitures. Enfant, elle dînait avec son père, qui était tout fier de ce vif et sauvage esprit, et elle assistait à la conversation des artistes ses amis, conversation souvent peu cnvenable pour une jeune fille. « Elle n'avait jamais été jeune fille, disait-elle; elle s'était sentie vieille dès l'âge de huit ans. » O miss Pinkerton, pourquoi avez-vous reçu un oiseau si dangereux dans votre cage ?

La bonne dame avait pris d'abord Rébecca pour la plus douce créature qui fût au monde, tant elle jouait avec perfection le rôle d'ingénue, lorsque son père la conduisait chez elle. Elle croyait que c'était une innocente et modeste petite fille, et, une année seulement avant l'arrangement aux termes duquel Rébecca fut reçue dans la maison, la sublime miss Pinkerton lui donna majestueusement, en accompagnant son cadeau d'un discours, une poupée qui n'était en réalité que la propriété confisquée de miss Swindle, que l'on avait surprise l'admonestant aux heures d'étude. Il serait difficile de dire la bouffonne joie du père et de la fille le soir, lorsqu'ils regagnèrent leur demeure. O miss Minerve Pinkerton! si vous aviez pu voir à quelles caricatures de votre personne Rébecca faisait servir la poupée! C'étaient des dialogues désopilants; la poupée ne tarda pas à faire la joie de Newman-Street, de Gerard-Street et du quartier des artistes. Lorsque les jeunes rapins venaient prendre leur verre de grog avec le maître, comme eux débauché et paresseux, comme eux railleur et goguenard, ils ne manquaient pas de demander si miss Pinkerton était visible.

Elle était connue d'eux, la pauvre dame, aussi connue que M. Lawrence ou M. West. Rébecca, encouragée, habilla une seconde poupée qu'elle destina à représenter la sœur, et, bien que l'honnête personne lui eût donné des confitures et des gâteaux, l'instinct du ridicule fut plus fort que la reconnaissance ; miss Jemmy fut sacrifiée sans plus de justice que sa sœur Minerve. Telle est cette petite fille qui va mettre à ses pieds le beau monde anglais, et que George III admirera.

Certaines femmes sont nées pour l'intrigue, d'autres faites pour l'amour.

Amélie Sedley appartenait à la seconde classe, Rébecca Sharp à la première. O mon ami le célibataire qui me lisez, prenez-y garde ; c'est chose digne qu'on y pense.

Les deux classes ont leurs inconvénients ; arrangez-vous de la seconde, si vous m'en croyez ; c'est l'avis de M. Thackeray, et c'est aussi le mien. Chacun de nous dans ce monde possède son mobile spécial et comme son grand ressort. Celui de Rébecca Sharp était l'envie. Elle se comparait toujours, et toujours avec douleur.

Quand ses grands yeux bleus-verts étaient timidement baissés vers la terre et voilés par les longs cils noirs de ses blanches paupières, ce n'étaient ni le mariage ni la tendresse, encore moins la poésie, qui l'occupaient si profondément. Quand elle pleurait, ce qui lui arrivait souvent, et qu'on l'entendait sangloter dans sa chambrette, c'était de rage. « Je suis plus distinguée que cette fille de marchand, se disait-elle, et c'est toujours elle que l'on sert la première. On n'a d'yeux que pour cette nièce de pair qui est bossue, et l'on ne me regarde pas, moi qui suis bien prise dans ma petite taille ! » Son faible cœur battait sous le corset avec des pulsations diaboliques ; des sentiments d'Attila torturaient la petite fille.

Les Anglais, il faut le dire en l'honneur de leur ingénuité, se sont formalisés et même révoltés contre Rébecca. Un caractère tel que le sien est beaucoup moins commun en Angleterre et en Allemagne que dans ces vieux pays civilisés qui n'ont plus rien à apprendre et dont toutes les études sont depuis longtemps achevées.

Les Italiennes contemporaines du Tasse et de l'Arioste fournissaient déjà plus d'un exemple de ce suprême et redoutable raffinement des facultés féminines dont Lucrèce Borgia et Catherine de Médicis sont deux échantillons splendides.

Passons maintenant en revue, pour l'intelligence de notre histoire, les autres personnages qui composent chacune des trois familles, personnages nombreux et variés. Le plus aimable et le plus complétement féminin, c'est Amélie, fille de Sedley le négociant et le banquier, sœur du nabab Joseph, que je vous ai montré déjà.

Douce Amélie, vous n'êtes pas une héroïne, vous, encore moins une âme violente ou une femme virile, et que Dieu vous bénisse ! Vous aimez tendrement, follement, naïvement, comme il faut aimer ; vous serez punie, puisque c'est le décret originel et inexorable ; écrasée et éclipsée par l'intrigante, négligée par l'objet de votre sincère et profonde tendresse, un peu ridicule même aux yeux de ces brillants et de ces pervers. Pauvre chrétienne, votre sort est le sort de tous les jours. C'est le commentaire familier de l'Évangile, éternelle glose qui ne cesse pas de se dérouler ici-bas.

Amélie a été élevée par une mère excellente et bornée, sous les yeux d'un père tout occupé de ses affaires et d'une probité rigoureuse. Imaginez un de ces visages dont l'ovale délicat et affiné par le bas contraste avec la fraîcheur de deux joues roses et arrondies, des yeux noirs ayant la profonde douceur des plus beaux yeux bleus, un sourire tendre, presque mélancolique, sur des lèvres vermeilles, sur une bouche toujours riante. Jamais âme plus tendre, esprit plus naïf et plus droit, nature plus vierge de détour et d'orgueil, de fraude et d'égoïsme, ne se pourraient imaginer. On la disait insignifiante, les femmes la jugeaient ainsi. Les hommes se chargeaient de remettre les choses à leur place.

Le père d'Amélie Sedley, depuis longtemps lié d'intérêts avec Osborne le père, dont la fortune s'accroissait rapidement, fiança George et Amélie. George Osborne, beau garçon de quinze ans, que l'on destinait à l'état militaire, devint le « petit mari » de notre douce enfant, qui dès lors n'eut plus qu'une adoration, celle de George. Nos héroïnes en sont là quand elles quittent ensemble la demeure vénérable de M**elle** Pinkerton, pour commencer leur campagne à travers la vie ; Rébecca pense à réussir, Amélie pense à George Osborne.

II. — UN SUZERAIN BOURGEOIS.

C'est un terrible père que M. Guillaume Osborne, le fabricant de chandelles. A le voir s'avancer en empereur, le front ridé, l'œil sombre, on croirait que Tibère, devenu sultan de Constantinople, s'apprête à faire quelque redoutable exécution. Il y a sur sa cheminée une pendule magnifique qui représente Agamemnon et le sacrifice d'Iphigénie. Il regarde toujours cet Agamemnon, et il l'admire. En sa qualité d'homme d'argent, il est grossier envers tout le monde, brutal par nature et par principes, et personne mieux que lui ne comprend la valeur d'un geste agréable qui pourrait se traduire par une demande pécuniaire.

Le salue-t-on, il grogne. La nuance dominante de M. Osborne père n'est pas française ; il ne se prosterne pas devant lui-même, mais devant un nom noble ; il adore le blason et paye avec joie les dettes que son fils contracte pour plaire à messieurs ses amis les vicomtes. En France, nos Osbornes idolâtrent leur noblesse dans un écu. Fermement appuyé sur ses deux jambes, M. Osborne enfonce perpétuellement ses mains dans ses immenses poches et y remue les shillings d'argent et les guinées d'or que contiennent ces grands réservoirs, son honneur et sa joie ; il ressemble à un général d'armée qui fait briller son arme. Ne le blâmons pas. Qui de nous est sans respect pour cette puissance ? « L'autre jour, dit un philosophe anglais, trois pauvres petites filles du peuple jouaient dans la rue sous la pluie, et leurs robes trouées donnaient un assez triste spectacle. —Mariette, cria l'une, viens donc, Sophie a trouvé *penny*. Aussitôt Mariette et l'interlocutrice délaissent leurs jeux, se dirigent du côté de Sophie, qui se trouve avoir une cour ; elle se fait suivre de Mariette et de l'autre enfant, et bat ses deux flatteuses, qui se laissent battre.

« Bientôt, s'avançant gravement avec elles du côté de la marchande de pain d'épice, elle distribue ses faveurs aux deux petites esclaves que sa nouvelle fortune vient d'enchaîner à son char. » — Ainsi parle le philosophe anglais Thackeray ; tout le monde, philosophe ou non, sait que cela se passe ainsi dans la vie. Le devoir du législateur et du moraliste est de faire prévaloir l'honneur contre l'intérêt, le devoir contre l'argent, c'est-à-dire l'âme contre le corps.

Osborne ne se piquait guère de philosophie. C'était un commerçant et un fabricant anglais, fier de son nom, de sa boutique, de son fils, de son argent, et même fier de sa mauvaise humeur. Il avait tout simplement emprunté aux Osborne de la prairie, vieux Saxons (*Eastbourne*), leurs armoiries réelles : une croix de gueule en champ d'or, avec la devise : *Pax in bello!* Veuf depuis assez longtemps, redouté de ce qui l'entoure, admirant sur sa vaisselle plate ce blason de commande, il rampe jusqu'à terre devant un lord, et il a élevé son fils dans ce culte de l'orgueil servile. Depuis l'enfance, George s'est laissé aimer et courtiser ; il croit, comme l'Achille d'Horace, que le monde est fait pour lui. La jolie et tendre enfant qui se nomme Amélie Sedley ne l'occupe guère ; il s'est habitué à regarder comme sa propriété celle qui de son côté s'est habituée à le regarder comme son maître.

Ne lui en voulez pas trop ; ce n'est point sa faute, si la contemplation de ses magnifiques moustaches noires, l'adoration de sa chevelure élégante et la religion de sa personne l'arrachent aux douceurs de la vie amoureuse, ainsi qu'aux pensées de la vie domestique. Osborne fils se concentre dans le sanctuaire d'un moi fat, léger, imprévoyant et vaniteux, sans méchanceté comme sans dévouement. Il est d'ailleurs têtu comme son père et plein de vanité comme lui.

George veut passer pour un Lovelace.

Devenu capitaine, il cache soigneusement le nom d'Amélie et ses honnêtes amours. Pourquoi le jeune officier, un genou appuyé sur une chaise, semblat-il si joyeux et si résolu ? et quels sont les papiers qui lui servent à allumer son cigare devant ses amis qui le contemplent ? Est-ce une lettre de créancier ? Est-ce le billet d'une femme qui n'est plus aimée ? Non ; le capitaine Osborne est honteux d'être fiancé à la plus jolie et la plus aimable fille du monde, et il brûle ses lettres d'amour par vanité.

Il eût bien pu se faire que notre léger et charmant Osborne eût été infidèle à la jeune fille, si Osborne le père ne se fût avisé d'exiger absolument qu'il épousât miss Schwartz, mulâtresse et millionnaire. Cette volonté de l'Agamemnon bourgeois révolta le jeune homme ; l'entêtement du père vint se heurter contre l'obstination du fils, qui n'était pas homme à céder. Surchargée de ses rubans jaunes et tout éclatante sous sa robe de satin feuille-morte, brodée de mille couleurs, miss Amanda Wilhelmine Schwartz, belle de ses deux cent mille livres sterling, était devenue l'objet des soins attentifs des demoiselles Osborne ; l'une arrangeait les plis de sa robe, l'autre disposait dans ses cheveux perles et rubans. Miss Schwartz les laissait faire et essayait d'envahir le cœur de George. Soins inutiles. Cette métamorphose qui, aux yeux du père et des filles, transformait en Vénus Anadyomène miss Schwartz avec ses épaisses lèvres et son front jaune surmonté d'une forêt crépue, ne touchait pas George, insensible à ce colossal héritage. Faire entrer dans la famille une fortune comme celle de miss Schwartz, même en achetant ce bonheur par une mésalliance avec la mulâtresse, c'était une très-bonne affaire selon Osborne l'ancien. Pour Osborne le jeune, c'était une odieuse et exécrable tyrannie. Bientôt un sentiment plus généreux vint animer la résistance du fils. Sedley, qui avait longtemps été plus grand capitaliste que son ami, le *meilleur* des deux (*the better man*), devint le pire, c'est-à-dire qu'il perdit son argent à la bourse, quand Napoléon, quittant l'île d'Elbe, reparut comme une comète sur l'horizon européen. Tous les fonds de Sedley disparurent, emportés d'un seul coup de bourse. Ce fut une triste scène, le soir, entre le mari et la femme. Sedley rentra chez lui et s'assit au coin de son paisible foyer. George Osborne le fiancé n'était pas venu depuis trois jours ; la mère était irritée de cette négligence. « Savez-vous, dit M⁽ᵐᵉ⁾ Sedley à son mari, que ces Osborne et leurs grands airs commencent à me fatiguer ? J'aimerais mieux qu'Amélie épousât le jeune Edouard Dale..... ou Dobbin. Mais Dobbin est militaire, et tous les militaires sont d'un orgueil !... »

Le vieux Sedley ne répondait rien. Hélas ! la pauvre femme ne savait pas à quoi tenaient les grands airs des Osborne. Ils devenaient riches, et Sedley venait de tout perdre. Le vieillard resta longtemps muet, immobile ; il semblait ne penser à rien et regardait dans le vide, comme il arrive quand le sort vous écrase, quand il semble que l'intelligence même s'engloutit dans l'abîme où vont se perdre considération et fortune. M⁽ᵐᵉ⁾ Osborne continuait à griffonner des cartes d'invitation et à se livrer aux soins habituels de son active nullité.

« Répondrez-vous enfin ? Répondrez-vous ?... Eh bien !... Qu'avez-vous donc, Jean !.. cher Jean ! »

Elle le secoua par le bras.

« Marie, lui dit-il tout bas, nous n'avons plus rien, nous sommes ruinés... tout à fait ruinés !

— Mon pauvre vieil homme ! » s'écria la bonne femme, qui n'avait que du cœur, et elle lui prit la tête dans ses deux mains en pleurant.

Et ils pleurèrent ensemble.

Il fallut subir les cruautés de la banqueroute et du concordat, s'exiler dans un faubourg, habiter une de ces petites maisons qui ressemblent à des boîtes de vers à soie et que les Anglais seuls peuvent occuper ; Amélie y suivit son vieux père, sans douter un moment de la foi de son cher George, qui venait la voir très-rarement.

III. — L'AMI DOBBIN.

Il y a dans un coin de la cité, repli obscur et funèbre, qui porte le nom caractéristique de *Cours du Cercueil*, un pauvre café dont la maîtresse sommeille perpétuellement à demi, au milieu d'une douzaine de tasses fêlées. L'unique garçon porte de vieux chaussons de bal fort éculés, et ses yeux clignotants et rouges ne voient pas plus de trois clients par jour. Ceux-ci sont, en général, ou des clercs d'avoués qui ont une note ou une lettre à écrire, ou des courtiers de bourse qui s'arrêtent un moment pour supputer leurs gains et leurs pertes. La poussière couvre les tables ; le vieux garçon, Jean, ce maigre personnage qui, les bras croisés, contemple les passants, se garde bien de rien essuyer jamais.

Ce fut là que se présenta un soir de février le capitaine Dobbin, que nos lecteurs ne connaissent pas et qui tiendra une grande place dans ce récit. Il venait y trouver le vieux Sedley, qui recevait ses visites dans le café, depuis que ses bureaux étaient fermés et que le malheur l'avait accablé. Là, le ci-devant banquier avait pris l'habitude de se retirer, là il écrivait et se faisait adresser ses lettres, là il les nouait en paquets mystérieux, dont quelques-uns étaient toujours dans la poche de son habit. Je ne sais rien de plus triste que cet air affairé et profond de l'homme ruiné ; ces lettres qu'il vous montre, écrites par des personnes riches, ces papiers usés et gras, pleins de promesses de secours, de compliments de condoléance sur lesquels le malheureux bâtit l'espoir chimérique de sa fortune perdue à refaire. Vous avez sans doute, cher lecteur, rencontré sur votre route quelque infortuné de cette espèce ; il vous a mené dans un coin, il a tiré de sa poche béante sa liasse de papiers, il l'a dénouée, et, plaçant la ficelle dans sa bouche, il a choisi et étalé devant vous ses lettres favorites ; vous vous rappelez, hélas ! le regard triste et à moitié égaré de ses yeux désespérés et attachés sur vous. Ils quêtent une affirmation où l'on ne peut répondre que par un doute.

L'arrivée de Dobbin dans la *Cour du Cercueil* produisit quelque sensation ; sa tournure était fort hétéroclite.

Salut, mon timide et ravissant Dobbin, réhabilitation de la simplicité gauche et du dévouement désintéressé ! J'ai connu Dobbin, chacun l'a vu : un de ces officiers anglais longs, dégingandés, décousus, à l'air niais et comme tombés de la lune. Dobbin, espèce de Ralph comparable à plusieurs égards à ce charmant héros de Mme Sand, a l'avantage de ne pas toucher comme Ralph à la sentimentalité d'Auguste Lafontaine. Dobbin, le sublime Dobbin, est comique et n'en est que plus touchant. Disons quelques mots de sa jeunesse.

Dès l'enfance, c'était un écolier bien peu brillant que Guillaume Dobbin, fils d'un marchand de denrées coloniales de la Cité, et admis à partager les bienfaits de l'éducation, moyennant une fourniture périodique et constante de chandelles, d'huile, de savon, de sucre et de thé qui servaient à la consommation de l'établissement. L'épicier, membre utile et indispensable de la communauté, sert de point de mire à toutes les mauvaises plaisanteries de l'Allemagne, de l'Angleterre et de la France. Dès que les camarades de Dobbin surent qu'il n'était pas fils d'un gros négociant comme il l'avait dit, mais qu'il recevait en fournitures grammaticales l'équivalent des factures paternelles, sa vie fut un perpétuel martyre. Gauche et mal bâti, l'air naïf et timide avec ses grands bras ballants, terminés par des mains énormes, ses petits yeux ronds et enfoncés, sa dégaine irrégulière et pesante, et très-peu de vivacité dans la réplique, il ne donnait que trop de prix à cette tyrannie implacable de l'enfance et du collége. On lui envoyait par la poste des lettres pour lui commander six mille quintaux de café ; il trouvait dans son lit une énorme chandelle coiffée de son bonnet, et, toutes les fois qu'il entrait dans la classe, vingt voix lui demandaient si le savon était en baisse, et si c'était à cause de cela qu'il ne s'était pas lavé les mains. Le pauvre garçon finit par croire que ses bourreaux avaient raison et que, de tous les crimes, le plus infâme était bien certainement de débiter de la chandelle et de l'huile, soit en détail, soit en gros. Dans un coin de la cour où jouaient les enfants, se trouvait une espèce de serre abandonnée où il se retirait pendant la récréation pour échapper aux persécutions de ses camarades. Il ne leur en voulait pas, il n'en voulait à personne ; quand il comparait la disgrâce de sa tournure, ses épaules rondes et ses grandes oreilles avec l'élégance de taille et la souplesse de mouvement du jeune Osborne, quand il mesurait la distance qui séparait son imagination lente et sa conception pénible de la rapide compréhension qui distinguait plusieurs de ses condisciples, il était tenté de se reconnaître d'une nature inférieure. Il se résignait à sa condition sans haine, mais non sans amertume.

Cette pauvre âme repliée sur elle-même savourait douloureusement tout le malheur invincible qui l'accablait. Il souffrait beaucoup. Qui ne se souvient d'avoir eu de pareilles heures dans sa jeunesse ? Alors le sentiment de l'injustice est poignant et insupportable, et c'est surtout aux natures exquises et généreuses qu'il inflige les blessures les plus profondes.

Dobbin ne trouvait pas mauvais qu'on se moquât de lui : c'était son lot ; il le méritait bien, car il n'avait jamais pu scander un vers latin ni se souvenir de *tupteo, tupteis, tuptei*. Quand il avait achevé sa sixième, comme il était le dernier de sa classe, on la lui faisait recommencer, si bien que par ce procédé il se trouvait, à quinze ans et très-grand garçon, entouré de petits marmots en tablier qui en savaient plus que lui et le raillaient à outrance. L'humiliation était devenue partie intégrante de sa nature : on disait : « bête comme Dobbin, laid comme Dobbin ; » mot qui n'étonnait ni lui ni personne. C'était chose assez douloureuse de voir ce géant tourmenté par des Lilliputiens qui lui volaient son pantalon la nuit pour le coudre par le haut et par le bas, et qui, pendant son sommeil, venaient planter sur son bonnet des oreilles d'âne. L'âne, pauvre animal que Buffon n'a pas réussi à réhabiliter, semblait le type complet de cette patiente et éternelle résignation.

Un collège est un petit monde où tous les types se trouvent. Diamétralement opposé à Dobbin et comme son contraste, le fils d'un avocat nommé Cuff attirait tous les regards et se faisait obéir en monarque : c'était l'Alexandre du lieu. Il prenait du tabac comme le maître, fumait des cigares comme un officier et faisait entrer du vin de Champagne en contrebande. On l'avait vu à cheval au parc avec les amis de son père. Il boxait, portait un habit serré, improvisait cent vers latins en moins d'une heure, avait vu l'Opéra et critiquait le talent des actrices. L'admiration et la vénération pour ce petit despote étaient extrêmes et ne pouvaient être égalées que par son mépris pour le bonhomme *la Chandelle*. Il avait ainsi baptisé le pauvre fils de l'épicier. A peine Cuff daignait-il regarder Dobbin ; d'autres plus favorisés étaient chargés de ses commissions. Un jour cependant qu'il trouva Dobbin en classe pendant la récréation, occupé à élaborer l'orthographe d'une lettre à sa mère :

« Allons, lui dit Cuff, vite ! qu'on se dépêche et qu'on aille me chercher du rhum !

— Il faut que je finisse ma lettre, répondit tranquillement Dobbin.

— Qu'est-ce que cela signifie ? reprit le tyran en lui arrachant le papier des mains ; vous écrirez demain à la bonne femme, obéissez !

— Pas d'injures, répliqua Dobbin en se levant.

— Irez-vous ?.. ou non ?

— Je n'irai pas, et ne vous avisez pas de lever la main sur moi !.... ou je vous écrase, » continua le fils de l'épicier, qui avait saisi une de ces énormes écritoires de plomb qui assommeraient un bœuf.

Le héros Cuff s'aperçut qu'il n'aurait pas de succès dans cette occasion ; il se retira donc en maugréant, et depuis ce jour-là il ne demanda plus rien à Dobbin.

Huit jours s'écoulèrent ; le pauvre écolier, son livre de corrigés à la main, était allé s'asseoir sous un vieil orme qui s'élevait à l'angle de la grande cour ; là, plongé dans sa lecture, il essayait de la comprendre de son mieux, lorsque le bruit d'une conversation très-vive vint frapper ses oreilles. C'était encore le tyran Cuff qui faisait des siennes ; il châtiait vigoureusement le jeune Osborne qu'il avait chargé d'une expédition assez dangereuse et qui n'en était pas revenu à son honneur. En passant par-dessus le mur de la cour, Osborne avait brisé la fiole pleine de rhum qui devait servir aux menus plaisirs de maître Cuff. Ce dernier allait écraser le petit Osborne de sa colère, quand Dobbin, du fond de son livre, apercevant l'acte d'iniquité qui allait s'accomplir, tomba sur Cuff et châtia le tyran. Dobbin dès lors fut respecté. Le fait est que Dobbin avait un fonds de courage, un fonds d'esprit, un fonds de raison, le tout caché et voilé par la timidité la plus incurable et la gaucherie la plus invétérée. Il trouvait, quand il prenait la peine de bien se consulter, de l'esprit et de l'éloquence : ces sources profondes jaillissaient rarement ; quand elles se faisaient jour, on admirait beaucoup Dobbin.

Le protecteur et le compagnon de Georges, notre Dobbin, fut bientôt le confident de ses amours, son mentor et son guide. Georges le conduisit chez les Sedley, et Dobbin reconnut sans peine de quelle profonde tendresse le cœur de la jeune fille s'était laissé prendre.

L'amour est contagieux, Amélie étant bien jolie, Dobbin ne s'en aperçut que trop. A quoi bon aimer, quand on est si gauche, si mal tourné, si peu hardi, si peut spirituel? Il se mit à surveiller le bonheur de l'ange qu'il adorait, d'abord parce qu'il regardait Osborne comme très-supérieur à lui-même, ensuite parce qu'il savait, à n'en pas douter, qu'on ne s'apercevait pas qu'il fût au monde, enfin parce que Dobbin ne pouvait souffrir l'idée que son idole fût malheureuse. Plus il aimait Amélie, plus il se hâtait de l'unir à l'homme qui avait captivé ce pauvre cœur. Dobbin se donna même beaucoup de mal et dépensa beaucoup de finesse pour achever ce mariage. Lui qui n'aurait pas su nouer ou dénouer une intrigue, qui ne pratiquait pas pour lui-même la moindre manœuvre égoïste et qui ignorait toutes les tactiques de l'intérêt personnel, il découvrait des ressources merveilleuses dès qu'il était question d'un ami. Comme il avait fini par se persuader qu'il comptait pour peu dans ce monde, il préférait sincèrement les autres à lui-même, les autres le prenaient au mot, et le bon Dobbin n'était guère apprécié.

Amélie aussi, toujours naïve, le sourire aux lèvres, obligeante et douce, passait pour un caractère sans force et un esprit sans idée. Les grands personnages de notre scène, ce sont les vicieux et les fats, l'escroc et l'aventurier, le gourmand et le parasite, le voleur et le faussaire. Ainsi va le monde, que vous ne changerez pas.

Dobbin avait donc sermonné son ami, lui avait représenté que l'honneur ne lui permettait pas d'hésiter, qu'il fallait se hâter d'épouser, non pas miss Schwartz la riche mulâtresse, mais Amélie devenue pauvre et sans dot, et qu'enfin il fallait aller demander au plus tôt l'autorisation du père Sedley. Voilà ce qui amenait l'ami Dobbin au café du Tapioca, *Cour du cercueil*, dans la Cité. Il y trouva ce débris de l'homme riche, le plus affligeant des débris. Le florissant, le joyeux et prospère jeune Sedley avait disparu. Son habit, jadis si luisant et si propre, avait blanchi sur les coutures, les boutons en cuivre étaient rouges, son visage défait n'était pas rasé, son jabot et sa cravate pendaient fripés sous son gilet qui faisait poche. Lorsque jadis il régalait ses commis dans ce même café, personne ne parlait et ne chantait plus haut que lui. Le garçon était à ses ordres. Qu'il était changé! qu'il était devenu humble et poli envers Jean, dont l'emploi consiste à donner des pains à cacheter, à verser de l'encre dans l'écritoire d'étain et à présenter un mince cahier de papier aux habitués qui ne semblent pas consommer autre chose ! Quand William Dobbin entra, le vieux Sedley lui donna la main humblement et l'appela monsieur en hésitant. Notre bon Dobbin ressentit quelque chose comme de la honte et du remords en se voyant ainsi accueilli. Il consola l'homme ruiné, écouta ses plaintes et pressa le mariage d'Amélie comme on presse les funérailles d'un être chéri que l'on a perdu. Pauvre Dobbin ! il souffrait bien ! Le mariage eut lieu malgré Osborne le père, et fut triste. La pluie tombait par torrents. Trois ou quatre petits enfants du peuple assistèrent seuls à la bénédiction nuptiale donnée dans l'église. Il semblait que la malédiction du père et l'imprudence du fils présidassent à la scène.

Agamemnon ne pouvait manquer cette occasion magnifique de se montrer suzerain farouche, inexorable et solennel. Est-ce que le plus petit marchand de mercerie, dès qu'il réussit, n'est pas aristocrate comme un czar ? Est-ce que le seigneur féodal de l'an 1000 avait plus de morgue et de sotte fierté que le premier spéculateur qui a réalisé des gains à la bourse ?

Le jour où il apprit que son fils était marié, le vieil Osborne s'enferma dans sa terrible chambre verte et y signa l'arrêt funèbre de George; chambre lugubre dont le fond était occupé par deux grandes armoires d'acajou à glace, renfermant la *Pairie* de Debrett, deux ou trois autres volumes héraldiques, l'*Annuale*

Register et la collection du *Gentleman's Magazine*. Sur le bureau d'acajou reposait une énorme Bible reliée en maroquin noir, à fermoirs dorés, et sur la feuille de garde les noms de tous les membres de la famille étaient inscrits de la main du père. Une fois entré dans ce sanctuaire, il prit la Bible et l'ouvrit ; puis il effaça le nom de George de la feuille de garde, tira un carton et déshérita son fils adoré. La vanité se mêle aux sentiments, les meilleurs, même à la tendresse paternelle. « Il sera aussi riche que lord un tel, s'était dit Osborne le père ; il entrera à la Chambre des Communes ; il deviendra ministre, et bientôt la chambre des lords lui ouvrira ses portes. Mon blason, le blason des Osborne resplendira sur le fronton de son hôtel. » Comment pardonner un tel mariage ? Le vieux Sedley, père d'Amélie, avait perdu l'aimant moral de ce monde, l'argent et le crédit. Trop honnête pour substituer des simulacres à la réalité qui lui manquait, il laissait l'œil du public pénétrer au fond de sa bourse parfaitement vide, et la solitude de sa caisse se reflétait autour de lui. Il ne lui restait dans son abandon que sa bonne femme, sa fille et le fidèle Dobbin. Bientôt sa fille elle-même suivit George, appelé sous les drapeaux, et le capitaine Dobbin, toujours actif et vigilant pour les protéger, les escorta. Nous les retrouverons tout à l'heure quand nous reviendrons à Bruxelles, d'où nous avons pris notre point de départ et où tonnera bientôt le canon de Waterloo.

IV. — UN GIL BLAS FÉMININ.

La vie de Rébecca Sharp, depuis qu'elle a quitté la grave et éloquente Mme Pinkerton, a été bien moins unie et bien plus variée que celle d'Amélie Osborne. Avec sa finesse, son astuce et cette vigueur d'intelligence qui remplace chez certaines femmes les facultés effectives, Rébecca devient reine de ce qui l'environne; la femme qui n'est pas dominée par la passion sait toujours dominer les intérêts. Rébecca ne tombe pas dans la misanthropie et la mélancolie, bien qu'elle souffre de cet immense orgueil, triste apanage des Rousseau et des Byron. Elle exploite tout le monde. Le mot *exploiter*, dont on abuse fort, mérite qu'on s'y arrête ; exploiter est du dix-neuvième siècle. Depuis qu'il est convenu que nous n'avons pas d'âme et que l'homme est une brute un peu mieux organisée que les autres, la grande affaire, l'unique question est d'employer les forces étrangères de la manière la plus utile à nous-mêmes, la plus habile et la plus industrieuse. Rébecca exploita en riant ses amis, ses serviteurs, ses élèves, ses protecteurs, ses fournisseurs, ses amants, — tout, jusqu'à son père et son mari.

Elle fit d'abord servir à son intérêt la bonne et chère petite Amélie Sedley ; elle jeta ensuite son dévolu sur le nabab Joseph Sedley, qu'elle rendit bien amoureux. Le nabab lui échappa, grâce à une savante manœuvre du jeune George Osborne, qui ne voulait pas de Rébecca pour belle-sœur. Alors, elle fit tomber son hameçon sur le fils du membre du Parlement sir Pitt Crawley, gentilhomme campagnard dont elle élevait les filles.

Ce brave législateur porte un nom singulier et caractéristique ; si je voulais le traduire en français, il faudrait l'appeler le vicomte ou le baron Mazarin de Rampigny. Ce front carré et monstrueux, ce double sourcil épais et hérissé, ce bas de visage anguleux, massif et contourné en mille replis et mille rides ignobles, cette bouche à la fois épaisse et sans forme, cette tournure de maquignon ivre, ces culottes de vieux velours mal attachées, ce jabot sale tombant, ce gilet graisseux, n'ont rien de bien aristocratique ; il représente la chicane et la violence, la fraude armée en course et autorisée. Les arcadiques vertus que pratique ce membre du Parlement dans sa solitude champêtre se composent d'avarice et de vol, de cupidité et d'insolence, de grossièreté et de barbarie. C'est néanmoins un « fort bon enfant, » comme le peuple s'exprime. Il a tous les vices, plus la bonne humeur. Il rit avec les filles du fermier dont il va vendre le pauvre mobilier. Il dupe le voisin, mais il boit dans la taverne du village, debout en trinquant avec les facteurs de la poste et les journaliers du canton. Il vole tout le monde, plaisante sans cesse ; on a peur de lui et on répète les mots sacramentels : « C'est un bon enfant. »

La première fois que Rébecca le vit, occupé à manger un cervelas dans la cuisine avec sa vieille femme de charge, elle n'imagina pas que ce personnage horriblement vulgaire fût le riche et célèbre sir Pitt Crawley. Il s'appelait Pitt parce que sa mère l'avait mis au monde à l'époque où l'éloquent et habile *commoner* dirigeait les affaires publiques; les autres membres de la même famille se nommaient, pour la même raison, *Walpole*, *Bute* et *Chatham*. La terre même de Crawley devait son érection en domaine seigneurial à une particularité curieuse. La reine Élisabeth s'y était arrêtée pour y boire un verre d'*ale* qu'elle avait trouvée bonne. Rébecca sut plaire à ce vieux satyre, comme elle plaisait à tout le monde. Elle se levait de bonne heure, rédigeait ses lettres, copiait ses dossiers, s'en allait chantant à travers la maison, trouvait excellente la cuisine sordide du logis et ne s'étonnait de rien. Il l'aurait épousée si sa troisième femme n'eût été vivante. Celle-ci était une pâle et insignifiante fille de la Cité, depuis longtemps rompue et brisée par les caprices despotiques de sir Pitt Crawley, incapable de penser et d'agir, animée à peine d'une étincelle de raison et d'un souffle d'existence.

Le cynique sir Pitt avait une sœur restée fille et énormément riche, miss Mathilde Crawley ; les autres membres de la famille étaient un frère cadet, recteur de la paroisse et ennemi mortel de son aîné, Bute Crawley ; puis un fils aîné, Pitt Crawley, qui avait quelque temps essayé le métier de diplomate ; enfin un second fils, capitaine de dragons, Rawdon Crawley. Le moins intéressant, c'est le buveur athlétique et le chasseur infatigable, Bute Crawley, recteur du village, ecclésiastique de mœurs singulières, espèce de vicaire de Wakefield retourné, marié à Mme Honesta d'une laideur honnête et d'une vertu aigre. Le fils aîné, Pitt Crawley, admirable type de la niaiserie diplomatique, pâle et blême, mince et grave, cultive la formule, l'apparence et l'étiquette avec une obstination merveilleuse. D'anglican il est devenu puritain ; il élève et protége une église indépendante. Son calvinisme est réfractaire et réformateur, et il pratique les vertus d'apparat avec une grâce ineffable et une souveraine pureté. Ami des noirs, partisan de Wilberforce, serpent sans venin, tartufe sans noirceur, c'est un niais artificieux comme on en trouve partout, mais non de cette trempe spéciale. Nous avons certes nos philanthropes et nos faux dévots ; mais nous ne possédons pas le philanthrope puritain, diplomate, calviniste, membre du Parlement, rédacteur de pamphlets ultra-religieux, moitié cafard, moitié sincère. Toutes ces variétés du vice et de la sottise ont en Angleterre une valeur d'autant plus réelle, que le monde auquel appartiennent les originaux, est encore, malgré sa vieillesse, plein de force, de séve et d'avenir.

Le fils cadet, le capitaine de dragons Rawdon Crawley, adroit de corps, stupide d'esprit, bon cavalier, vaillant à l'escrime, n'avait d'autre moralité que le succès. Personne ne se tenait mieux à cheval et n'était plus ferme sur ses étriers. D'énormes éperons qui retentissaient sur les trottoirs, un buisson épais de cheveux bouclés et blonds qui retombaient sur ses yeux ronds, des moustaches épaisses que ses doigts allongés ne cessaient de caresser et de friser, tout annonçait le guerrier vaillant et l'homme rompu aux exercices du corps et à la vie d'un mauvais grand monde. Son regard éteint et sans éclat ne révélait point une intelligence vive ; il était pétri de la meilleure pâte dont se font les escrocs de bonne compagnie, de même que son ami George Osborne pouvait passer pour l'une des plus aimables parmi les dupes naturelles créées pour l'utilité des habiles. Le capitaine Rawdon Crawley jouait trop bien au billard et gagnait trop souvent à l'écarté. Rawdon était né pour être un admirable garçon de café, sir Pitt pour être le plus rusé des procureurs, Rébecca une excellente actrice, Joseph Sedley un chef de cuisine de premier ordre. Amélie n'avait pas de rôle ; la pauvre petite n'était qu'une bonne et douce ménagère. Chacun de nous apporte en naissant le type de sa profession naturelle, presque toujours en contraste avec notre position dans le monde. Rawdon Crawley raisonnait peu ; comme il avait plus d'instinct que d'intelligence, cet instinct rachetait quelquefois ses vices acquis. Il pouvait aimer, se dévouer, s'oublier ; la véhémence des affections pouvait le ramener à l'honneur. Il se mettait bien, se taisait volontiers et ne gênait personne.

La perle de cette honorable famille était assurément la riche miss Crawley, qui se moquait de tout le monde et dont chacun convoitait la fortune. Les deux frères, qui se détestaient si cordialement, tombaient à genoux devant les cent mille livres sterling de revenu de miss Crawley. Près d'elle, toutes leurs querelles étaient oubliées.

Paraissait-elle, ils redevenaient de petits saints et les meilleurs amis du monde. La vieille fille, qui avait fort cultivé le plaisir, détestait du vice ce qu'il a de dégoûtant et d'ignoble. Elle aimait à voir près d'elle de jolis visages, à s'entourer de porcelaines fines, de coussins en velours, de tapisseries en soie plate et de cristaux étincelants.

Rapportant tout à elle-même, elle adorait les arts, la grâce, l'esprit et aussi la vertu, pourvu que cette dernière rachetât sa sévérité par la candeur et sa contrainte par la naïveté. Tour à tour gouvernantes et frères, sœurs et neveux venaient capter l'héritage de la vieille fille et essayer de lui plaire; ils avaient affaire à forte partie; la spirituelle femme du monde que Fox avait aimée ne se laissait pas duper aisément. Voluptueuse et ennuyée, elle se faisait courtiser et jouait avec les cupidités empressées et haletantes comme le chat avec les souris. C'était la comédie.

Le vieux cynique son frère la révoltait; le recteur lui semblait stupide, le diplomate était nauséabond; le dragon seul, un peu brutal, était assez mauvais sujet et assez délibéré pour ne pas lui déplaire. Quand Rébecca lui fut amenée par le membre des Communes, ce fut une vraie bonne fortune pour l'épicurienne.

Qui aurait pu rivaliser avec Rébecca dans l'art suprême d'amuser les gens ? Précieuse trouvaille pour une personne comme miss Crawley, qui se mourait d'ennui; égoïste et bienveillante, intelligente et sensuelle, généreuse et vaine, vraie païenne! J'aurais voulu m'asseoir à sa table, écouter ses récits, jouter d'épigrammes avec elle, mais non être son fils, son ami, son amant ou son frère. Il ne faut rien attendre ou espérer de ces cœurs blasés; comme les vieux bois tombés en pourriture, on en tire du phosphore et quelques lueurs agréables; rien de solide, rien de vrai, rien de généreux.

Autour du lit de l'Aspasie vieillissante affluaient flatteurs et flatteuses; on y voyait surtout la sentimentale Briggs, ancienne sous-maîtresse qui avait rédigé et imprimé jadis en hexamètres anglais les *Rosées de la mélancolie;* elle subissait les duretés et se pliait aux caprices de miss Crawley avec ce mélange de bassesse et de résignation dévouée qui ne fait qu'encourager et aviver encore la tyrannie des despotes domestiques.

Miss Mathilde Crawley se désennuyait en vivant bien, trop bien pour sa santé. Quand sonnait l'heure terrible de l'indigestion, le docteur arrivait, et le combat s'engageait entre ce grave personnage et le homard ou le brochet qui menaçaient la vie joyeuse de notre héroïne. De la plus vive animation, la sensuelle passait tout à coup à un abattement inouï, à l'abjection d'âme la plus complète. Que de terreurs! que d'agonies! doubles et hideuses angoisses de la conscience et de l'estomac! « Représentez-vous sans trembler, si vous pouvez, dit M. Thackeray, l'égoïsme édenté et la volupté fanée, sans Dieu, sans conscience, sans rouge, sans sommeil, hélas! et sans perruque, chose affreuse! » Oui, certes, M. Thackeray a raison; cela est triste, hideux et insensé. Quand nous deviendrons tout à fait vieux, prions Dieu, jouissons du peu de bien que nous aurons pu faire et aimons-nous le plus possible. Les habiles ont beau rire; même au point de vue mondain, les derniers jours de Fénelon valent mieux que ceux du cardinal Dubois.

Que de scènes de bonne comédie se passèrent entre Briggs, miss Mathilde et Rébecca! Un jour, par exemple, celle-ci venait d'écarter très-habilement du chevet de la malade la femme de confiance Briggs, et se trouvait à table avec cette sentimentale amie de la vieille malade; Briggs versait d'amères larmes.

« Ne vaudrait-il pas mieux donner à miss Briggs un verre de vin ? dit Rébecca à M. Bowls, le gros homme de confiance. Il obéit. Briggs prit machinalement le verre, avala convulsivement le vin de Bordeaux, soupira et se mit à éplucher son poulet dans son assiette.

— Nous pourrons, je crois, nous servir nous-mêmes, dit Rébecca avec une grande douceur, et je crois que nous n'avons pas besoin des bons offices de M. Bowls. Monsieur Bowls, s'il vous plaît, nous sonnerons si nous avons besoin de vous.»

Le sommelier descendit, et naturellement fit tomber sa mauvaise humeur et ses imprécations furieuses sur l'inoffensif valet de pied, son subordonné.

« C'est pitié que vous preniez les choses si à cœur, dit la jeune dame d'un air froid et un peu ironique. Ma meilleure amie est malade et ne veut pas... me... voir, sanglota Briggs dans une nouvelle explosion de chagrin.

— Elle n'est plus très-malade ; consolez-vous, chère miss Briggs.... Une indigestion, voilà tout. Elle est beaucoup mieux ; bientôt elle sera rétablie ; elle est fatiguée du traitement ordonné par le médecin ; demain nous la verrons sur pied. Je vous en supplie, consolez-vous et prenez encore un peu de vin.

— Mais pourquoi... pourquoi ne veut-elle pas me voir ? murmura miss Briggs. Oh ! Mathilde, Mathilde !.... après vingt-trois ans de tendre amitié ! est-

21.

ce ainsi que tu paies de retour ta pauvre et triste Arabelle ?

— Ne vous désolez pas trop, pauvre et triste Arabelle ! elle refuse de vous voir seulement parce qu'elle prétend que vous n'avez pas soin d'elle aussi bien que moi. Ce n'est pas un plaisir pour moi de la veiller toute la nuit. Je souhaite que vous puissiez me remplacer.

— N'ai-je pas été près de ce cher lit pendant des années ? dit Arabelle, et maintenant !... maintenant elle en préfère une autre.

—Bah ! les malades ont de ces fantaisies auxquelles il faut céder. Lorsqu'elle sera rétablie, je m'en irai.

—Jamais, jamais ! s'écria Arabelle en respirant tristement son flacon de sels.

— Quoi !... elle ne se rétablira pas, ou je ne m'en irai pas, miss Briggs, dit l'autre avec sa grâce charmante. Bah ! elle ira tout à fait bien dans une quinzaine, et je retournerai près de mes jeunes élèves à Queen's Crawley, et près de leur mère, qui est plus malade que notre amie. Ne soyez point jalouse de moi, chère miss Briggs ; je suis une pauvre fille sans amis et sans intrigue ; je ne veux point vous supplanter dans les bonnes grâces de miss Crawley ; elle m'oubliera huit jours après mon départ, et son affection pour vous date de loin. Donnez-moi, je vous prie, un peu de vin, chère miss Briggs, et soyons amies. »

La douce et tendre Briggs tendit sa main en silence, mais n'en sentit que mieux sa peine et gémit amèrement sur l'inconstance de Mathilde.

Au bout d'une demi-heure, et le repas fini, Rébecca remonta dans la chambre de la malade, d'où elle renvoya, avec la politesse la plus condescendante, la pauvre domestique Firkin. « Je vous remercie, cela est tout à fait bien ; vous vous en acquittez à merveille. Je sonnerai, s'il faut quelque chose. Je vous remercie. » Firkin descendit, couvant une orageuse jalousie et prête à étouffer de rage concentrée.

Ce jeu comique de rivalités et d'intérêts divertissait la vieille malade. Je ne suis pas bien sûr que, malgré la finesse de Rébecca, en dépit de sa gentillesse et de son infatigable bonne humeur, la clairvoyante et fine miss Crawley, à qui tous ces trésors d'amitié étaient prodigués, ne soupçonnât point quelque chose d'analogue chez son affectueuse amie. Miss Crawley avait souvent pensé que personne ne fait rien pour rien. S'interrogeant sur ce que lui inspiraient les autres, il lui était facile de deviner ce qu'ils tentaient pour elle, et peut-être se disait-elle tout bas cette grande vérité, — qu'on n'a d'amis qu'à la condition de ne pas toujours penser à soi.

Toutefois, Rébecca lui plaisait fort et la distrayait. Mathilde lui donna deux robes neuves, un vieux collier et un châle, et lui prouva son amitié en médisant devant elle de toutes les personnes de son intimité (quelle plus grande preuve de considération pouvait-elle lui donner!); elle songeait vaguement à lui procurer plus tard quelque grand avantage, peut-être à la marier à Clump l'apothicaire, à la mettre dans une bonne situation, ou, au pis aller, à la renvoyer à Queen's Crawley, lorsqu'elle en aurait fini avec elle et que la saison de Londres serait arrivée. Comme beaucoup de personnes riches, miss Crawley recevait volontiers de ses inférieurs tous les services possibles et les congédiait affectueusement quand elle n'avait plus rien à attendre. Pour les vrais égoïstes, la reconnaissance n'existe pas; ils reçoivent les bienfaits comme de pures dettes. — Vous n'avez pas trop à vous plaindre, pauvres parasites, tristes complaisants; votre amitié pour les riches n'en est pas plus sincère que le retour dont ils la payent. C'est l'argent que vous aimez, et non l'homme, et quand Plutus porte ailleurs ses faveurs, vous savez où faire émigrer vos complaisances.

Rébecca passa donc quelque temps chez miss Crawley, de l'aveu du membre du Parlement, frère de celle-ci. La vieille fille était à demi-séduite; qui aurait pu résister aux charmes de la sirène? En vain Bute, le frère cadet, envoya-t-il son jeune fils, le petit Pitt Crawley chez la riche mourante; le jeune imprudent fuma un cigare et fut perdu. Rébecca était bien habile; mais les habiles finissent toujours par se duper eux-mêmes : leurs triomphes font banqueroute. Ils s'imposent de si terribles conditions, ils passent par tant de chemins secrets et usent tant de forces en pure perte, qu'un beau jour il faut bien qu'ils succombent. Les manœuvres de Rébecca se détruisirent l'une par l'autre.

Ce fut Rawdon qu'épousa secrètement Rébecca, et sur cet Hercule un peu grec qu'elle appuya ses spéculations futures. Peut-être sans ce mariage eût-elle hérité de miss Crawley ; le membre des Communes, devenu veuf, accourut en vain auprès de Rébecca pour lui demander sa main.

Elle aurait été lady Pitt Crawley, si elle ne se fût pas trop pressée ; on imagine avec quelle douleur elle contempla, tombant à ses pieds, le vieux baronnet dont elle ne pouvait plus accepter l'offre séduisante.

Battue par ses propres ruses et fuyant à la fois la tante et le membre du Parlement, elle alla vivre à Brighton avec son mari Rawdon de l'industrie où il était passé maître, industrie qui a ses chevaliers et qui exige du talent. Ne l'exerce pas qui veut ; mais Rébecca est faite pour renverser tous les obstacles, et l'on suit de l'œil avec un intérêt puissant ce pêcheur vigilant et ingénieux qui, armé de son hameçon et posté dans une situation dangereuse, sur un vieil orme par exemple, au bord d'un ruisseau profond, essaye de saisir au passage quelque énorme brochet, et, les yeux fixés sur le monstre, d'en épier les mouvements et la fuite. Telle est notre petite Rébecca en face des hommes et des choses. De malice en malice, d'espièglerie en espièglerie, de ruse en ruse et de chute en chute, Rébecca ne peut manquer d'arriver à la splendeur. Ce tour de force perpétuel, dont elle se tire avec une grâce prodigieuse, dont elle ne peut venir à bout que par le sacrifice successif de quelques débris de son honneur, la mènera aussi loin que possible. Au moment où nous sommes arrivés, la sirène a déjà tout captivé et tout vaincu, — dans l'intérieur sauvage et champêtre du membre du Parlement tracassier et cynique, comme dans la chambre à coucher de la femme du monde qui vieillit; — nous la verrons digne d'elle-même sur une scène plus animée et plus sanglante, auprès du champ de bataille de Waterloo.

V. — BRUXELLES AVANT LA BATAILLE DE WATERLOO.

Nous voici de retour à Bruxelles, peu de jours avant cette terrible journée de Waterloo qui a laissé d'ineffaçables traces dans les cœurs des hommes, dans le souvenir des races, dans les annales des familles. La simple et douce Amélie s'est mise en campagne avec son mari, et elle a signalé son invasion en Flandre par l'acquisition de trois chapeaux, d'une robe neuve, d'une belle écharpe et d'une paire de boucles d'oreilles splendides, que George, tout déshérité qu'il est, a voulu lui donner; il est généreux de son naturel. On sait maintenant les antécédents de ces deux couples, unis malgré leurs familles. Les grands événements vont commencer pour eux après les noces; le mariage ne dénoue que les vieilles comédies; c'est au contraire le commencement du vrai drame. Dobbin est capitaine dans le régiment de George Osborne, qu'il admire de tout son cœur et qu'il protége. Le capitaine de dragons Rawdon Crawley vit dans l'intimité équivoque du général Tufto, qui l'honore de sa généreuse protection. Amélie pleure; elle s'est aperçue que George, un mois après le mariage, se plaît déjà singulièrement à la causerie pétillante de Rébecca. Le vieux Osborne, à Londres, continue à terrifier sa famille et à maudire son fils ingrat; le père Sedley, enterré dans son bouge, projette des sociétés commerciales qui l'enrichiront à perte de vue. Cependant le canon de Waterloo va bientôt gronder, et tout ce petit monde dont vous connaissez les acteurs se trouve réuni dans la même ville, Joseph le nabab, George, Amélie, Rawdon, Dobbin et Rébecca.

L'antipathie de Dobbin et de Rébecca était naturelle et invincible comme celle du chien et du chat. Il s'apercevait bien que l'on dupait son ami, et que la pauvre Amélie elle-même serait victime. Dobbin, qui voyait George jouer sans cesse, perdre sans cesse avec le capitaine de dragons et se mirer complaisamment dans les doux sourires de Rébecca, continuait de fatiguer George de ses sermons moraux, que George n'écoutait jamais. Dobbin était négligé de tout le monde. Le sensualiste joufflu Joseph Sedley le protégeait avec une majesté souveraine. Rawdon, qui se croyait un dandy achevé, comptait peu ce fils prolétaire niais, simple et tout uni. Rébecca, qui le craignait, se pensait repoussée par cette nature hostile, honnête et clairvoyante.

Joseph Sedley, ne parlant que de l'art militaire, auquel il n'avait pas songé de sa vie, et des femmes, auprès desquelles sa timidité l'avait rendu fort ridicule; le bon Joseph, faible d'âme et gros de corps, crédule et fat, aimant les compliments, les mets épicés, l'oisiveté, le soleil, les gilets voyants et les cravates rouges, se croit un héros quand le jour de la bataille approche.

Il s'arme d'un courage sanguinaire, laisse pousser ses moustaches, nettoie ses pistolets et fond des balles. Son pas devient plus martial, ses larges éperons à mollettes font retentir les escaliers. Il boutonne sa redingote jusqu'au menton, et sa tête se redresse fièrement.

Tous les succès du monde, même l'amour de Sedley et d'Osborne, vont à Rébecca.

L'insignifiante Amélie disparaît à côté d'elle. Amélie souffre, non pas de l'idée qu'elle et son mari n'ont plus de fortune ; pour certains êtres d'élite, partager la pauvreté de celui que l'on aime, c'est encore se rapprocher de lui. Bien peu d'hommes s'arrangeraient de cette jouissance sentimentale; mais, il faut le dire à l'honneur des femmes, celles qui ont gardé dans la civilisation leur âme féminine ne reculent pas devant la misère partagée. Ce qui brisa le cœur d'Amélie, ce fut, hélas! quand l'amour même lui apparut comme une vanité, quand l'idéal s'évanouit devant le réel ; quand, une ou deux semaines après le mariage, l'idole disparut, et que les yeux verts de la sirène Rébecca éclairèrent la triste réalité. Amélie n'avait plus son héros. Au lieu du tendre, de l'héroïque et dévoué George, que lui restait-il? Un dandy amoureux de lui-même, une vanité toujours éveillée, une intelligence de troisième ordre, son mari! Voilà ce que lui révélait son esprit ; son cœur s'obstinait à n'y pas croire.

Aucun de ces personnages ne pouvait manquer de se trouver à ce grand bal que Byron a célébré en vers magnifiques, et dont les danses furent interrompues par le combat. Amélie y fut peu remarquée, ainsi que notre cher Dobbin. L'entrée de Rébecca fit sensation. Tous les lorgnons se tournèrent vers elle ; son air distingué, ses belles épaules, sa démarche légère et digne, le sang-froid parfait de son regard et la modeste assurance de sa tenue achevèrent en quelques minutes la conquête universelle.

Qui est-elle ? se demandait-on. Elle parle français admirablement. — C'est une Montmorency par sa mère... Un mariage d'amour;... son mari est le second fils d'un membre du parlement.... Elle est charmante! — Les danseurs l'entouraient, et tout le monde briguait l'honneur d'une contredanse avec elle; elle répondit qu'elle était engagée, et glissa légèrement jusqu'au coin de la salle, où se trouvait Amélie négligée, triste, et à qui personne ne faisait attention. Rébecca la combla de caresses et se mit à la protéger comme une enfant : c'était l'achever. — Je ne vous trouve pas bien habillée, ma chère. Qui vous a donc coiffée comme cela? Vous êtes mal chaussée. Je vous enverrai ma faiseuse de corsets. — Amélie ne répondait rien, pendant que Rébecca continuait à pérorer dans le plus pur jargon de l'époque, et en vraie femme du monde qu'elle était déjà. — George vient de notre côté, dit-elle; empêchez-le donc de jouer. Lui et mon mari ne font que cela. George n'est pas riche, et mon mari est plus fort que lui à l'écarté. A propos, que faites-vous le soir, chez vous, seule avec ce capitaine Dobbin, qui a de si vilaines mains? Pourquoi ne sortez-vous pas? Les mains de votre mari sont admirables. Ah! le voilà!... D'où venez-vous, mauvais sujet? Amélie vous croyait perdu... — Et elle lui donna la main pour aller danser. Il n'y a que les femmes pour infliger de telles blessures; seules elles connaissent le poison dans lequel leurs menues flèches sont trempées. Sans défense contre sa terrible petite ennemie, Amélie resta sur la banquette, pâle, glacée, abattue.

Le capitaine de dragons lui dit quelques mots assez gauches en passant, et Dobbin, malgré sa timidité, lui apporta une glace et vint s'asseoir auprès d'elle. De grosses larmes roulaient dans les yeux d'Amélie, et, pour donner le change à Dobbin : « Mon mari devient joueur, lui dit-elle.

— Quand on a cette passion-là, répondit Dobbin, on se laisse attraper par les plus sots.

— C'est bien vrai, répondit-elle en soupirant. »

Elle ne pensait pas du tout à ce qu'il disait.

Enfin George accourut auprès de sa femme pour reprendre le châle et le bouquet de Rébecca qui, prête à quitter le bal, ne venait pas même souhaiter le bonsoir à son amie. Dobbin causait tout bas, dans un coin de la salle, avec le général de division, et Amélie, voyant ce qui se passait, laissait tomber tristement sa tête sur sa poitrine sans dire un mot à son mari. George rendit le bouquet à Rébecca. Au fond du bouquet, un billet se trouvait caché ; Rébecca s'en aperçut dès que le bouquet lui fut remis, et George lut dans ses yeux qu'elle l'avait deviné. Entraînée par son mari, qui paraissait trop distrait pour rien comprendre, elle serra la main de George, laissa tomber sur lui un de ses regards scintillants comme des éclairs, le salua et disparut. George, triomphant, n'entendait plus rien, pas même les adieux du dragon.

Cent fois il était arrivé à George de donner le bras à Rébecca ou de lui apporter son châle ; mais un secret pressentiment, un vague instinct avertissait Amélie que la scène du bouquet renfermait un mystère.

Dobbin était revenu près d'elle. « William, lui dit-elle en prenant son bras et l'appelant par son nom de baptême sans s'en apercevoir, je me sens mal, reconduisez-moi ! »

Dobbin lui obéit, et ils traversèrent ensemble la foule épaisse qui encombrait les salons, et qui semblait émue. Pendant que la pauvre enfant se couchait en toute hâte pour ne pas déplaire à son mari, qui lui avait défendu de veiller et de l'attendre, Osborne, enivré de sa conquête, se mit à jouer, gagna, s'approcha d'un buffet, et but coup sur coup plusieurs verres de vin de Champagne. Il causait et riait avec une extrême gaieté, quand Dobbin, pâle et de l'air le plus grave, revint le trouver.

« Mon vieux capitaine, lui dit George, allons, un verre de vin de Champagne !...

— Je viens vous chercher, mon cher, ne buvez plus.

— Allons donc !.... figure de cire, vous reprendrez demain vos sermons ! A votre santé ! »

Quand Dobbin se fut penché à l'oreille de George

et eut prononcé deux ou trois mots, celui-ci poussa un cri d'étonnement, replaça le verre sur la table et suivit Dobbin d'un pas rapide. « Les Français ont passé la Sambre, lui avait dit Dobbin, notre gauche est engagée, et nous nous battons dans trois heures. » George Osborne n'était point un méchant homme ; c'était seulement un cœur médiocre et un esprit ordinaire. L'heure terrible qui allait sonner lui en dit plus que tous les sermons de Dobbin. En revenant chez lui, mille pensées l'agitèrent : ce mariage conclu malgré son père, cette jeune fille innocente et charmante, ces folies de la nuit passée, sa faiblesse qui l'avait fait céder aux séductions de Rébecca, son étourderie, son imprévoyance. Déjà son petit capital était dissipé ; s'il mourait, qui prendrait soin d'elle ? Après avoir désobéi à ce père généreux, n'allait-il pas laisser dans la misère cette jeune fille dévouée ? Il se mit à écrire à son père ; un pâle rayon sillonnait le ciel au moment où il cachetait sa lettre et écrivait l'adresse sur l'enveloppe. A son arrivée chez lui, il était entré dans la chambre à coucher d'Amélie, qu'il avait trouvée endormie ; il l'avait cru du moins.

La lettre écrite et cachetée, il rentra dans la chambre, et vit sa jeune femme dans la même attitude. A sa première entrée, elle ne dormait point ; elle tenait ses yeux fermés pour n'avoir pas l'air de lui faire un reproche de ce qui l'inquiétait. Ce petit cœur timide et tendre fut charmé et consolé qu'il rentrât si tôt après elle, et, se retournant de son côté au moment où il était sorti sans bruit de la chambre, elle s'était endormie légèrement.

Quand George rentra, la veilleuse éclairait cette douce et pâle figure, sur laquelle se projetait l'ombre de longs cils noirs. Un petit bras blanc et rond sortait de la couverture ; George se trouva bien faible et bien coupable en face de tant de pureté.

Il resta quelque temps debout auprès du lit, la regardant dormir et priant pour elle, si la mort s'emparait de lui le lendemain.

Puis il prit la main blanche et immobile, et se pencha doucement vers l'oreiller qui soutenait cette tête innocente. Tout à coup les deux yeux d'Amélie s'ouvrirent. Je ne dors pas, George, lui dit la pauvre enfant avec un sanglot qui semblait prêt à briser sa poitrine, et ses deux bras, se rejoignant par-dessus la tête de George, le tinrent enlacé. Dans ce même instant, le bruit criard des cornemuses écossaises et le terrible clairon de la cavalerie retentissaient de rue en rue et appelaient les hommes au combat.

Cependant Rébecca, se souriant à elle-même dans ses rêves, la tête enveloppée de dentelles, dormait paisiblement, assez peu occupée de Rawdon, qui bivouaquait enveloppé dans son manteau et trempé de pluie. Il ne dormait pas, lui ; tout immoral et grossier qu'il était, il aimait ; les mille séductions de Rébecca s'étaient enlacées autour de ce cœur violent, comme les serpents de Laocoon environnent et pressent les membres nus du héros mythologique, sans lui permettre de respirer. Rawdon ne pensait qu'à elle, et elle ne pensait qu'à Rébecca. Les égoïstes ont cela d'excellent, qu'ils ne s'étonnent pas de leur égoïsme : c'est leur vie.

Admirons aussi la profonde tranquillité des femmes dans les circonstances importantes et leur supériorité dans le mal, dès qu'il leur plaît de s'y vouer : phénomène qui n'a pas échappé à notre observateur, et que l'exemple et le caractère de Rébecca mettent en lumière avec beaucoup de finesse et d'éclat. Dans le sauve-qui-peut de Bruxelles, notre héroïne se montre sublime de sang-froid, de prudence et de diplomatie. Elle va droit au nabab Sedley, dont elle fait de nouveau la conquête, se ménageant ainsi la certitude d'une protection efficace. Tout ce qu'e doit à la générosité de Rawdon, les mille petits présents du général Tufto, les chevaux de son mari, ses bijoux, même ses économies, car elle fait des économies en ne payant personne, lui constituent un petit capital respectable, — et elle dort tranquille.

Rawdon revint sain et sauf. Sedley le nabab se sauva au grand galop. George Osborne resta étendu mort sur le champ de bataille, laissant sa jeune femme veuve et bientôt mère. Les blessés véritables ne sont pas étendus sur les champs de bataille.

Les vrais blessés sont les cœurs de femmes dévouées, trop faibles pour résister ou lutter, trop fiers pour se plaindre.

VI. — LA VEUVE ET SON ENFANT.

Les habitants de Bruxelles étaient fort agités le 15 et le 16 juin 1815. Vers la porte de Namur, une foule compacte se précipitait ; le vent apportait de ce côté le bruit de l'artillerie ; de temps à autre, fuyards et paysans venaient donner les nouvelles les plus contraires. Des gens à cheval trottaient le long de la chaussée, dans la direction du canon, puis se retiraient au grand galop ; tout était dramatique, même le temps. La veille, une pluie battante avait détrempé les chemins ; le lendemain, l'ardent éclat du soleil étincelait aux cieux. Boutiques fermées, négociants et ouvriers, marchands et brasseurs, acteurs et banquiers, gens de toute sorte vaguant de porte en porte, inquiets, pâles, émus, demandant partout des nouvelles, s'arrêtant, se groupant, reprenant leur course, chacun questionnant son voisin, le pair d'Angleterre s'oubliant jusqu'à causer avec le premier venu comme un autre homme ; les femmes remplissant les églises, encombrant les chapelles, à genoux sous les portiques : c'était un concert inexprimable de terreurs et d'inquiétudes ; le canon grondait et roulait au loin par intervalles, en guise de basse continue. Il y avait de quoi ébranler des esprits plus fermes et des cœurs plus héroïques que celui de la jeune Amélie Osborne, que le lecteur connaît et aime, et dont le mari, capitaine dans l'armée anglaise, recevait dans ce moment même la mitraille des canons français. Les heures s'écoulèrent, minuit vint et la ville ne dormait pas; on voyait de la lumière briller à toutes les fenêtres, des groupes à toutes les portes, la foule dans toutes les rues. Les nouvelles du champ de bataille ne cessaient pas de se contredire et se chargeaient, en passant de bouche en bouche, de détails exagérés. On disait les Prussiens taillés en pièces — puis vainqueurs. La jonction des armées de Wellington et de Blucher n'avait pas pu s'opérer; — elle avait eu lieu, et Napoléon était prisonnier. N'essayons pas de dire ce que souffrait la jeune femme; certaines douleurs ne doivent pas être décrites; il y a des tortures sur lesquelles un voile de pudeur morale doit tomber. Après une journée de stupeur immobile, un paroxysme de terreur hystérique la poussait çà et là. Elle voulait aller retrouver l'armée; elle priait avec larmes son frère de l'y conduire. Elle descendait l'escalier de son hôtel, puis le remontait; elle resta dans cet état jusqu'au point du jour. Enfin l'aube arriva; des blessés étendus sur la paille, dans les longues charrettes flamandes, entrèrent en ville; de sourds gémissements en sortaient, des figures hâves y apparaissaient, et tout le monde se mettait aux fenêtres pour contempler ces débris des jeux funèbres de l'humanité. Une des énormes charrettes s'arrêta devant l'hôtel d'Amélie.

— C'est George ! cria la pauvre femme en descendant les marches de l'escalier comme une folle.

Ce n'était pas lui, mais un sergent de sa compagnie blessé, et qui venait lui donner des nouvelles de George. Osborne était vivant, ainsi que son ami le capitaine Guillaume Dobbin, le fils de l'épicier, qui s'était battu comme un lion. Le blessé fut porté dans une chambre de l'hôtel, soigné par les femmes, veillé par Amélie, qui, de temps à autre, quand il venait de boire un peu de potion calmante, lui faisait raconter tout ce qui était arrivé à George. A six heures du matin, le canon se remit à parler, et le silence ne se rétablit qu'avec l'obscurité. On sait le reste ; on connaît ce drame extraordinaire, bataille gagnée dix fois, une fois perdue, et les cinquante mille combattants qui des deux côtés jonchèrent le sol. Pendant que les femmes priaient et pleuraient et qu'Amélie passait du lit du sergent au balcon de l'hôtel, d'où elle entendait la canonnade, des files d'hommes étaient fauchées par la mitraille. George Osborne, une balle dans le cœur et la face contre terre, tombait non loin de Dobbin qui, le bras en écharpe, continuait de se battre.

L'année entière qui suivit ces terribles journées, ne laissa pas un souvenir dans la vie de la jeune femme, ce fut, comme les Anglais le disent si bien, *un blanc* (*a blank*), un vide profond et sans forme. On désespéra longtemps de sa vie et de sa raison ; devenue mère, elle survécut. Il y eut même un moment où elle se sentit heureuse : son enfant avait les beaux yeux de George ! Dobbin veilla sur elle, la ramena en Angleterre, la sauva du besoin et plaça au nom de la jeune veuve toutes ses propres épargnes, qu'il prétendit être le débris de la fortune de George. Dobbin apportait tant de bonbons et de joujoux, qu'on l'appelait le capitaine *Bonbon* et le général *Joujou*. Il fallait le voir tenir l'enfant, le bercer, le soigner, le caresser ; quoique parrain du petit George, Amélie ne lui permettait que comme une faveur spéciale de toucher à son trésor. Le petit George était sa vie, son être, son Dieu ; elle le vénérait et l'adorait ; la nuit, elle s'éveillait et allait à son berceau d'un pas léger, plein d'idolâtrie et de timidité ; là, lui donnant le sein, elle restait tout entière livrée à ces joies suprêmes qui dépassent de bien loin la raison et l'instinct, l'enthousiasme et l'amour : — aveugles et sublimes dévotions du cœur féminin. Dobbin ne perdait pas un mouvement de ce cœur, pas une seconde de cette existence qui s'écoulait comme une longue caresse maternelle. A côté de George, il n'y avait aucune place pour lui ; il reconnut cela clairement et se soumit en paix à sa destinée, sachant que la vaincre était impossible.

M. et madame Sedley, les bonnes gens ruinés qui, sous leur toit si humble, avaient abrité et recueilli leur fille, auraient voulu que Dobbin devînt son mari. Ils avaient encouragé ses visites. Un moment, le major, car il était devenu major après Waterloo, avait pu espérer que la veuve ferait quelque attention à lui. Dobbin se trompait ; il ne connaissait point la femme, la vraie femme, adoratrice de sa chimère. Un jour, notre Dobbin vint lui annoncer qu'il allait quitter l'Angleterre. Elle tenait son enfant sur ses genoux en l'allaitant. Quand elle vit Dobbin, elle lui tendit la main et se mit à sourire, parce que le major ne pouvait lui rendre sa politesse. Il avait un cheval de bois sous le bras droit, une trompette sous le bras gauche, un sabre et un tambour à chaque main, joujoux prématurés dont son filleul, qui avait six mois, ne pouvait guère tirer parti. Les bottes du major craquaient sur le parquet, et cela contrariait la jeune mère. Se débarrassant de ces nombreux joujoux et prenant la main d'Amélie :

« Je viens vous dire adieu, Amélie, lui dit-il.

— Adieu... Où donc allez-vous ?

— Je serai longtemps absent. Adressez vos lettres à l'État-Major. Vous m'écrirez, n'est-ce pas ?

— Je vous écrirai ; je vous parlerai de George.

— Adieu !

— Vous partez ! lui dit-elle en souriant. Vous avez été bien bon pour moi... et pour lui, ajouta-t-elle en montrant son fils !... Regardez-le donc, n'est-ce pas un ange ? »

Puis, comme il revenait sur ses pas pour la voir encore :

« N'éveillez pas George ! »

Ce fut là tout l'adieu que reçut Dobbin des lèvres roses de la jeune veuve, amoureuse et fière de son idole. Voilà ce qu'avait gagné le fidèle Dobbin partant pour les Indes orientales, Dobbin qui aimait si tendrement Amélie et l'environnait d'une protection si adorable et si dévouée. Cruelle sublimité de ces cœurs féminins ! Les petits doigts roses de George serrèrent machinalement la grosse main du major ; Amélie, rayonnante et épanouie d'amour maternel, arrêta sur lui un regard plein d'une joie sans bornes, regard qui le blessa jusqu'au fond de l'âme. Il se baissa vers l'enfant et la mère, sans avoir la force de prononcer un mot ; enfin, il put dire : « Dieu vous bénisse ! » Et il se retira d'un pas tremblant et appesanti.

« Prenez garde, reprit la cruelle, vous allez l'éveiller ! »

Elle n'entendit pas même le bruit du cabriolet dans la rue ; elle regardait son George, qui souriait en dormant.

Amélie, ordinairement si douce d'humeur et si charmante de caractère, traitait bien mal son pauvre Dobbin. Elle n'était touchée ni de sa persévérance ni de sa générosité. Elle avait de la reconnaissance, voilà tout. Dobbin était parti pour les Indes, et jamais elle ne pensait à lui ; il aurait pu partir pour la lune sans qu'elle s'occupât de lui davantage. Vivre par les affections et pour elles, c'est le fort et c'est la grandeur de la femme comme son malheur. Amélie offrait le type complet de ces faibles âmes féminines. Elle était jalouse de son enfant, humblement disposée à se croire toujours coupable envers ceux qu'elle aimait, parfaitement indifférente pour ce qui n'entrait pas dans le cercle borné de ses dévouements, bien élevée, mais ignorante de toutes choses, excepté de ce qui concernait la famille, et ne désirant rien savoir au delà.

Cependant le vieil Osborne reste plongé dans son orgueil et sa misanthropie, son fils est mort sans rentrer en grâce, et l'idée que cette réparation est à jamais refusée à sa fierté, s'unit pour l'irriter à la pensée que son fils se trouve au delà et au-dessus de son pardon. Il lui semble que le pauvre enfant est là-bas, en face de lui, par-delà le gouffre immense que personne ne franchit après l'avoir passé, et les yeux éternellement et tristement fixés sur son père. Il n'est pas seulement affligé, il est furieux ; George ne lui a pas demandé la permission de mourir. Toute la maison porte le deuil ; les volets extérieurs sont fermés, plus de bals, plus de dîners, plus de fêtes, on n'accepte aucune invitation ; cet intérieur, aussi lugubre que

celui d'un despote oriental, devient épouvantablement
funèbre, et le père se dirige un beau jour sur
Bruxelles où il cherche, sans que personne s'en
doute, quelques traces vivantes de ce fils ingrat et
dénaturé. Dans le petit cimetière de Lacken, séparés
par une haie d'aubépines des sépultures catholiques,
on a déposé les restes mortels du capitaine George
Osborne, séparation qui humilie profondément l'habitant de la Cité. Un fils d'Anglais, de commerçant
riche, un officier de l'armée britannique, un membre
de l'église anglicane établie, ne pas avoir le droit de
reposer à côté des papistes de Lacken ! Dobbin, qui
n'était pas encore parti pour l'Inde et qui le rencontra
dans ces parages, prit mal son temps pour l'intéresser
à la pauvre veuve. Osborne le père était remonté
dans sa voiture, où il se tenait fièrement, les bras
croisés sur sa poitrine. Dobbin à cheval courut après
la voiture.

« Monsieur Osborne ! » cria-t-il en mettant la main
sur la portière.

Osborne, au lieu de répondre à Dobbin, s'adressa
au laquais assis près du cocher :

« Dites à ce drôle d'aller plus vite, sacrebleu !...
plus vite !

— Monsieur, reprit Dobbin en éperonnant son
cheval, j'ai à vous parler.

— De la part de la femme qui a séduit mon fils ?

— Non, de la part de George. »

Le père s'enfonça dans la voiture ; Dobbin, à cheval, le suivit en silence et descendit après lui à son hôtel, où Osborne était logé.

« Quelle communication avez-vous à me faire, s'il vous plaît, capitaine ? ou plutôt *major*, car c'est votre grade. Les braves sont morts pour vous faire place.

— C'est vrai, répondit Dobbin tristement. J'ai à vous entretenir de l'un de ces braves.

— Ne soyez pas long, alors, sacrebleu !

— Je suis son meilleur ami et son exécuteur testamentaire. Savez-vous qu'il est mort bien pauvre et que sa veuve est restée sans ressource ?

— Je ne connais pas sa veuve. Je ne veux pas la connaître. Qu'elle retourne chez son père. »

Dobbin répliqua doucement ; il était parfaitement résolu à ne pas se fâcher ; Osborne ne l'était pas moins à avoir raison. Il avait raison envers et contre tous. Il exagéra donc sa bonté pour son fils, les torts de George envers lui-même, cria, pérora, argumenta, finit par dire qu'il ne manquerait jamais à sa parole et qu'il avait juré de ne plus revoir Amélie. Bref, il envoya promener Dobbin. Qu'importait à la veuve ? Rien au monde ne l'intéressait plus. La vie d'Amélie, — cette vie humble et dévouée qui s'écoule chez son père devenu idiot, le vieux Sedley, toujours livré à d'impossibles spéculations, — ne se compose point d'incidents extraordinaires ; son histoire n'abonde pas en traits merveilleux ; si elle avait tenu un journal de sa vie pendant les sept années qui suivirent la naissance de son fils, on y trouverait peu de faits plus intéressants que la rougeole du petit George. On remarquait Amélie quand elle passait dans la rue ; les fournisseurs et les marchands qu'elle payait toujours comptant, avaient de l'estime et de la considération pour elle ; les jeunes commis la saluaient courtoisement. Après tout, malgré l'intérêt que la veuve faisait naître, qui aurait pensé à elle si elle n'eût été jolie ? « Hélas oui, dit M. Thackeray, ce sont les jolis visages qui font naître la sympathie dans le cœur des hommes, êtres vicieux. Une femme peut avoir la sagesse et la chasteté de Minerve, elle n'obtiendra pas un regard de nous si elle est laide. Quelle est la légèreté que deux yeux brillants ne feraient pardonner, la sottise que deux lèvres roses et une voix douce ne rendraient agréable ? Aussi les femmes, avec leur instinct habituel de justice, en tirent-elles la conclusion que lorsqu'une femme est belle elle est sotte. Oh ! femmes ! femmes ! en est-il donc parmi vous qui ne soient ni belles ni sensées ? »

Il advint un certain soir, au grand étonnement de la pauvre petite, que le révérend M. Binny lui demanda d'échanger contre le sien le nom d'Osborne. Amélie toute rougissante, des larmes dans les yeux et dans la voix, le remercia d'avoir pensé à elle, lui exprima sa gratitude pour les attentions qu'il avait eues soit pour elle, soit pour son pauvre petit enfant, mais lui déclara que jamais, non jamais elle ne songerait à un autre mari que celui qu'elle avait perdu. Le 25 avril, le 18 juin, anniversaires de son mariage et de son veuvage, elle se renfermait dans sa chambre et consacrait ces deux journées à la mémoire de l'ami absent, sans compter les heures nombreuses de ces nuits solitaires et pensives à côté du berceau où son fils sommeillait. Le jour, elle était plus active; elle apprenait à George à lire et à écrire et un peu de dessin. Elle lisait, afin de trouver dans les livres des histoires à lui raconter. L'enfant grandissait et développait son intelligence sous l'influence maternelle qui lui apprenait de son mieux à connaître le créateur de l'univers. Soir et matin, la mère et l'enfant (communion solennelle et touchante dont le souvenir fait battre le cœur!) priaient le Père céleste : la mère l'implorant dans toute la tendresse de son âme, et l'enfant balbutiant les paroles qu'elle prononçait. Chaque soir, ils priaient Dieu de bénir le cher papa, comme s'il eût été vivant et près d'eux. Plusieurs heures de la journée étaient employées par Amélie à parer et habiller son fils, à le mener à la promenade avant le déjeuner, à inventer et à tailler pour lui les habillements les plus ingénieux, en se servant de ce qu'elle avait de plus beau dans sa garde-robe de mariée; pour elle, elle portait toujours une robe noire avec un chapeau de paille garni d'un ruban noir, au grand déplaisir de sa mère, qui avait pris goût à la toilette, surtout depuis ses malheurs. Amélie donnait ce qui lui restait de temps à sa mère et à son vieux père. Elle avait appris à jouer aux cartes pour faire la partie du vieillard, les soirs où il n'allait pas à son club. Elle chantait quand il le désirait, et c'était bon signe, car il ne manquait jamais alors de s'endormir paisiblement. Elle écrivait ses innombrables notes, lettres, prospectus et projets.

Ce fut par une circulaire de sa main, que les anciennes connaissances de M. Sedley furent informées qu'il était devenu l'agent de la compagnie houillère du Diamant noir, et qu'il était en mesure de fournir à ses amis et au public du charbon de première qualité. Tout ce qu'il fit, ce fut d'apposer aux circulaires sa signature et son paraphe, et d'y mettre l'adresse d'une écriture tremblée, vraie écriture de vieux commis. L'un des exemplaires fut envoyé au major Dobbin. Le major, qui était alors à Madras, n'avait guère besoin de houille. Il reconnut cependant la main qui avait écrit le prospectus ; que n'aurait-il pas donné pour serrer cette chère main entre les siennes ? Bientôt un second prospectus arriva, informant le major que Jean Sedley et Cie, ayant établi des correspondances à Oporto, Bordeaux et Sainte-Marie, pouvaient offrir au public et à leurs amis les vins les meilleurs et les plus recherchés de ces provinces, à des prix raisonnables et à de bonnes conditions. Sur cette information, Dobbin se mit à tourmenter sans relâche le gouverneur, le commandant en chef, les juges, les officiers des régiments, tous ceux qu'il connaissait à la présidence. La maison Sedley et Cie reçut des commandes qui remplirent d'étonnement M. Sedley et son commis, qui était à lui seul la *compagnie*.

Hélas ! ce fut tout ; rien ne réussit plus après cette bonne fortune inespérée. Déjà le négociant émerveillé avait pensé à créer une maison dans la Cité, à enrôler un régiment de commis, à faire construire un dock pour son usage personnel et à couvrir le monde de correspondants ; mais les vins et les charbons qu'il avait envoyés étaient détestables : le major Dobbin fut accablé de malédictions, reprit une partie de ce vin et le vendit à la criée, non sans une perte notable.

Jusqu'au moment fatal où le vieux Sedley s'avisa de faire le commerce des vins et de la houille et de lancer des prospectus magnifiques, les affaires du petit ménage ruiné n'allaient pas trop mal. Joseph Sedley le nabab, qui était retourné à son poste dans les grandes Indes, faisait payer régulièrement à son père une petite pension. Le soir, à son club, Sedley avait encore le plaisir de parler millions, de discuter la dette flottante et les fonds publics et de dire à ceux qui l'écoutaient : « J'ai un fils à Calcutta sur qui je peux tirer pour dix mille livres sterling et sans me gêner. » La bonne femme mistress Sedley grondait son unique servante, analysait la qualité du sucre et critiquait la saveur du thé, exerçait son active surveillance sur la boucherie et l'épicerie, querellait sa fille à propos du petit George, allait au service divin tous les dimanches, vêtue de ses plus beaux atours, et se donnait les satisfactions de la royauté domestique sur une plus petite échelle, mais avec autant d'activité et un intérêt aussi vif que dans l'époque de splendeur où elle commandait à dix personnes. Pourquoi le démon de la spéculation vint-il troubler ce repos et détruire cette prospérité? Ce fut un grave et cruel échec pour la vanité de Joseph qui venait d'obtenir une place dans les bureaux du trésor public de Calcutta, lorsque la poste lui apporta un paquet de ces prospectus maudits, avec une lettre de Sedley père informant son fils qu'il comptait sur lui dans cette affaire, et qu'il avait consigné au compte de Joseph une certaine quantité de vins de choix pour la valeur desquels il tirait sur lui en lettres de change. On allait donc savoir que le père de Joseph Sedley du trésor public s'était fait marchand de vins, Joseph refusa les lettres de change. Le papier protesté fit retour et fut remboursé avec les bénéfices réalisés sur les fournitures et une partie des économies d'Amélie.

Outre sa pension annuelle de 50 livres sterling, elle possédait une somme de 500 livres, qui, selon l'exécuteur testamentaire de son mari, appartenait à la veuve. Dobbin, comme tuteur de George, proposa de les placer à huit pour cent dans une maison qui faisait le commerce des Indes. M. Sedley, croyant que le major avait de mauvaises intentions sur l'argent de son pupille, s'éleva fortement contre ce plan; il alla lui-même chez le banquier pour protester contre l'emploi qu'on voulait faire de cet argent ; là, il apprit, à sa grande surprise, que jamais cette somme n'avait été entre les mains du banquier, que tout l'actif d'Osborne ne montait pas à 100 livres, et que, quant aux 500 livres, c'était sans doute une autre somme dont le major Dobbin avait une connaissance particulière. De plus en plus convaincu de quelque friponnerie, le vieux Sedley écrivit à Dobbin et lui demanda ses comptes. Dobbin fut obligé d'avouer la ruse et de confesser son généreux mensonge.

Amélie donnait à ses parents les trois quarts de la pension que Dobbin lui faisait, ce menteur de Dobbin qui avait imaginé le beau conte relatif à l'héritage de son ami. Le reste était voué à l'éducation de George qui devenait, comme tous les enfants qui restent longtemps entre les mains des femmes, volontaire, impérieux, aimable et gâté... Déjà quelques filets d'argent se mêlaient à la brune chevelure de la veuve qui ne s'en affligeait pas et disait sans affectation « une vieille femme comme moi. » Chaque mot de son enfant et toutes ses petites compositions, qu'elle regardait comme des merveilles de génie, la remplissaient d'une joie douce, continue, qui rendait son humeur égale et charmante, quelles que fussent les robes brunes et simples qu'elle portait, et l'uniformité de sa vie. Les caprices de sa mère, le radotage presque idiot de son père, ne troublaient pas sa charmante sérénité. Un jour seulement, elle entra dans une colère de reine tragique ; voici à quelle occasion :

Depuis la mort de George Osborne, huit ans s'étaient écoulés. Le vieux Osborne entendit parler de son petit-fils qui s'appelait aussi George, de la gentillesse, de la grâce, des mille qualités charmantes de l'enfant ; il se sentit vaincu par le poids même de sa colère et de sa rancune. Bientôt un avoué vint, de sa part, trouver Amélie et lui proposer de consentir à ce que l'enfant fût élevé par le grand-père : ce dernier lui laisserait sa fortune, paierait une pension à la mère et permettrait à cette dernière de venir quelquefois voir son fils. Pour la première fois, Amélie éprouva un mouvement de fureur. « Moi ! vendre mon fils ! s'écria-t-elle. Vous m'insultez, monsieur ; vous m'insultez. Dites à M. Osborne que c'est indigne, oui, indigne. Je ne répondrai pas à cette lettre. »

Elle jeta les morceaux de l'épître au nez de l'avoué qui s'en alla tout confus ; comment aurait-il compris la fureur de la veuve à laquelle on voulait enlever son trésor ? Elle passa toute la journée à regarder George et à pleurer. Ses parents ne s'apercevaient pas même de sa tristesse ; ils avaient bien autre chose à faire. Des embarras personnels les absorbaient ; ils avaient trouvé moyen de se ruiner une seconde fois au sein de leur misère ; grâce aux belles spéculations sur le vin et sur la houille, la famille n'avait plus de quoi vivre.

Tout était engagé par le vieux Sedley. Les mémoires du modeste ménage, jusqu'alors régulièrement payés chaque semaine, commençaient à rester en arrière. Les remises n'étaient pas venues de l'Inde ; M. Sedley en avertit sa femme d'un air consterné. La pauvre dame avait toujours payé exactement ; aussi deux ou trois des fournisseurs auxquels elle fut contrainte de demander délai, se montrèrent-ils récalcitrants, quelque habitués qu'ils fussent aux retards de quelques-unes de leurs pratiques moins régulières. La pension payée par Amélie vint au secours du petit ménage, réduit à la demi-ration. Le boucher devint hargneux, l'épicier insolent ; une fois ou deux, George s'étant plaint du dîner, Amélie, qui se serait contentée d'un morceau de pain, lui acheta de sa bourse quelques friandises.

A la fin, on lui conta ces sortes d'histoires arrangées et incroyables à l'usage des personnes dans la gêne. Un jour qu'elle venait de toucher sa rente et qu'elle allait payer sa pension, ayant conservé la note des sommes déjà versées par elle, elle voulut garder un peu plus d'argent que d'habitude, afin d'acquitter le prix d'un habit commandé pour Georges. Aussitôt on lui avoua que les remises de Joseph n'étaient pas payées, qu'on était dans une gêne dont elle aurait dû s'apercevoir sans que sa mère en dît rien; « mais « elle ne s'occupait que de George. » Sans répliquer un mot, Amélie poussa vers sa mère la somme entière et alla dans sa chambre pleurer à son aise. Ce fut pour elle un grand crève-cœur d'être forcée à contremander ces habits, chers habits qu'elle avait caressés en son cœur comme cadeau de Noël, dont elle s'était plu à discuter la coupe et la façon avec une petite modiste de sa connaissance. Le plus cruel était d'annoncer ce désastre à George, qui espérait ses beaux habits. Qui n'avait pas des habits neufs à Noël? Il en voulait absolument, lui aussi. Sa mère n'avait que des baisers à lui donner, tout en reprisant et raccommodant les vêtements de l'année dernière; il pleurait, il se fâchait, c'était un petit homme, tant ses volontés et ses désirs étaient violents. Elle chercha dans ses tiroirs quelques ornements ou quelques bijoux dont elle pût tirer parti. Enfin, le beau châle des Indes que le major lui avait envoyé, lui revint à l'esprit, ainsi que la boutique du Juif où les femmes vont échanger leur luxe contre un peu d'argent nécessaire. Elle fit un paquet de son châle et partit. A son sourire épanoui, George devina qu'il aurait ses habits neufs. Plus d'un passant, en traversant le parc, se retourna pour admirer cette jolie tête rose et heureuse, encadrée de cheveux noirs lisses, et cette petite personne qui allait si vite son paquet sous le bras. Elle calculait tout ce que le châle de Dobbin allait lui rapporter : un manteau pour son père, un *sandfort et merton* pour son fils, et un terme du pensionnat d'avance. Elle ne se trompait pas, on lui donna vingt guinées du merveilleux tissu qui en valait cinquante, et elle revint ou plutôt elle courut chez son père, qui, selon l'habitude des Anglais, aristocrates même dans la misère, avait baptisé du titre le plus pompeux la coquille habitée par sa pauvre famille. Il demeurait fort loin, comme l'attestaient ses énormes cartes de visite :

M. Sedley senior,
Chef de la grande compagnie houillère,
Du Diamant noir, etc., etc.,

Pavillon oriental, Anna-Maria Road Clapham.

Madame Sedley rencontra sur le pas de la porte sa fille avec les livres et les habits.

— C'est pour George, dit la jeune veuve en rougissant.

— George ! reprit la mère, vous l'accoutumez au luxe quand toute la maison manque de pain, quand notre argenterie est en gage, quand votre pauvre vieux père est sur le point d'aller en prison ! Et tout cela pour ce garçon que vous gâtez, madame, que vous ruinez, madame, et qui pourrait être riche si vous vouliez !

Une tragique démonstration nerveuse accompagnée de sanglots, de larmes et de convulsions, fit retentir la maison tout entière.

— O ma mère ! ma mère ! s'écria Amélie, vous ne m'aviez rien dit !... Prenez l'argent, prenez tout !...

Les souverains d'or et les shellings d'argent, tombant de sa main tremblante dans celle de sa mère, roulèrent sur l'escalier. Elle se renferma dans sa chambre, et se sentit profondément coupable et misérable. D'un mot, elle pouvait rendre à l'enfant tout ce que son mari mort avait perdu pour elle, rang, fortune, crédit et amis ; du même mot, elle rendrait la joie à sa famille, le bien-être à son vieux père. Elle s'accusa d'égoïsme et d'ingratitude ; quelle horrible conviction pour cette âme si tendre ! Avant de céder, elle livra plus d'un combat.

Sous le toit modeste des Sedley régnaient la tristesse, la méfiance et la misère, dont elle voyait le flot monter tous les jours. Le propriétaire commençait à se fâcher ; la servante irlandaise bienveillante et désintéressée, comme c'est le caractère de sa race, était en butte aux humeurs de madame Sedley, qui imaginait sans cesse que cette fille lui manquait de respect. Sedley père allait créer, sur de très-grandes bases, une nouvelle société d'assurances contre les insectes, et il radotait plus que jamais. L'amère et desséchante atmosphère de la pauvreté se répandait comme un poison subtil dans cette honnête famille. La mère était insensible au dévouement d'Amélie, à sa douceur, à ses sacrifices, à cette adorable bonté qui s'ignorait. Sans cesse traitée d'orgueilleuse, accusée d'idolâtrer son fils et de le ruiner, Amélie espéra tirer parti de son éducation ; elle peignit des écrans, à la grande admiration de la domestique irlandaise. Le papetier ne voulut pas les acheter, malgré un certain berger rose, avec une houlette, auquel la pauvre petite avait donné tout son soin. Elle en fut pour l'achat des couleurs et des écrans, et elle rentra chez elle le cœur bien gros, après avoir subi le refus du papetier. Elle essaya de donner des leçons ; que n'aurait-elle pas tenté pour garder son enfant ! Pauvre être faible, vous ne savez pas combien est violent et rude ce monde contre lequel vous avez la prétention de lutter ! laissez cela aux forts qui souvent succombent à la peine.

Tous les jours, son visage maigrissait et le regard qu'elle attachait sur son enfant devenait plus fixe et plus douloureux. Elle se réveillait la nuit, et elle allait doucement jusqu'au berceau pour regarder dormir George. Là, pleurant et priant quelquefois pendant la nuit entière, elle débattait en elle-même la terrible question : « Le quittera-t-elle ? » Elle ne le peut pas, non, elle ne le peut pas ! Si elle épousait le vicaire ! Cette idée est une profanation. Elle ne peut s'y arrêter. Elle en a honte. Pendant plusieurs semaines, elle soutient et continue la lutte, mais, hélas ! elle perd sans cesse du terrain. La pauvreté de son fils, la douleur et la vieillesse de son père, s'avancent pas à pas et la forcent de reculer lentement jusqu'à la réalité. Que d'angoisses ! Je ne tenterai pas même de les redire. Elle fut définitivement vaincue, le jour où elle apprit de la bouche de son père que les ressources de la famille avaient disparu complétement, et que la rente viagère servie par Joseph avait été transportée en un capital prêté par un Juif et maintenant épuisé. Elle se résigna ; elle comprit qu'il fallait s'immoler. Se reprochant l'égoïsme qui lui avait fait refuser pour George l'espoir d'une belle position, la pauvre mère s'apprête à se séparer de son enfant. Un soir, elle lui lit l'histoire biblique de Samuel ; puis elle accomplit son sacrifice. Pénible sacrifice ! pire déception ! Tandis qu'elle s'épouvante de la douleur qu'une séparation doit causer à George, l'enfant ne lui parle que du poney que lui donnera son grand-père, et sur lequel il viendra la voir. George va donc demeurer chez le vieil Osborne : tous les jours, sa mère s'assied au pied des grilles de Russel-Square, et tient ses regards fixés sur la fenêtre de la chambre qui renferme son trésor. Le dimanche, quand il se rend au service divin, escorté de sa tante et d'un valet de pied colossal, Amélie ne manque pas de se trouver à peu de distance de la chapelle pour le voir passer. Il y eut pour elle un jour de bonheur presque divin, quand de loin elle le vit tirer de sa poche et donner de lui-même une pièce de monnaie à un petit pauvre que le valet de pied chassait à coups de canne : « Dieu bénisse mon cher George ! » s'écria-t-elle dans son âme, et, après avoir fait à son tour son aumône, elle longea la grille du *square* pour entrer dans l'église. Là, elle s'assit de manière à voir son enfant, pendant qu'il mêlait sa petite voix aux chants de Hændel, répétés par cent voix fraîches et pures qui remerciaient le Dieu créateur. — La jeune veuve avait de la peine à distinguer George ; un brouillard humide couvrait ses yeux, — elle était bien heureuse.

Simples annales de la veuve et de l'enfant, je ne m'excuse point de vous avoir reproduites avec amour dans vos moindres détails. Ceux qui préfèrent à ces tableaux la fange et l'écume de nos sociétés qui étouffent et meurent sous leur corruption brillante, peuvent lire autre chose ; dans le temps où j'écris, les chefs-d'œuvre qu'ils aiment ne leur manqueront pas.

VII. — ZÉRO DE REVENU ET DIX MILLE LIVRES STERLING DE DÉPENSES.

Si la morale et le sentiment vous déplaisent ou vous fatiguent, vous serez aussi charmé du chapitre qui va suivre que vous avez dû être mécontents de celui qui précède. Venez étudier Rawdon et Rébecca dans leur triomphe, si vous ignorez comment on vit dans la splendeur avec un revenu égal à zéro. Suivez-les d'abord à Paris.

Le Paris de 1815, ce Paris brillant et triste dont il est impossible de se rappeler la joie et la confusion sans un sentiment de mélancolie profonde, envenimée encore par le souvenir des catastrophes qui ont suivi la Restauration, offrait à Rébecca et à son mari un théâtre digne d'eux. Rébecca marchait avec les vainqueurs. Rawdon, devenu lieutenant-colonel, passait, malgré son titre de cadet, pour un noble de vieille race. Miss Mathilde Crawley la tante avait laissé dans les salons du faubourg Saint-Germain un parfum de bon goût et d'esprit à la Du Deffand que la maligne Rébecca ne manqua pas d'exploiter. Les fournisseurs parisiens, remplis de confiance dans la bourse des Anglais qu'ils regardaient comme un Pactole inépuisable, auraient livré sans hésiter tous les trésors de leurs magasins. D'ailleurs, la caisse du ménage, c'est-à-dire de la jeune femme, était en bon état. Le général Tufto payait sa pension fort cher, et le nabab pendant le sauve-qui-peut de Bruxelles, avait acheté pour une somme considérable les trois chevaux de l'habile Rébecca. Dans les salons, son succès fut immense ; elle parlait français en perfection. A l'aplomb, à la hauteur, à l'air distingué de l'aristocratie anglaise, elle joignait l'élégante et vive souplesse de la duchesse française. Son mari était stupide ; pour une femme du monde à Paris, c'est toujours une excellente recommandation. Chacun raffolait de la petite Rébecca, qui réunissait le soir dans son salon de la rue de la Paix un petit congrès diplomatique de tous les pays, et voyait les aigles prussiennes, les faucons germaniques et les croix castillanes briguer l'honneur de ses sourires. Sa petite calèche au bois, sa petite loge à l'Opéra, diversifiaient ses triomphes. Rawdon était de très-bonne humeur, plus d'huissiers, plus de créanciers, gros jeu, et personne ne se plaignait. Le général Tufto faisait un peu la moue en voyant une douzaine de colonels de toutes les races germaniques faire cercle autour de mistress Rawdon ; mais il lui fallait se taire, sous peine d'être ridicule. Les douairières anglaises et les chastetés irréprochables que l'éclat de cette parvenue blessait vivement, ne pouvaient rien contre elle dans la société française, grâce à leur inintelligible jargon ; elles se dédommageaient entre elles, et Rébecca n'était pas bonne à pendre. Fêtes, plaisirs, présentation à la cour de Sa Majesté Louis XVIII, réputation d'esprit et de bon goût, tout ce qui dans la foire aux vanités passe pour la félicité suprême, venait couronner la petite Rébecca. Enfin, les journaux anglais apprirent à la société européenne que la femme du lieutenant-colonel Rawdon Crawley avait mis au monde un héritier, tenu sur les fonts de baptême par la duchesse de Bersac et le général Hablanowski ; je renonce à décrire le dépit que cette nouvelle excita dans les cœurs féminins de la haute société.

La marche de Rawdon à travers la vie n'était pas moins triomphale. La constante pratique de tous les jeux d'adresse et de hasard avaient transformé l'amateur en maître. C'était surtout au billard qu'il n'avait pas son pareil : au commencement de la partie, on le trouvait en général assez faible, son coup d'œil manquait de justesse, les plus belles occasions lui échappaient ; mais une fois les paris engagés, et quand le péril devenait pressant, son génie se relevait, une série de coups magnifiques et inattendus lui assuraient la victoire, et l'admiration universelle, accompagnée de quelques milliers de francs, récompensaient la hardiesse et la dextérité de son jeu. Il est vrai que ceux qui l'avaient vu quelquefois à l'œuvre se gardaient bien d'aventurer leur argent contre un homme si modeste en apparence et si fécond en ressources imprévues autant qu'écrasantes. A l'écarté (c'était alors le jeu à la mode), même négligence dans les débuts, même éclat dans les dénoûments. Après quatre ou cinq mois de succès continuels, les perdants commencèrent à se plaindre ; on en parla un peu au quartier général. C'était pour mistress Rawdon un sujet de douleur que la passion de son mari pour le jeu ; elle le disait à tout le monde ; et, le soir où un aide de camp du général perdit à l'écarté 500 livres sterling sur parole, elle quitta le salon en fondant en larmes et passa toute la nuit à gémir et à sangloter. Enfin, le général Tufto averti donna quelques conseils paternels, mais sévères, au lieutenant-colonel qui, le soir même, en causa avec sa femme.

— Mon gros amour, lui dit-elle avec un ton d'ironie qui lui était familier, c'est un bon supplément que le jeu, mais ce n'est pas un fonds suffisant : il faut autre chose. Les gens s'ennuient de perdre. Je vais partir pour l'Angleterre où j'arrangerai vos affaires avec vos créanciers, et nous recommencerons la vie à nouveaux frais.

— Je ne vois pas trop comment, lui dit Rawdon.

— Stupide chéri, répliqua la conquérante, est-ce que les moyens manquent jamais? Supposez que votre oncle le recteur vienne à mourir, vous entrerez dans les ordres et nous vous ferons ministre des autels! Vous serez superbe en chaire.

Le lieutenant-colonel se renversa sur son fauteuil à la Voltaire, en riant à gorge déployée et en frisant sa moustache noire.

— Non! je n'ai rien vu de meilleur dans aucune comédie, s'écria-t-il.

Le lendemain, à déjeuner, Rébecca se mit à prêcher devant le général Tufto le premier sermon de Rawdon Crawley, dans l'église du village, en présence de la congrégation et des tombeaux de ses pères ; cette répétition fut couverte des applaudissements du public.

Il s'agissait de quitter Paris sans scandale. Rébecca commença par se défaire de Tufto, dont l'assiduité, le toupet frisé en pyramides magnifiques, le sourire éternel et la grâce vieillie lui fournirent dans le monde des sujets de caricatures sans fin ; elle plaça dans un village voisin de Paris, à Andilly, près Montmorency, son fils Édouard Rawdon, dont elle ne s'embarrassait guère, et revint à Londres se loger dans une petite chambre démeublée. Là, elle triompha aisément des créanciers de son mari qu'elle avait laissé à Paris. Un argument sans réplique les mit à ses pieds : « Rawdon n'a rien, n'espère rien ; il ne reviendra que si vous lui donnez quittance. Voulez-vous *cinq pour cent ?* »

Avoués et huissiers ployèrent le genou en admirant la jeune femme qui connaissait si bien les affaires. En effet, Rébecca opère toutes les séductions ; elle réveille l'amour éteint, fait renaître l'estime abolie par sa mauvaise renommée, s'humilie pour qu'on l'exalte, relève la tête pour que le vulgaire abaisse la sienne, et exécute avec une agilité incomparable les évolutions les plus merveilleuses. Avec tout cela, armée de tant de dextérité et de prestesse, réussira-t-elle ? Peut-être. — Quoi qu'il en soit, ses premiers pas sont des triomphes. Conquérir l'esprit de son mari a été un jeu pour elle. A Paris et à Bruxelles, elle laisse des dettes nombreuses, revient s'établir à Londres, se fait des amis pour l'usage de Rawdon, sourit, combine, conspire, devient l'arbitre d'un certain monde et s'empare même du grave et solennel sir Pitt, recueil abrégé de toutes les convenances; ce dernier a succédé à son rustique père, dont la vie, après que Rawdon eut épousé Rébecca et que miss Crawley eut laissé son bien au fils aîné, était devenue cynique à faire peur. Le vieux Pitt ne se gênait plus; ses soirées se passaient entre la fille de son sommelier Horrocks et ce sommelier lui-même toujours ivre.

Le résultat de la sagesse diplomatique de Pitt l'aîné et de la brutale étourderie de son frère le dragon, fut que la fortune du vieux membre du parlement et presque toute celle de la sensuelle amie de Fox vinrent se concentrer sur la tête du diplomate au langage amer et aux manières courtoises. Plein de respect pour les convenances, et fidèle à la religion de l'étiquette, il s'occupa de restituer l'honneur de la famille. Les allées furent sablées, les murs recrépits, les volets repeints. Le scandale cessa. Il épousa une jeune femme de l'aristocratie, vraie vignette anglaise, douce et polie, sans volonté, sans esprit, mais bien élevée. Rébecca comprit que la considération lui viendrait de ce côté, et que si elle avait soin de cultiver le diplomate et d'être bien avec sa femme, le bénéfice moral qui lui reviendrait d'une liaison semblable pourrait être placé à gros intérêts. Elle alla donc rendre visite au nouveau propriétaire du château de Crawley, emmena avec elle son fils Édouard, dont elle se souciait peu, mais qui lui donnait un air maternel et intéressant, força Rawdon, le déshérité, à faire bonne mine à son frère, et, selon sa coutume, enleva tous les cœurs.

D'abord, il avait fallu se créer à Londres un établissement confortable et fonder, en bonne politique, les bases de son crédit. Une maison appartenant à un M. Raggles, fruitier, ancien valet de chambre de miss Crawley, tante de Rawdon, s'offrit à la perspicacité de Rébecca : cette maison était située dans le quartier même de l'élégance, au centre de la fashion supérieure, à *May Fair, Curzon-Street.* Raggles, élevé chez les Crawley, ne connaissait rien au monde de plus grand, de plus noble, de plus digne que le château et la famille, le nom et les propriétés, les parents et les dépendances de cette race qui lui semblait la sienne et qu'il vénérait depuis le berceau. Mathilde Crawley, la riche voluptueuse, lui avait fait du bien. Rawdon Crawley, le neveu de sa protectrice, lui paraissait un héros. Le diplomate, actuellement chef de la famille, ne pouvait manquer de devenir un jour premier ministre. Le bon Raggles loua donc sa maison, donna ses fournitures, répondit pour les nouveaux occupants, fut leur caution morale, garantit leur solvabilité auprès des fournisseurs, recommanda d'excellents domestiques à mistress Rawdon, et s'estima le plus heureux des hommes d'avoir trouvé de tels locataires. Les affaires de ce monde ne marchent pas seulement par les réalités, mais par l'opinion, presque toujours mensongère; notre Machiavel féminin ne l'ignorait pas, et, quand la confiance de Raggles eut conquis le carrossier, le tapissier, l'ébéniste, la modiste et le bijoutier, elle fut sûre de résoudre sans peine son problème redoutable : « Vivre dans la splendeur avec zéro de revenu. »

L'estime et l'admiration de Raggles rassuraient les fournisseurs; il fallait mieux que cela. Le mariage de sir Pitt l'aîné avec la jeune héritière de l'un des noms les plus héraldiques du pays offrit à Rébecca le second degré naturel de son élévation; elle résolut de le franchir. Le billet de faire-part était accompagné d'une lettre solennelle du diplomate, dans laquelle le nouveau monarque de Crawley, maître de tous les revenus que ses neveux, nièces et frères auraient pu réclamer ou attendre, engageait Rawdon, le lieutenant-colonel de dragons, à venir passer avec sa femme quelques mois dans le château paternel. C'était chose tout à fait convenable et de bon goût, selon lui, de traiter honorablement les membres d'une famille à laquelle il ne laissait rien. Le lieutenant-colonel n'était qu'à moitié content : « Je vais m'ennuyer dans ce vieux trou, s'écria-t-il, et Pitt est avare comme Harpagon ! » Il alla consulter là-dessus Rébecca en lui portant sa tasse de chocolat et la lettre, car ce mari complaisant faisait lui-même le chocolat de sa femme et le lui apportait régulièrement tous les matins. Elle était assise devant le miroir, occupée à peigner ses longs cheveux blonds.

« — Eh ! vive la joie ! s'écria-t-elle en bondissant de son fauteuil quand elle eut parcouru l'épître.

— La joie ! dit Rawdon, le plateau à la main, pendant que la petite fée aux yeux verts dansait dans la chambre une polka extraordinaire, les cheveux épars et en brandissant le billet de Pitt ; — mais c'est Pitt qui m'a pris ma légitime, j'y avais droit à ma majorité.

— Est-ce que vous serez jamais majeur, mon vieux amour? Dépêchez-vous de commander notre deuil. Vite, un crêpe à votre chapeau.... nous partons jeudi.

— Je n'ai pas l'intention d'y aller.

— Moi, j'irai très-certainement. Il faut bien que lady Jeanne Pitt me présente à la cour l'année prochaine ? Est-ce que je ne vous ferai pas nommer membre du Parlement par votre frère, mon pauvre bonhomme? Est-ce que je ne vous ferai pas consul ou secrétaire d'État en Irlande ou quelque chose dans ce genre-là, mon chéri, mon vieux nigaud?

— Les chevaux de poste coûtent diablement cher !

— Nous irons par la voiture publique ; c'est plus modeste, cela leur fera plaisir. »

Rawdon obéit comme toujours. Il croyait à sa femme comme les soldats de Napoléon à leur général.

Déjà quand ils partirent, le petit salon élégant de *Curzon-Street* était devenu le rendez-vous de quelques membres choisis de l'aristocratie. On admirait la spirituelle Rébecca, bonne enfant, habile musicienne, charmante pour tous, pleine de séductions et de finesse. Les élégants se pressaient autour de sa voiture ; les portes de sa maison s'ouvraient aux barons et aux vicomtes ; les fournisseurs livraient leurs marchandises sans la moindre inquiétude, et elle réussissait dans son sublime tour de force : tenir grande maison et ne rien dépenser. Tout allait bien, l'étoile montait. Elle avait chevaux, équipage, femme de chambre, cartes de visite avec ses armoiries, loge à l'Opéra, stalle séparée à l'église, et même cet accessoire indispensable de la femme à la mode, la dame de compagnie.

Une dame de compagnie, en effet, dans cette position, est aussi nécessaire que le Brougham ou le bouquet. Que j'admire ces tendres créatures qui ne peuvent vivre sans répandre leur affection sur quelque objet, et qui ont soin de choisir pour amie une femme affreusement laide ! L'aspect de l'inévitable acolyte en robe fanée, assise à l'Opéra derrière le fauteuil de leur amie, ou en voiture sur le siége de devant, a toujours été pour moi une leçon morale, comique et lugubre, quelque chose comme la momie que les Égyptiens faisaient asseoir à leurs banquets. Les plus ridées et les plus antiques cherchent une personne moins jeune qu'elles. Les plus hardies protégent leur innocence sous ce chaperon. « Oui, dit M. Thackeray, mistriss Firebrace elle-même, femme imprudente et belle, sans scrupules et sans cœur, dont le père est mort de honte; — la charmante, l'intrépide mistriss Mantrap, elle qui ne recule devant aucune course au clocher, et force les sangliers à la course, pendant que sa mère tient une boutique à Bath; — ces dames au front d'airain ont besoin d'une protectrice de leur timide pudeur. Il leur faut une femme à qui elles puissent s'attacher, tendres âmes, et vous la voyez toujours près d'elles, cette triste et horrible amie en robe reteinte, assise dans leur ombre, au second plan. »

— Rawdon, dit Rébecca vers la fin d'une soirée où plusieurs dandies l'entouraient dans son salon (car on venait finir la soirée chez elle, et l'on était sûr d'y trouver des glaces et le meilleur café de Londres), je veux un *chien de berger*.

— Un quoi? répondit Rawdon, assis à une table d'écarté.

— Un chien de berger! dit le jeune lord Southdown; chère mistriss Crawley, quelle fantaisie !

Pourquoi pas un chien danois? J'en sais un aussi gros qu'une girafe ; par Jupiter! il traînerait votre voiture ; ou un levrier de Perse (je propose, s'il vous plaît), ou un petit bichon à mettre dans l'une des tabatières de lord Steyne? Il y a un homme à Bayswater qui en possède un dont le nez (je marque le roi et je joue) pourrait vous servir à accrocher votre chapeau.

— Je marque le point, dit Rawdon gravement. D'habitude, il ne s'occupait que de son jeu, à moins qu'il ne fût question de chevaux ou de paris.

— Et quel besoin avez-vous d'un chien de berger? continua le doux et léger lord Southdown.

— Je veux dire un chien de berger moral, dit Rébecca en souriant et en jetant un regard à lord Steyne.

— Que diable est cela? dit Sa Seigneurie.

— Un chien qui me protége contre vous autres, messieurs les loups, continua Rébecca, — une dame de compagnie.

— Pauvre innocente brebis! vous en avez bien besoin, dit le marquis lord Steyne, dont nous nous occuperons beaucoup tout à l'heure. — Vous avez de petites dents si blanches et de charmantes griffes si roses qu'elles ne sauraient guère vous défendre. Et ses petits yeux gris cherchaient ceux de Rébecca.

Lord Steyne savourait son café auprès de la cheminée et à petits coups. Le feu flambait joyeusement, les bougies étincelaient et faisaient briller les candélabres dorés, les bronzes et les porcelaines. Assise sur un sofa recouvert d'un tissu semé de fleurs aux vives couleurs et vêtue de rose, Rébecca était admirable; la transparence de sa peau se détachait en pleine lumière et semblait rayonner; ses bras blancs, ses épaules éclatantes, brillaient à travers l'écharpe qui les drapait; ses cheveux retombaient en anneaux sur son cou, et l'un de ses pieds sortait des plis de sa robe, à coup sûr le plus joli petit pied, orné du bas de soi' le plus fin, dans le soulier le plus mignon qui fût au monde. A toute cette magie se joignait l'étincelle de l'intelligence qui brillait dans cet œil bleu, dans ce regard acéré, dans cette parole vive et souple comme le serpent.

Lord Steyne, qui avait rendu depuis quelques mois hommage à ces dons magnifiques de Rébecca et qui succédait à lord Tufto, protégeait la marche ascensionnelle de Rébecca. Celui-ci était un vrai grand seigneur. La laideur et la vieillesse de lord Steyne n'avaient rien de répugnant; on était plus près de le craindre que de le mépriser. Sa tête chauve et luisante, ses rouges favoris qui retombaient sur sa cravate, son front intelligent et bombé, son œil gris, rond et scintillant d'une clarté ironique, sa bouche épaisse, relevée aux deux coins par deux dents pointues comme des défenses de sanglier, la propreté recherchée, la simplicité exquise, l'élégance parfaite de son costume où rien ne brillait et où tout était en harmonie, composaient un ensemble rare et complet. Marié à une fille noble dont la famille n'avait jamais voulu abjurer le catholicisme et qui avait son aumônier, lord Steyne se donnait souvent le plaisir d'inviter à la fois à sa table le chapelain anglican et le prêtre catholique. Ravi de mettre aux prises le protestant et le disciple de saint Acheul, il les écoutait en les excitant au combat. Il y avait chez ce membre anglais de la pairie du Voltaire et du Chesterfield, le tout mêlé à une sagacité pratique très-vive, — à une connaissance redoutable des choses humaines, à un immense mépris pour l'humanité. Il était surtout blasé, et Rébecca l'amusait excessivement. Elle était naïve et joyeuse comme l'innocence; elle était piquante et imprévue comme le vice. Il consentit à ce qu'elle eût une dame de compagnie, qui fut précisément la sentimentale Briggs, l'ancienne sous-maîtresse à qui Mathilde Crawley, tante de Rawdon, avait légué un capital suffisant pour la faire vivre. Qu'elle fut reconnaissante et heureuse de se voir choisie par l'aimable jeune femme! Avec quel empressement mêlé de gratitude confia-t-elle tous ses fonds à Rébecca elle-même pour que Rébecca leur trouvât un bon placement! Le placement, on l'imagine, fut bientôt trouvé.

Il fut convenu que Briggs, le chien de berger, resterait à Londres chargée du soin de la maison, pendant que Rébecca et son mari s'en iraient à la conquête du diplomate sir Pitt et de sa douce moitié. Dès le soir, on se mit à couper, recouper, tailler, coudre, recoudre, à mesurer crêpe, taffetas noirs, étoffes noires de laine et de soie, et, quand le fidèle lord Steyne parut vers les dix heures, il trouva les femmes livrées à cette grande occupation.

— Miss Briggs et moi, dit Rébecca en voyant le marquis entrer, nous sommes plongées dans la douleur; notre papa n'est plus, sir Pitt Crawley est décédé. Nous avons passé la matinée en veuves du Malabar; nous passons la soirée en couturières.

— Ah! madame Rawdon, dit sentimentalement Briggs, pouvez-vous?...

— Ah! Rébecca, répéta le marquis plus sentimentalement que Briggs..... pouvez-vous?... Décidément il est mort, le vieux bandit! S'il avait voulu, il serait pair d'Angleterre. Quel vieux Silène!

— Il n'aurait tenu qu'à moi d'être la veuve de Silène, n'est-ce pas, miss Briggs!

Miss Briggs rougit, car elle était très-pudique, et, sur l'ordre de lord Steyne, elle alla faire le thé. Rawdon était à l'Opéra.

— Vous voyez bien, dit la sirène au marquis, occupé à caresser le gras de sa jambe, dont il était très-fier, que le chien de berger vous connaît; il ne grogne même pas ou n'aboie quand vous êtes là.

Lord Steyne venait de dîner à la cour; il portait l'ordre de la Jarretière et des boucles de diamants, et c'était chose singulière que le mélange d'élégance suprême et de redoutable laideur qui le caractérisait. Il avait les épaules larges, la poitrine musculeuse, le pied charmant et délié dénotant la race, les jambes torses comme un basset et la main admirable. Rawdon et lord Southdown revinrent de l'Opéra et se mirent à la table de jeu.

— Voilà votre berger, dit tout bas lord Steyne à Rébecca.

— Oh! il ne s'occupe pas de son troupeau; il n'aime que les cartes.

— Un joli Corydon! Lord Southdown me fait l'effet de la brebis. Dites donc à Rawdon de lui laisser un peu de laine sur le dos, si c'est possible.

— Mais c'est la Toison d'Or, dit Rébecca, dont l'œil pétillait d'une lueur sardonique. N'êtes-vous pas aussi chevalier de l'ordre, milord?

En effet, la chaîne de la Toison se balançait sur le gilet du marquis, jadis grand joueur, qui avait gagné des sommes gigantesques au prince de Galles, et qui passait pour avoir conquis son marquisat sur le tapis vert. Il trouva la plaisanterie un peu forte; son sourcil touffu s'abaissa. — Elle revint, la tasse de thé à la main, fit une petite révérence humble et gentille, sourit, et, regardant lord Steyne :

— Milord, la brebis a bien peur du loup, lui dit-elle de sa plus douce voix en baissant les yeux.

Le marquis se sentit vaincu. Il la suivit près du piano, où, placé derrière son siége et battant la mesure, il l'écouta longtemps, séduit, ravi, enchanté, pendant que Rawdon gagnait et mettait en portefeuille les billets du jeune Southdown.

Toujours jouer et gagner, être témoin de l'admiration générale inspirée par sa femme et rester en dehors de ce cercle mystique dont elle était le centre, cela devenait fastidieux. Il était surtout mécontent quand le marquis, le rencontrant à l'Opéra, lui disait :

— Comment va le mari de Mme Rawdon?

Il n'y avait plus de Rawdon Crawley ; il était le mari de Mme Crawley, rien de plus.

Au château de Crawley, tout réussit au gré de la sirène. Elle fait de la tapisserie avec lady Jeanne, se montre parfaitement convenable, écoute le service divin avec attention et patience, visite les pauvres, lit les pamphlets puritains du diplomate, et lui plaît comme elle a plu au cynique. Cet homme si fin tomba dans les filets de notre Rébecca, qui ne cessait de le flatter, — si bien qu'il mettait son grand costume d'attaché diplomatique pour aller la voir. — « Vous!... rester dans cette situation obscure et inférieure! disait-elle au diplomate, c'est impossible!

Vous visez à la pairie, j'en suis sûre ; lord Steyne me le disait. » — En la quittant, le diplomate se répétait à lui-même : « Comme cette femme me comprend ! » L'honorable sir Pitt et sa douce et pâle moitié protégèrent donc mistriss Crawley et servirent à leur tour de marchepied à son ambition ; ce fut elle que l'on chargea de préparer à Londres les logements de la noble famille. Deux appuis lui étaient ainsi ménagés : sir Pitt répondait au monde de la vertu de Rébecca ; lord Steyne se portait caution de son élégance et de son bon ton. Acceptée comme femme essentielle et respectable par les amis du premier, elle était reconnue femme à la mode par le cercle brillant auquel le second faisait la loi. L'argent était rare sans doute, mais le bonhomme Raggles prenait patience, les fonds de la dame de compagnie servaient aux nécessités les plus pressantes. Comment révoquer en doute la solvabilité d'un lieutenant-colonel à la porte duquel, de onze heures du soir à trois heures du matin, stationnaient dix voitures chargées des armoiries les plus rassurantes et des laquais les plus enrubannés et les mieux vêtus ?

Le vulgaire a un proverbe admirable : « l'appétit vient en mangeant. » Toute cette splendeur ne satisfait pas Rébecca. Il lui fallait pénétrer dans la famille du marquis, y devenir, sinon maîtresse, du moins nécessaire, franchir le seuil du palais, et toucher enfin le but de ses désirs, quelque place éclatante et lucrative avec un titre pour son mari, et des appointements majestueux, constants, bien payés. Elle manifesta donc à lord Steyne l'envie ou plutôt la volonté d'aller dîner chez lui. Le marquis caressait sa jambe, à l'ordinaire appuyée sur les coussins du canapé. Il fit la grimace; sa physionomie, singulièrement mêlée d'une ironie ennuyée et d'une sorte de dédain sauvage, rendu plus amer par l'expérience du monde et la fuite des années, prit une expression digne de Méphistophélès :

— Femme que vous êtes ! Vous l'exigez, vous voulez dîner chez moi ! Folle ! ma femme et ma fille vont vous écraser. Vous ne connaissez pas les grandes dames. Comme elles vous traiteront ! Vous serez humiliée, ma petite ; mais vous le voulez ; tant pis pour vous. Cher démon, il vous faut absolument marcher de pair avec nous autres ! Que diable ! vous n'avez pas le sou, vous le savez bien, et vous voulez faire figure ! cela n'a pas le sens commun.

Rébecca était seule avec lord Steyne quand ce dialogue eut lieu entre elle et lui ; elle prit des airs si enfantins et si doux, ses espiègleries caressantes simulèrent une ingénuité si charmante, que le marquis céda. Non-seulement elle dîna chez lady Steyne, mais elle vint à bout, succès miraculeux ! de la malveillance de ces dames, et comme ailleurs elle triompha. Ce fut une simplicité, une naïveté, une humilité, une fascination incomparables ! Elle mit de côté toute prétention. Rien d'orgueilleux, de faux, de guindé chez elle. — « Vous avez toujours, milord, protégé les artistes, dit-elle à lord Steyne en regardant un tableau du salon. Vous avez été le premier protecteur de mon père, qui me l'a souvent répété. » — Cette modestie était l'habileté suprême. Qui aurait eu le cœur d'affliger une petite personne qui gardait si bien son rang et restait si naïvement à sa place ? Elle chanta des airs sacrés de Hœndel, parla de son fils Édouard avec une affection douce et profonde, fut tendre et convenable avec son mari, pleine de déférence pour la douairière, ne parla pas trop, fit valoir l'esprit des autres, et acheva même la conquête d'un diplomate des États-Unis, qui le soir, écrivant pour son journal sa correspondance ordinaire, y donnait la description complète et détaillée, selon l'habitude de son pays, « des trois services, des couvercles d'argent, des deux valets placés derrière chaque siége, et surtout de lady Rawdon, reine de la mode à Londres, et du costume délicieux rose et blanc qui lui allait à ravir. »

Quand les cartes de visite de lady Steyne et de sa fille eurent brillé dans le vase de marbre sculpté placé au milieu du salon pour cet usage, la glace fut rompue ; tout le monde, c'est-à-dire la population exquise et élégante des ducs et des marquis, s'empressa de déposer à la porte de Mme Rawdon, le talisman de la mode, le petit carré magique, qui veut dire : « Vous êtes des nôtres. » La présentation à la cour était la conséquence inévitable de ce progrès adroitement conduit. Sire Pitt Crawley se chargea de faciliter ce dernier pas. Le dieu du goût, le symbole du bon ton, George III, accueillit Mme Rawdon avec distinction et l'admira; « le premier gentilhomme de son pays », comme on disait de lui, c'est-à-dire celui qui faisait le mieux la révérence et qui portait la perruque la mieux frisée, ne pouvait pas refuser son hommage à cette petite femme supérieure dans les mêmes artifices et maîtresse passée des mêmes talents. Elle fut admise dans les bals intimes, dans les réunions de choix où l'on jouait des charades, où Rawdon représentait Agamemnon endormi et assassiné, ce qui ne lui coûtait pas de grands frais d'imagination, et où Rébecca paraissait tour à tour en Clytemnestre et en marquise de Parabère, en tunique flottante ou en paniers et avec un œil de poudre; adorable dans ses transformations, souriante et sereine dans son triomphe, toujours maîtresse d'elle-même.

Rawdon Crawley continuait à souffrir impatiemment sa position de mari éclipsé. Il jouait moins, fumait beaucoup et s'endettait de plus en plus. Tout corrompu et grossier qu'il pût être, il valait beaucoup mieux que Rébecca; recueillant de cette triste et brillante vie moins de bénéfices et plus de honte, il se sentait ramené par degrés au remords par l'ennui qui le dominait. Son fils Édouard, que la femme du monde avait relégué au troisième étage avec Briggs et qu'elle oubliait parfaitement, consolait un peu Rawdon ; c'était avec Édouard que Rawdon allait fumer son cigare, et faire des parties de cheval-fondu, quand tous les beaux messieurs qui le dédaignaient remplissaient le petit salon et entouraient sa femme. Peu importait à Rébecca. Elle ne faisait aucune attention à son enfant ni à Rawdon. Seulement, quand Édouard paraissait devant le monde, elle s'armait de ses plus doux sourires, l'appelait son cher Édouard et lui prodiguait les caresses maternelles.

« Maman, lui demanda un jour le petit Crawley devant lord Steyne, pourquoi ne m'embrassez-vous jamais quand nous sommes tout seuls ? »

Lord Steyne s'amusa beaucoup de l'enfant terrible.

Je plains Rébecca ; ce malheur lui arrivait souvent. Tout son subtil travail, toute sa mise en scène, s'écroulait de temps à autre au moindre souffle, comme la toile d'araignée laborieusement tissue et qu'un coup de balai de la servante fait disparaître. Les habiles sont sujets à ces ruines foudroyantes. Quant à Rawdon, l'Hercule de cette Dalilah, après l'avoir aimée de toute sa force et de toute sa faiblesse, il reconnut qu'il était dupe aussi. Dépassé et éclipsé, la terreur le prend, il a peur d'elle, il se rejette sur un sentiment unique et honnête, l'amour paternel ; sa tendresse pour son enfant devient une passion véritable qui le soulage et même jusqu'à un certain point l'épure. Une passion sainte et vraie, une fois entrée dans cette âme, y fait éclore une vie nouvelle; cet homme, qui n'a que l'instinct, est à demi racheté par l'instinct. L'excellent, c'est que Mᵐᵉ Crawley rejetait sur le pauvre mari l'iniquité et la bassesse réelle de leur vie commune. « Que voulez-vous? disait-elle à lord Steyne, je ne puis pas l'empêcher de faire des dettes ; c'est plus fort que lui : c'est comme l'écarté, le billard et le cigare. » Lord Steyne, qui avait su approfondir le monde et la vie sous leurs aspects les plus gaiement affreux, était la dupe de Rébecca et était tout à fait trompé par elle, comme le sont volontiers les gens très-rusés. Un jour, elle lui avoua avec larmes que les fonds de la dame de compagnie avaient disparu, « emportés, disait-elle (ce qui était un mensonge énorme), par Rawdon qui les avait joués et perdus. — C'est le déshonneur, milord, c'est la honte, c'est la ruine ! s'écria-t-elle en tombant à genoux; je suis perdue ! » — Le marquis ne répondit qu'un bien gros mot dont il serait mal séant de reproduire la brutalité, et, prenant son chapeau, il remonta dans sa voiture. Le soir même, un bon de trois mille livres sterling à toucher chez le banquier du marquis était remis à Rébecca ; le lendemain, la valeur lui était comptée, et elle la déposait avec soin dans un certain tiroir secret où dormait déjà un petit magot considérable, inconnu de tous, et surtout de son mari.

VII. — LA CATASTROPHE.

Le triomphe de Rébecca touchait à son apogée, mais les dettes allaient leur train, et un beau matin, comme Rawdon, un cigare à la bouche, sortait à pied, pour respirer l'air, d'une fête où Rébecca avait remporté tous les succès, il fut appréhendé au corps et jeté dans le *Spunging-House*, maison de dépôt pour les débiteurs que l'on y rançonne et y pressure comme des *éponges*. Ces réceptacles misérables se trouvent en général du côté de *Chancery-Lane* et de *Temple-Bar*. Des barreaux de fer massif ornent les croisées; de nombreuses portes, armées de lourdes serrures, protégent les habitants. Un luxe malpropre règne à l'intérieur; le damas des rideaux de soie est graisseux, et les tapis magnifiques sont tachés. Il se hâte d'écrire à sa femme qu'elle vienne le tirer d'affaire. « Mon pauvre chat, lui répond Rébecca le matin, je n'ai pas fermé l'œil de la nuit; je n'ai pas cessé de penser à mon vieux Rawdon; il a fallu que le docteur que j'ai envoyé chercher me donnât une potion calmante. Finette avait ordre de ne laisser passer personne; aussi le messager de mon pauvre vieux, qui, par parenthèse, sentait horriblement le genièvre, a-t-il attendu quatre heures dans l'antichambre. Imaginez l'état où j'ai été quand j'ai lu votre chère lettre sans orthographe!

« Malade comme j'étais, j'ai fait atteler les chevaux à l'instant ; j'étais incapable de prendre mon chocolat. Il me faut absolument mon bonhomme pour me l'apporter. A peine habillée, j'ai été ventre à terre jusque chez Nathan le juif. J'ai pleuré, j'ai prié, je me suis mise à ses genoux ; impossible de l'attendrir. Il veut son argent, ou tenir mon pauvre vieux en prison.

« Je suis revenue chez moi pour y prendre ce que je peux avoir de disponible, et aller rendre à *mon oncle* la triste visite que vous savez. Ce *cher oncle* a déjà bien des choses, et ce qui reste ne nous donnerait pas cent livres sterling. J'ai trouvé milord chez moi avec le monsieur en *ski*, celui qui tire sa moustache, avec Champignac et l'autre dandy Paddington, celui qui bégaie. J'attendais avec une impatience extrême qu'ils fussent partis, afin de chercher les moyens de délivrer mon prisonnier. A peine l'ai-je pu, je suis tombée aux genoux de milord, je lui ai dit que j'allais tout mettre en gage, qu'il me fallait deux cents livres sterling absolument. Il est entré en fureur, et après bien des bast et des jurons de toute espèce, il m'a promis d'envoyer l'argent ce matin. Aussitôt que je l'aurai, je l'apporterai à mon vieux *chat* avec un baiser de sa Rébecca.

« *P.-S.* J'écris dans mon lit, j'ai la tête bien malade, hélas ! et le cœur aussi. »

Rawdon lut cette épître, vrai modèle de sentiment à la Rébecca, et la figure du « vieux chat » prit un aspect féroce. Il se hâta d'écrire à sa belle-sœur, lady Pitt Crawley, et celle-ci vint aussitôt le délivrer.

Quand il sortit du *Spunging-House*, il était neuf heures du soir. Rawdon traversa d'un pas rapide les rues illuminées et les brillants squares qui le séparaient de son logis. Arrivé en face de la maison qu'il habitait, le pauvre homme s'arrêta, s'appuya sur les grilles qui bordent tous les trottoirs et défendent les édifices, et fut sur le point de se trouver mal. Une vive clarté rayonnait à travers les draperies roses du premier étage; il entendait les sons éclatants du piano. Sa figure était pâle sous le reflet combiné des becs de gaz et de cette lumière extraordinaire. Il tremblait. Prenant sa clef à la Brahma, il ouvrit doucement la porte extérieure; de grands éclats de rire partaient du boudoir. Pas de domestiques; on les avait tous renvoyés. La voix claire et vibrante de Rébecca chantait des fragments de cet air qui avait eu tant de succès la veille chez le prince, et la voix haute et sardonique de lord Steyne : *Brava! brava!* Le pauvre Rawdon s'appuyait en montant l'escalier sur la rampe d'acajou, et ne respirait pas. Il respira un moment, puis il ouvrit. Une petite table était dressée, un dîner servi, deux couverts y étaient placés. Dans la seconde pièce, Rébecca, en costume de bal, brillante de pierreries, de diamants, de bracelets, de perles et de fleurs, se tenait assise sur le sofa et tendait sa main délicate à lord Steyne, debout et courbé devant elle.

La pâle figure de Rawdon qui ouvrait la porte parut aux regards de sa femme et lui arracha d'abord un léger cri, puis un sourire — sourire vraiment hideux — contraction qui essayait de dissimuler la peur. Steyne se retourna aussi, la colère et la surprise dans les regards; puis il voulut sourire à son tour et accueillir le mari :

« Ah ! de retour ! Comment cela va-t-il ? »

Il y avait sur le visage de Rawdon une expression qui ne permit à personne de se jouer de lui. « Je suis innocente, Rawdon, s'écria-t-elle en s'élançant vers lui, saisissant son habit et l'entourant de ses bras nus tout chargés de bijoux, de serpents d'or et de bracelets. Milord, milord, dites-lui que je suis innocente ! » Steyne à son tour se crut pris au piége. Le degré d'estime que lui inspiraient le mari et la femme ne lui permettait pas un moment de doute; il ne croyait pas plus à l'honneur et au courage de Rawdon qu'à la vertu de Rébecca. Il se voyait joué, ce qui est bien la plus triste chose et la plus humiliante pour un homme qui joue tous les autres.

« Innocente, vous ! s'écria-t-il, allons donc ! innocente comme le diable ! de tous les bijoux qui vous parent, il n'y en a pas un seul qui ne vous vienne de moi. Innocente ! parbleu ! vous qui m'avez pillé de concert avec ce monsieur qui a mangé et bu mon argent, et qui va, s'il vous plaît, me laisser passer. Innocente ! comme votre maman de l'Opéra et votre mari le grec ! Vous ne me ferez pas peur, entendez-vous ! Place, monsieur ! »

Lord Steyne prit son chapeau; l'œil ardent, il regarda fièrement son ennemi au visage et marcha sur lui, ne doutant pas de son triomphe ; mais Rawdon Crawley n'était pas lâche : il s'était fait dans sa vie mauvaise une morale spéciale. S'il trichait au jeu, ce qu'il regardait comme un bon tour, il avait de la bravoure. Dans ce moment, tous ses instincts violents s'insurgeaient. Saisissant lord Steyne par la cravate et le forçant à s'abaisser sous sa main, jusqu'à ce que le pair d'Angleterre, presque étranglé, pliât et chancelât :

« Vous mentez ! lui dit Rawdon, vous mentez, misérable ! vous mentez, infâme ! »

Et frappant deux fois lord Steyne au visage, il le jeta sanglant sur le parquet. Tout cela fut accompli avant que Rébecca eût le temps d'intervenir ; frémissante devant lui, elle admirait son mari, terrible, brave et fort dans sa victoire. C'était la première fois qu'elle l'admirait.

« Venez, » lui dit-il. Elle vint aussitôt. « Otez tout cela ! » Et toute tremblante, elle se mit à enlever les bracelets de ses bras, les anneaux de ses doigts, et à les rassembler dans la paume de sa main, en regardant Rawdon avec crainte. « Jetez tout par terre. » Elle obéit ; puis, arrachant l'agrafe qu'elle portait au sein, il la lança au visage de lord Steyne qui fut atteint au milieu du front : la cicatrice lui en est restée. « Montons ! » dit-il à sa femme.

— Ne me tuez pas ! ne me tuez pas, Rawdon !

— Je veux voir si cet homme a menti quant à vous, comme il a menti quant à moi, répondit Rawdon, souriant d'une manière atroce. Vous a-t-il donné de l'argent ?

— Non, dit Rébecca, c'est...

— Donnez-moi vos clefs !

Ils sortirent ensemble.

Rébecca livra toutes ses clefs, à l'exception d'une seule, elle espérait que son mari ne s'en apercevrait pas : c'était la clef de ce fameux tiroir placé dans le petit pupitre qu'Amélie lui avait jadis donné et qu'elle cachait dans un endroit secret ; mais Rawdon ouvrit les meubles, les armoires, rejetant pêle-mêle tout ce qu'elles contenaient, et il trouva enfin le pupitre. Rébecca fut forcée de l'ouvrir ; il contenait des papiers, de vieilles lettres d'amour, quantité de menus bijoux et de babioles féminines, — plus un portefeuille plein de billets de banque. Quelques-uns avaient dix ans de date ; un seul, de trois mille livres, était récent ; c'était celui qu'avait envoyé lord Steyne.

— Vous a-t-il donné ceci ? dit Rawdon.

— Oui, répondit Rébecca.

— Je lui renverrai ce billet aujourd'hui (le jour paraissait, et bien des heures avaient été employées à cette recherche) ; je paierai Briggs, qui a toujours été bonne pour l'enfant, et quelques autres dettes. Vous me ferez savoir où il faudra vous envoyer le reste. Vous me permettrez en outre de prendre cent livres, Rébecca... J'ai toujours partagé avec vous.

— Je suis innocente ! cria Rébecca.

Rawdon la quitta sans ajouter un seul mot.

Elle resta immobile dès qu'il l'eut quittée. Les heures s'écoulèrent, et le soleil éclairait la chambre, que Rébecca était encore assise sur le bord du lit, les tiroirs ouverts, les bijoux dispersés, habits et parures, écharpes et lettres amoncelés sur le tapis ; — on aurait dit un pillage. Les cheveux de Rébecca flottaient sur son sein et ses épaules, sa robe était déchirée à l'endroit où Rawdon avait arraché l'agrafe. Au moment où Rawdon descendait l'escalier, où la porte s'ouvrit et retomba, Rébecca sortit un peu de son assoupissement; elle devinait qu'il ne reviendrait plus. — Se tuera-t-il? se demanda-t-elle ; non, pas avant d'avoir tué lord Steyne. — Elle fit un retour sur sa vie passée, si éclatante et si triste, si active et si inféconde, si mêlée à la foule, — et si solitaire par le cœur ! O pauvre créature damnée, fille de l'envie et de l'orgueil, je suis tenté de vous plaindre, vous, vos espérances, vos intrigues, vos ruses et vos triomphes !

La femme de chambre française la trouva au milieu des débris de son naufrage, les mains crispées, les yeux secs, les cheveux épars. Cette fille était vendue à lord Stéyne.

— Mon Dieu! madame, qu'y a-t-il? dit-elle. Rébecca ne répondit pas. La servante ferma les rideaux, et d'un ton d'intérêt apparent ou réel engagea sa maîtresse à se jeter sur le lit. Ensuite elle descendit et recueillit les bijoux que Rébecca, sur l'ordre de son mari, avait jetés à terre où ils étaient encore : elle fit avancer un fiacre et disparut. Oncques on n'entendit parler d'elle ni des bijoux, si ce n'est, je crois, dans un des passages de notre grande ville de Paris où M. Thackeray prétend l'avoir aperçue quelque part, — dans une petite boutique de menues marchandises.

Adieu les vastes espérances de Rébecca! son château de cartes tombe et s'écroule. A midi, quand elle s'éveille, ou plutôt sort de sa profonde torpeur, personne ne répond à sa sonnette; le cordon se brise dans sa main; elle descend couverte d'un peignoir et trouve dans la salle à manger le pauvre Raggles désolé, le cocher ivre, le chef de cuisine furieux, le valet de pied insultant et attablé auprès d'un broc d'ale.

La rumeur publique a détruit le reste du fragile édifice élevé à tant de frais. C'est une belle chose de mener grand train avec zéro de revenu; mais cela ne dure pas. La jolie maison de Curzon-Street est mise au pillage par les domestiques, et les créanciers viennent achever la curée. Rébecca disparaît de la scène splendide où elle n'était montée que par des efforts surnaturels. Que devient-elle ? Il serait difficile de le dire. A Boulogne, on l'a vue s'occuper d'œuvres de charité; à Paris, on a cru la reconnaître dans les salons furtifs où l'on joue la bouillote, le whist, le baccarat. Rawdon a voulu se battre avec lord Steyne, et il en a cherché toutes les occasions ; mais le pauvre garçon ne va pas très-loin en fait d'adresse intellectuelle, et le marquis, auquel cette rencontre serait fort désagréable, parce qu'il a peur du scandale, lance sur lui un certain M. Wenham, homme d'esprit habitué aux intrigues et aux séductions parlementaires, qui vient à bout de persuader au mari qu'il aurait tort, et qu'un éclat lui serait tout à fait nuisible. Le jour même de la catastrophe, les journaux contenaient la nomination de Rawdon au poste lointain et peu salubre de gouverneur militaire d'une île des Indes orientales. Lord Steyne était-il pour quelque chose dans cette étrange nomination ? Les amis que Rébecca s'était faits à la cour l'avaient-ils provoquée ? Rawdon n'en sut rien. Son frère le pressa vivement d'accepter, et il partit.

Rébecca, qui touchait une petite pension stipulée par sa famille, essaya bien de remonter le courant. Elle n'y réussit pas. Son dernier effort désespéré eut lieu à Rome où elle se trouvait en compagnie de deux soi-disant majors, chevaliers d'industrie, anciens acolytes de Rawdon. Le semestre de sa pension venait de lui être payé en une traite sur le principal banquier de cette ville. Dès que vous avez sur les livres du banquier Polonia un crédit dépassant cinq cents scudi, vous êtes invité de droit aux bals que ce roi des hommes d'argent donne pendant l'hiver. Rébecca reçut l'honneur d'une carte d'invitation et parut aux réceptions du prince et de la princesse Polonia. La princesse appartenait à l'illustre maison des Pompili, qui descendait évidemment en droite ligne du second roi de Rome et de la nymphe Egérie. Le grand-père du prince, Alessandro Polonia, avait, en son temps, débité des savons, des essences, du tabac, des mouchoirs et prêté à la petite semaine, ce dont la société de Rome ne s'inquiétait guère ; elle remplissait le palais du petit-fils. Princes, ducs, ambassadeurs, artistes, joueurs de violon, monsignori, jeunes gens en tournée et leurs précepteurs, tous les rangs, toutes les conditions s'y pressaient. Les lambris étincelaient de lumières, les dorures resplendissaient, les tableaux apocryphes se mêlaient aux antiques douteux, et les armes du prolétaire (le champignon d'or en champ de gueule) s'étalaient aux voûtes, aux lambris, aux portes écartelées avec la fontaine d'argent des Pompili.

Rébecca se fit belle ; tout éclatante de parure, elle se rendit à la fête, accompagnée du major Loder, avec qui elle voyageait alors. Le major était le même homme qui, l'année précédente, avait tué à Naples le prince Ravioli, et qu'avait bâtonné sir John Bukskin, parce que, pendant une partie d'écarté, il avait trouvé quatre rois de trop dans le chapeau du major. A son entrée dans les salons, Rébecca reconnut bien des personnes qu'elle avait éblouies de son éclat, alors qu'elle ne valait ni plus ni moins, si ce n'est en apparence. Le major Loder, de son côté, connaissait beaucoup d'étrangers, tous nobles ayant servi dans la Catalogne, la Pologne et le Mexique, gens aux yeux chatoyants et lustrés, au regard inquiet, au linge équivoque, aux rubans fanés, symboles de divers ordres. Les compatriotes du major l'évitaient. Rébecca retrouvait aussi çà et là quelques dames de sa société d'autrefois, saluait discrètement du regard veuves françaises, comtesses italiennes, baronnes allemandes, en général femmes séparées, envers lesquelles leurs maris avaient eu des torts. Hélas! hélas! c'est là que nous sommes tombés, nous qui venons de traverser les plus beaux parages de la mode et de l'élégance. Quel rebut que ces maraudeurs du grand monde! De temps en temps, on en pend trois ou quatre au bord du chemin, pour l'exemple.

Rébecca, appuyée sur le bras du major Loder, parcourut avec lui les salons et but de nombreux verres de vin de Champagne au buffet, où la foule, notamment les amis du major, se ruait avec furie. Elle atteignit enfin, après avoir traversé une longue enfilade d'appartements, un petit salon tendu en velours rose avec une statue de Vénus au milieu et tout autour de grandes glaces de Venise à cadres d'argent. Le prince y avait réuni à souper autour d'une table ronde sa famille et ses hôtes les plus distingués. Petits soupers exquis, jadis si bien entendus par Rébecca, qu'êtes-vous devenus ? Elle pense à cela et soupire, puis elle tressaille... C'est lord Steyne lui-même qui est assis à la table de Polonia ; c'est lui qu'elle aperçoit. La cicatrice laissée par le diamant est visible encore comme une trace rouge et sanglante au milieu de son vaste front chauve ; ses favoris rouges font paraître plus pâle son pâle visage. Décoré de ses ordres et portant la Jarretière, c'était le personnage le plus considérable de la soirée, malgré la présence d'un duc régnant et d'une altesse royale. Sa Seigneurie avait près d'elle la belle comtesse de Belladonna, née de Glandier, dont le mari, le comte della Belladonna, si célèbre par ses collections entomologiques, a été longtemps absent, en mission auprès de l'empereur du Maroc.

Cette figure énergique et spirituelle, aristocratique et intelligente, fit paraître le major Loder horriblement vulgaire aux yeux de Rébecca. Elle redevint femme du monde, elle se crut à May-Fair. Elle soupira. « Cette comtesse, pensa-t-elle, doit l'ennuyer ; moi, je l'amuserais ! » Mille souvenirs, mille craintes, mille espoirs, se pressèrent à la fois dans son cœur qui palpitait. Son regard étincelant ne quittait plus lord Steyne. « C'était un vrai seigneur. Que d'esprit ! se disait-elle, quelles causeries inépuisables ! les grandes manières ! Comment puis-je descendre jusqu'à ce major Loder qui exhale une odeur mixte de cigare et d'eau-de-vie ! » — Lord Steyne, qui causait en souriant avec sa voisine, leva la tête et aperçut Rébecca. Leurs yeux se rencontrèrent. Rébecca s'arma du plus charmant sourire dont elle put s'aviser et lui fit une petite révérence bien suppliante et bien timide. Lord Steyne pâlit comme Macbeth devant le spectre de Banquo. Dans ce moment même, l'horrible major Loder survint. « Allons souper, lui dit-il, j'ai vu tant de mâchoires fonctionner que je me sens en appétit ; allons goûter le champagne du patron. » Rébecca le suivit à contre-cœur, tout en pensant que le major s'en était administré déjà de trop considérables doses.

Le lendemain, elle alla se promener sur le mont Pincio, le Hyde-Park des oisifs de Rome : elle espérait peut-être y trouver lord Steyne. Ce fut une autre personne de sa connaissance qu'elle y rencontra, M. Fenouil, l'homme de confiance de Sa Seigneurie. M. Fenouil l'aborda familièrement en mettant légèrement la main au chapeau : « Je savais que madame était ici, lui dit-il : j'ai suivi madame depuis son hôtel. J'ai un avis à donner à madame.

— De la part du marquis de Steyne ? demanda Rébecca avec toute la dignité qu'elle y put mettre et légèrement agitée par l'espoir et l'attente.

— Non, dit le valet, de la mienne : Rome est un pays bien malsain.

— Pas en ce moment, M. Fenouil, c'est la bonne saison.

— Pardon, Rome est un pays extrêmement malsain, même en ce moment, je vous assure. Pour certaines personnes, la malaria règne toujours. Ce maudit vent des maremmes est détestable ; croyez-moi, Mᵐᵉ Crawley. Vous avez été toujours si *bonne enfant* que vous m'intéressez... là... parole d'honneur. Soyez avertie : quittez Rome, vous tomberiez malade et ne vous relèveriez pas !

Rébecca furieuse se mit à sourire : — Allons donc ! assassiner une pauvre femme ! fi ! c'est trop romantique. Je resterai, ne fût-ce que pour le faire enrager. J'ai des amis qui me défendront.

Ce fut au tour de M. de Fenouil de sourire : — Vous défendre ? Qui cela ? le major ou le capitaine ? Cette espèce de gens que voit madame ? mais pour cent louis ils vendraient la vie de madame. Nous savons sur le major Loder, qui n'est pas plus major que je ne suis marquis, des choses qui l'enverraient tout droit au bagne, sinon plus haut. Nous savons tout, nous avons des amis partout, nous savons avec quelles personnes vous avez vécu à Paris, quelles relations vous avez ici. Mon Dieu, oui ! Madame peut ouvrir de grands yeux, c'est comme cela. Comment se fait-il que pas un ministre n'ait voulu recevoir madame ? Il y a quelqu'un que vous avez offensé et qui ne pardonne pas. Il est devenu comme un tigre quand il vous a vue. Mᵐᵉ de Belladonna lui a fait une scène terrible et s'est mise dans ses grandes colères.

— Ah! c'était Mᵐᵉ de Belladonna, c'était elle! dit Rébecca se ranimant un peu, car ce qu'elle venait d'apprendre l'avait attérée.

— Bah! elle est toujours jalouse. Je vous parle de milord. Vous avez eu tort de paraître devant lui; si vous restez, vous vous en repentirez, faites attention à mes paroles; allez-vous-en... Mais voici la voiture de milord.

Saisissant le bras de Rébecca, il l'entraîna dans une allée voisine, au moment où la barouche de lord Steyne, chargée de ses blasons, passait emportée par des chevaux de race. Mᵐᵉ de Belladonna, Italienne aux yeux noirs, aux sourcils droits, à l'incarnat vif sur des joues pâles, une ombrelle blanche à la main, un *King-charles* sur les genoux, était enfoncée dans les coussins près du vieux Steyne, devenu plus hâve et plus cadavéreux, mais toujours calme et de bon goût. Ses dernières expériences avaient donné à son dédain une expression démoniaque; ses yeux, ternes et flamboyants tour à tour, semblaient fatigués de s'ouvrir sur un monde qu'il savait par cœur.

VIII. — DERNIERS EXPLOITS DE RÉBECCA ET DERNIÈRES FAIBLESSES D'AMÉLIE.

Bien différentes furent la vie de cette chère enfant

que nous avons vue si cruelle envers Dobbin — et celle de Dobbin, le plus niais des mortels et le plus amoureux des fils d'épicier. Il reçoit au fond de l'Inde la fausse nouvelle qu'Amélie va se marier : aussitôt il s'embarque pour l'Angleterre et retrouve Amélie, qui sent bien battre un peu son cœur, mais qui ne peut en chasser le souvenir de l'ami d'autrefois. Dobbin s'oublie encore et continue à aimer en silence. En vain Amélie apprend-elle par le testament de M. Osborne que la pension qui l'a fait vivre lui est venue de Dobbin, en vain s'efforce-t-elle d'oublier George : elle compare au souvenir de celui qu'elle a aimé le triste Dobbin, et elle ne trouve pas dans son cœur féminin le courage de récompenser tant de dévouement. C'est encore à titre d'ami, et d'ami seulement, qu'après la mort de M. Osborne, Dobbin accompagne Amélie dans un voyage qu'elle va faire sur le continent avec son fils et son frère Joseph.

Nos voyageurs prennent les eaux à Pumpernickel, en Allemagne. Magnificences de Pumpernickel, calmes grandeurs d'une petite ville allemande avant les explosions de l'année dernière, joies ineffables du nabab Sedley, revenu des Indes et se pavanant en habit brodé, l'épée au côté, dans les galeries du palais et dans la salle du bal, ce serait plaisir de vous décrire si des intérêts plus pressants ne nous appelaient. Rébecca, rendue à sa vraie vie bohémienne, donnant des concerts, plaçant des billets de loterie, jouant au crebs, — triste débris, — haillon de brocart traîné dans la boue, — rencontre la petite colonie dont Amélie est le centre et Dobbin le directeur; le vieux Sedley a disparu de ce monde. Qui pourrait dire les transports de Rébecca en revoyant sa chère amie et ce bon Joseph, — et comme quoi, pour recevoir son ex adorateur, elle cache sous les draps de son lit sa bouteille d'eau-de-vie et son pot de fard? Cette bouteille et ce petit pot font un bruit effrayant et se battent sous les draps pendant qu'elle s'assied sur le grabat de sa chambrette, ornée d'une seule chaise. Il lui suffit d'un tour de main pour ramener à ses pieds le dandy colossal et lui persuader qu'elle est victime des hommes et du sort. Amélie s'attendrit alors en faveur de la pauvre femme accablée par « une calomnie odieuse ». On lui donnera l'hospitalité, on la traitera comme une sœur, dit Amélie. Dobbin s'oppose vivement à ces projets et Amélie se fâche.

— De quel droit, lui demande-t-elle, ne voulez-vous pas que je fasse une bonne action? Cette pauvre Rébecca est mon amie d'enfance, vous le savez bien!

— Votre amie! s'écria Dobbin irrité à son tour, vous n'avez guère eu à vous louer d'elle.

— Monsieur, c'est trop! vous insultez à la mémoire de George.

La jeune veuve se retira en fureur; Dobbin était perdu dans son esprit pour lui avoir rappelé un sou venir défavorable à l'idole adorée. Le fruit de dix années de patience et d'abnégation est perdu; Amélie, qui s'est habituée à se laisser aimer de Dobbin sans l'aimer, regarde cette situation comme naturelle. Elle n'a pas même imaginé que Dobbin, absent ou devenu indifférent, lui manquerait. Dobbin est congédié durement; Rébecca s'installe dans la famille et ne tarde pas à suivre à Ostende la petite colonie, qui va y passer un mois. Alors notre doux ami Dobbin, longtemps patient et sans volonté, se redresse: la désillusion saisit ce cœur dévoué, l'injustice et la fausseté le désenchantent, il part.

A peine a-t-il fait ses adieux, que la jeune veuve comprend à la fois sa faute, son ingratitude et la solitude qui va la saisir. Elle prend une grande résolution; elle écrit en Angleterre, sans le dire à personne, une petite lettre qu'elle met à la poste elle-même. A qui écrit-elle? Le soir, en se retrouvant près de George, elle est agitée et confuse; une partie de la soirée, elle le tient embrassé et le couvre de baisers; elle ne sort pas de sa chambre le lendemain, et Rébecca s'aperçoit de ce trouble.

Avec Rébecca se trouvaient ses acolytes, Loder et Brooks, gens de sac et de corde qui fréquentent volontiers les villes de bains. Ils étaient venus la voir chez Amélie, et je ne sais si l'un d'eux n'avait pas manifesté le désir d'enlever le cœur et d'épouser la petite fortune de la veuve.

Rébecca crut que ces personnages avaient effrayé la veuve. — Amélie n'est pas bien ici, se dit Rébecca, femme de sens et d'expérience. Elle adore George, qui est mort il y a quinze ans (ce qu'il pouvait faire de mieux), et voilà quinze ans qu'elle le pleure; c'est trop, j'arrangerai cela.

Le soir, vers six heures, Rébecca apporta donc à son amie une tasse de thé; la miniature de George était placée devant Amélie, bien pâle et bien triste. Rébecca la prenait en pitié comme un être faible et sans courage.

— Merci, dit Amélie.

— Amélie, dit Rébecca en se promenant dans la chambre les mains derrière le dos comme Napoléon, écoutez-moi. J'ai à vous parler; il faut que vous quittiez ce pays, que vous vous mettiez à l'abri des impertinences des hommes qui sont ici; je ne veux pas qu'ils vous persécutent, et ils vous insulteront, si vous restez. Ce sont des misérables, je vous le dis, que ce Loder et ce Brooks. Moi, ma chère, je connais tout le monde. Joseph Sedley ne peut vous protéger; il a besoin qu'on le protége. Vous n'êtes pas de force à marcher seule dans la vie, ma petite; il faut vous marier. Un mari, ma chère, c'est ce qu'il vous faut. Vous avez eu sous la main un trésor, le meilleur homme que j'aie connu, et toujours vous l'avez rejeté, folle et ingrate petite amie!

— J'ai fait tout ce que j'ai pu pour l'aimer, Rébecca, dit Amélie toute tremblante; mais je ne puis oublier.... Elle finit sa phrase en regardant a miniature de George.

— Lui, dit Rébecca! ce dandy manqué, sans esprit, sans manières et sans cœur! qui ne valait que par ses moustaches, son corset et son uniforme! Allons donc! il ne faut pas plus le comparer à notre ami, l'homme aux joujoux, que vous à la reine Élisabeth. Cet égoïste George était las de vous; il ne vous aurait pas épousée, si Dobbin ne l'avait contraint de tenir sa parole. Il me l'a dit lui-même. Est-ce qu'il pensait à vous? Il venait de temps en temps chez moi se moquer de vous, et ne vous ménageait pas, je vous assure. Huit jours après la noce, il me faisait la cour.

— C'est faux! c'est faux, Rébecca! s'écria Amélie en se levant.

— Voyez donc, enfant! — Rébecca, d'un air de gaieté taquine, tira de sa ceinture un papier, le déplia et le jeta sur les genoux d'Amélie.

— Vous connaissez son écriture? Il me proposait de m'enlever tout bonnement. Il m'a remis ce billet devant vous la veille de la bataille où il a été tué. La balle a eu raison.

Amélie ne l'entendait pas, elle regardait la lettre; c'était celle que George avait glissée dans le bouquet de Rébecca après le bal du duc de Richmond. Le jeune fou avait eu cette belle idée d'enlever Rébecca.

Amélie laissa tomber sa tête, et, selon son habitude, se mit à pleurer, le front dans les mains. Rébecca, debout et appuyée sur la cheminée, la regardait. Qu'éprouvait Amélie? L'idole de sa vie gisait dégradée et brisée à ses pieds; son amour avait été cruellement dédaigné, mais aussi elle voyait tomber les barrières qui la séparaient d'une nouvelle et sincère affection. — Rien ne s'y oppose plus maintenant, pensait-elle, et je puis à présent l'aimer de toute mon âme. Oh! s'il veut me pardonner!

Rébecca, qui traitait Amélie comme un enfant et trouvait ses faiblesses pitoyables, la consola, l'embrassa, l'encouragea. — Vite, lui dit-elle en lui prenant la tête dans les mains, une plume et de l'encre! Écrivons-lui! qu'il vienne tout de suite.

— Je... je... lui ai écrit ce matin, répondit Amélie qui rougit excessivement.

Rébecca partit d'un éclat de rire.

— *Un biglietto*, chanta la pétulante Rosine, *eccolo qua!*... et un long trille des plus hardis, suivi d'une appogiature improvisée fit retentir les lambris.

. . . .

Deux jours après cette scène, le jour se leva pluvieux, le temps était à l'orage. Amélie avait passé la nuit sans sommeil, écoutant les longs mugissements du vent. Elle s'habilla de bonne heure et voulut absolument aller se promener avec George sur la jetée. La pluie battait son visage, ses yeux étaient fixés sur les vagues qui se brisaient en écume. George et elle gardaient le silence ; de temps à autre seulement, l'enfant adressait à sa timide mère quelques paroles d'encouragement affectueux.

— J'espère qu'il ne se sera pas embarqué par un temps pareil, dit Amélie.

— Je parie dix contre un qu'il l'a fait, répondit George. Regarde, mère, là-bas, la fumée d'un bateau...

En effet, un zigzag de fumée montait à l'horizon : c'était un paquebot... ; mais peut-être n'était-il pas à bord, ou n'avait-il pas reçu la lettre, ou n'avait-il pas voulu revenir. Mille craintes assaillirent ce pauvre cœur, aussi pressées que les vagues à l'embouchure de la Dyke. Le paquebot se rapprochait. George, au moyen d'un télescope de poche, suivait les mouvements du navire et accompagnait de commentaires nautiques la marche du paquebot, tantôt soulevé, tantôt caché par la vague. Le signal annonçant un vaisseau anglais en vue flottait au mât de la jetée. Le cœur d'Amélie n'était guère plus calme que la mer. Elle appuya le télescope sur l'épaule de George et tâcha de s'en servir : ce point noir qui dansait devant ses yeux ne lui apprenait rien. George reprit le télescope et se remit à observer le paquebot. « Comme il fatigue! dit-il, il a bien de la peine! il n'y a sur le pont que deux hommes et le pilote. Un d'eux est couché, l'autre est.... je reconnais le manteau ! c'est le sien! Dobbin!... Dobbin! » Et, repoussant vivement le télescope, il jeta ses bras au cou de sa mère. C'était William ! elle n'en doutait pas : ce ne pouvait être que lui. Il devait venir ; comment aurait-il fait pour ne pas venir ? Elle savait bien qu'il reviendrait.

Le paquebot avançait rapidement. George et sa mère approchèrent du débarcadère ; les genoux d'Amélie tremblaient si fort, qu'elle pouvait à peine marcher. Lorsque le paquebot accosta le quai, les promeneurs étaient rares ; un seul préposé vint recevoir les voyageurs. Ce petit drôle de George avait pris les devants, et un personnage fort long et assez mince, drapé d'un vieux manteau doublé de rouge, descendit du paquebot. Une jeune dame dont le châle et le chapeau blanc dégouttaient la pluie, ses deux petites mains en avant, marcha vers lui, et, presque aussitôt, disparut cachée sous les plis du vieux manteau. Elle baisait avec ferveur une des mains du monsieur, qui, je le crois du moins, pressait la tête sur son cœur ; cette tête venait exactement jusque-là. Elle murmurait bien des choses incohérentes : — Cher William ! cher, bien cher ami !... Pardonnez-moi, William..... embrassez-moi ! Et elle cherchait asile sous le manteau ; c'était vraiment absurde.

Elle en sortit enfin et le regarda. Le visage de Dobbin était triste, plein d'un amour tendre et d'une pitié profonde. Elle comprit ce reproche muet et baissa la tête.

— Il était temps de m'envoyer chercher, Amélie, lui dit-il.

— Vous ne partirez plus, William !

— Jamais ! — il pressa de nouveau la repentante sur son cœur.

Au sortir de la douane, George vint se jeter devant eux, son télescope braqué sur le couple, et les salua d'un long cri de bienvenue. Joseph Sedley n'était pas encore levé ; Rébecca, qui ne se montra pas, les regarda venir à travers les persiennes. George courut s'occuper du déjeuner. Ils sont au port. Cher Dobbin, la petite colombe est là, votre prisonnière ; ce n'a pas été sans peine. Il y a dix-huit ans que vous demandez à Dieu ce bonheur. Bonsoir, colonel, car j'ai oublié de dire que vous étiez colonel. Dieu vous bénisse, William ! Adieu, chère Amélie.

Je n'ai pas grande envie de suivre dans ses dernières et sinistres intrigues Rébecca, qui s'empare de Joseph Sedley et le domine absolument. Le nabab meurt entre les bras de la bohémienne, non sans un affreux soupçon qui plane sur tout le reste de sa vie. Il a légué ce qu'il possédait à cette femme redoutable, qui se fait dévote, va vivre en province, exerce l'aumône, écrit des livres de morale religieuse dont elle fait cadeau à son libraire, donne des concerts pour les pauvres et prend une part active aux loteries de charité, — ce qui la pose dans le monde provincial et lui assure une épitaphe pleine de vertus.

Enfants, termine le conteur, serrez les marionnettes dans la boîte, la farce est jouée.

Les hypocrites ont fait la guerre à M. Thackeray. Son éminente qualité a été d'exécrer le mensonge. Philosophe modeste et sans prétentions, l'auteur anglais a conservé jusqu'à la fin de ses jours la simplicité facile et diffuse de son style ; il n'a rien inventé dans le sens vulgaire de ce mot ; il a trouvé et raconté avec le même talent et la même analyse fine et souvent impitoyable ; il arracha tous les masques avec ardeur. Est-il bon de les enlever ? Quelques gens pensent que non ; d'autres disent, comme Thackeray, que la vérité est excellente. Eh ! mon Dieu ! laissez faire la Providence. Elle sait quand il y a trop de mensonge chez un peuple, quand l'analyse doit préparer les révolutions, et comment elles s'accomplissent. L'analyse qui veut comprendre le fond des choses ne se montre qu'au moment où ce fond devient corrompu. La création procède par synthèse, la destruction par analyse. C'est donc un assez fatal symptôme pour la société anglaise que l'apparition d'une analyse si caustique et si clairvoyante, qui la réduit à ses tristes éléments. C'est preuve qu'elle est malade ; mais toutes les maladies ne tuent pas, et les gens qui s'observent guérissent souvent.

D'ailleurs, que de scènes brillantes et pathétiques nous avons dû omettre ! Combien de fois le rire et les larmes se confondent à l'aspect des excellentes marionnettes de Thackeray ! Que de personnes vraiment anglaises et vivement colorées il a fait mouvoir ! Plusieurs de ces types auraient été à peine compris de nos lecteurs. Ce qui rend difficile l'intelligence des mœurs étrangères, c'est qu'il faut, pour les saisir, distinguer « le particulier du général, » comme disent les Allemands. Partout se trouvent des avares, des cupides, des gloutons, des lâches ; on ne voit qu'en Angleterre sir Pitt Crawley, le formaliste et le nabab Sedley, le gastronome indien. Si ces individus ont leur équivalent en France, d'autres nuances les distinguent ; notre grec joueur et professeur de billard, mari de la femme à la mode, serait en France moins taciturne et moins patient. Le philanthrope serait sentimental et beau parleur, surtout moins crédule ; la bohémienne du grand monde échapperait probablement au châtiment de ses exploits. Le colonel Rawdon aurait bien de la peine à retourner ses rois, s'il s'en allait passer la soirée à Paris en certains lieux. Nous sommes plus avancés et plus raffinés que nos voisins. Les animalcules vicieux que la société française renferme, ou plutôt qui la dévorent (s'il y a encore une société française !) sont nés d'une corruption bien plus savante ; vous qui, pour les connaître et les comprendre, prenez la loupe, le microscope et les petites pinces du naturaliste, est-ce que les instruments de votre science ne sont pas tombés de vos mains effrayées, s'il vous reste un peu de cœur ? Au lieu de professer l'ignoble et folle doctrine de la légitimité du succès, M. Thackeray n'a même pas voulu reconnaître que le succès prouve la capacité ou la supériorité ; il pleure et rit sur l'humanité, il la plaint en se moquant d'elle. Il a bien raison. Se préférer à autrui, le vaincre, le duper, le circonvenir, prendre ses avantages, profiter des circonstances, happer une proie, arriver le premier, ou simplement se donner l'apparence de ces petits triomphes, et récolter le bénéfice de l'appoint, c'est le secret du monde et du succès. Triste métier ! Dans les eaux et dans les bois, les bêtes qui n'ont que l'instinct ne font pas autre chose. Soyez donc sûr que plus un homme est habile à cet égard, âpre à son intérêt et puissant à faire prévaloir son égoïsme, plus l'infériorité de sa nature est avérée.

Thackeray a fait une école. Le charmant livre *Jeanne Eyre* lui est dédié ; il est écrit sur le modèle de *Vanity Fair*. Heureuse Angleterre ! On s'occupe encore aujourd'hui, quinze années après la publication de *Vanity Fair* et de *Jeanne Eyre*. C'est peu de chose que l'amour de Dobbin et les roueries de Rébecca, peu de chose comme sujet et comme fonds, que les conversations de M. Rochester, homme bourru, blasé, ennuyeux et ennuyé avec Jeanne Eyre, chargée de l'éducation de la fille naturelle qu'une danseuse a mise au monde ; c'est peu de chose, mais c'est beaucoup que la vérité ; avec ces deux governesses l'une laide et honnête, l'autre séduisante et démoniaque, les deux auteurs ont fait, l'un une petite élégie, l'autre une vaste épopée en prose. Tel peintre, pour créer son chef-d'œuvre, n'a besoin que d'une vieille muraille crépie à la chaux et de deux canards dans un étang. La beauté de l'art n'est pas dans le texte choisi, mais dans l'âme qui perçoit et qui reproduit. L'art est sans bornes. Sa variété infinie n'a pas d'autre secret que la diversité des natures. Titien, Van-Dyck, Velasquez, Rembrandt et Rubens auraient fait du même modèle cinq portraits admirables et divers. Currer Bell, auteur pseudonyme de *Jeanne Eyre*, est jeune évidemment et n'a pas la philosophie, la profondeur, le coup d'œil, la portée de Thackeray. Currer Bell, quoique imitateur, a une certaine originalité. Il fait naître la terreur et le pathétique par les moyens modestes ; il sait la poésie des choses humbles et les tragédies secrètes de la vie ; ses effets vifs sont obtenus par des couleurs sobres. Tantôt une lumière brille à travers les fentes de la porte ou par le trou de la serrure, tantôt une clarté est entrevue dans l'obscur feuillage et au milieu d'une nuit sombre. Il excelle dans ce genre ; Rembrandt et Ruysdaël n'y sont pas plus habiles. Les sensations poétiques de la jeunesse, les émotions obscures et mystérieuses de la vie solitaire, reproduites dans son petit livre plutôt qu'analysées, frappent le lecteur à la fois comme des nouveautés littéraires et comme des échos animés de la vie réelle. Il évoque sous le toit le plus modeste, au coin d'un feu de tourbe, les terreurs de mistress Radcliffe et de ses vieux châteaux; un sifflement dans une galerie, une lumière qui s'éteint, un meuble qui tombe, appels secrets et inattendus à la sensation, qui deviennent touchants et singuliers. En cela, il est encore de l'école de Thackeray, dont il n'a pas la vaste et profonde expérience. Comme Thackeray, il exerce le *cant*. Vous quittez la lecture de *Jeanne Eyre* et de *Vanity Fair* tout animé contre le mensonge et les apparences, la fausse sévérité, la fausse grandeur, la fausse dévotion et surtout contre le puritanisme et les puritains.

Cette horreur de l'hypocrisie est commune à Thackeray, Dickens, Carlyle et Currer Bell. Dans tous leurs ouvrages, la citadelle britannique du cant est attaquée de front. Qu'est-ce que le cant? Byron en a beaucoup parlé. Ce n'est pas le calvinisme, ce n'est pas l'hypocrisie, ni la religion, ni l'affectation, ni la pruderie, ni l'anglicanisme, ni le puritanisme, ni la régularité : c'est un peu de tout cela. Personne n'a dit à quel point les hommes de Cromwell ont formulé définitivement l'Angleterre. C'étaient eux qui *cantaient, cantabant*, chantaient nasalement leurs vieux hymnes de Rons et leurs chansons bibliques. Le cant c'est-à-dire l'apparence extérieure d'une sainteté souvent menteuse, a créé tout un monde d'habitudes qui ne sont pas seulement anglaises, mais dont la trace se retrouve encore vivante à Genève comme à Glascow, à Boston comme à Lausanne, partout où l'institution calviniste a pris racine. Le dogme de la damnation prédestinée, la redoutable exagération du péché originel, la croyance au mal comme maître souverain de l'humanité, doctrine sombre de Cromwell et de Knox, formule désespérée d'un christianisme tombé dans l'excès de son principe, est la base profonde de ce vaste ensemble d'idées et de coutumes auquel se rattachent la littérature, la politique et les mœurs d'une portion notable des races septentrionales depuis le seizième siècle. Que l'on réfléchisse que Jansénius était du nord de la France, qu'il s'appelait *Jansen*, ou plutôt *Jean-son*, le fils de Jean ; que l'on veuille se rappeler que le Midi, l'Italie et l'Espagne, adoptaient les données contraires, — liberté mondaine, joie amoureuse, art sensuel, facilité des mœurs, — grâce élégante. A proprement parler, il y a eu deux protestantismes, celui qui exagérait le principe chrétien, le principe de damnation et de péché, — le puritanisme, — et celui qui exagérait le principe païen de l'indulgence ici-bas, du bien-vivre et de la volupté ; c'est celui qui maintenant nous pousse, nous entraîne et nous perd. Depuis Cromwell, l'Angleterre avait vécu sur le premier et le plus sévère de ces deux principes, auquel le principe méridional et païen a fait la guerre sans succès.

Les annales de l'hypocrisie en Angleterre sont curieuses. Avant Élisabeth et John Knox, il n'y en a pas trace. Tout est joyeux chez le poète Chancer, c'est un *merry England!* on plante le mai, la bière coule, les filles dansent. Le vicaire, le *pardonneur* et le *chanoine* sont aussi joyeux compères que le tavernier lui-même. Vers 1580, du temps de Shakspeare, un voile de tristesse morale tombe sur les fronts. Ah çà ! s'écrie le grand poète Shakspeare, croyez-vous, parce que vous faites la grimace, qu'il n'y aura plus d'ale dans les brocs, et que les gâteaux et le vin clairet seront sans amateurs ? Dès lors, Shakspeare se révoltait contre le *cant*, que Fielding, Sheridan, Smallett, Byron, ont ensuite écrasé. Si le cant a trouvé des défenseurs puissants, de Foe, Richardson, Burke, même Wordsworth, qui ont combattu pour cette sévérité minutieuse du jansénisme calviniste, leur prise d'armes ne l'a pas sauvé ; aujourd'hui tous les romanciers de valeur marchent dans la même voie que Fielding, Sheridan, Dickens et Thackeray. L'Angleterre non-seulement souffre ces libres critiques, mais elle y applaudit, et elle a raison. Un peuple qui est sûr de sa force entend la vérité, et il a le courage de se le dire à lui-même. Ce qu'il faut admirer surtout chez Thackeray, c'est qu'en fustigeant le mensonge religieux, puritain et démocratique, il ne ménage pas le mensonge sceptique et mondain. A bas le masque du roturier Tartufe et du seigneur Moncade ! La bannière de vérité est celle dont Thackeray s'est servi pendant toute sa carrière littéraire ; cette bannière est aussi la mienne ; je désire qu'elle fasse beaucoup de conquêtes.

Revenons à Currer Bell.

LA ROMANCIÈRE DE L'YORKSHIRE

(CURRER BELL OU CHARLOTTE BRONTE)

LA
ROMANCIÈRE DE L'YORKSHIRE

(CURRER BELL OU CHARLOTTE BRONTE)

Si vous traversez l'Angleterre du sud au nord et que vous passiez des mines du Cornouailles au duché du Northumberland, vous rencontrez vers le milieu de votre route une contrée singulière, l'*Yorkshire*. Cette subdivision anglo-saxonne (*shire*), qui par parenthèse est samskrite, fut établie aux premiers temps de la conquête et dure encore, ainsi que le village anglo-saxon ; village analogue dans sa constitution première (comme l'ont démontré Thorpe et Kemble) si ce n'est identique, au village hindoustanique d'à présent.

Pressée entre les deux mers d'Irlande, cette bande de terre étroite relie aux comtés méridionaux la pointe septentrionale de l'île. Je viens de dire qu'elle est étroite ; c'est relativement à la configuration du pays et non autrement. Elle offre sur une étendue considérable (6,000 milles carrés anglais), une grande variété de mœurs et d'aspects et une population de deux millions d'âmes. De tous les comtés d'Angleterre c'est le plus grand ; ses villes se peuplent avec rapidité ou plutôt elles débordent ; la seule paroisse d'Halifax compte aujourd'hui 150,000 âmes. En descendant vers le sud on trouve Leeds, Manchester, Sheffield et des armées d'ouvriers actifs, infatigables, redoutables. Si vous remontez vers la gauche du côté de l'Irlande, vous trouvez les rives des beaux lacs de Derwent et de Windermere, chers aux poëtes, lacs riants et solitaires. A droite, du côté de l'Écosse, dans un lointain brumeux dont le soleil couchant rougit les voiles, s'élèvent les têtes blanches des monts Grampiens ; au-dessous, voici les paysages agrestes du Lancashire et les ravins sombres du Border, où est né Carlyle, le philosophe.

Quant à l'Yorkshire, où Cromwell porta le coup à la monarchie absolue et de droit divin (1) et où Constantin revêtit la pourpre (2), c'est — vers le centre du moins, et non vers les extrémités du *west* et de l'*eastriding* (3) — un pays très-isolé par le caractère du sol et des hommes. Des collines grises abritent des villages de pierre grise. Les rochers sont gris, les arbres rares, les bruyères rouges, les hommes durs. Je ne les ai pas trouvés là plus méchants qu'ailleurs, mais

(1) A Marston-Moor.
(2) A York.
(3) Sous division du pays.

dans les rangs inférieurs, un peu moins désagréables. Le ton est rude, la prononciation sèche; beaucoup de mots écossais, traversant « le pays au nord de l'Humber » — *Northumberland* — se sont mêlés au dialecte. L'odeur du thym et de la bruyère en fleur vous arrive par vives bouffées quand le printemps fait jaillir du sein des tiges et des corolles ces parfums âpres qui se confondent avec les amères saveurs de la brise salée et du caillou broyé par les vagues. Ces émanations maritimes et forestières, le sel des rivages, l'âcre senteur de la verdure semblent avoir passé dans les veines des habitants; ils ont la *self-reliance*, la confiance énergique en eux-mêmes, l'économie, l'habitude du travail. Leur loyauté en leur industrie, leur activité, sont passées en proverbe. Ils aiment le gain, vous raillent volontiers et se consolent par la mauvaise humeur des rudesses de leur climat. Celui-ci ne sera pas détruit, sans doute par le cours de la civilisation, par l'active et démocratique influence des chemins de fer, par le mouvement rapide des populations; dans cent ans on verra encore s'élever en fumant du fond des *bothams* ou creux des vallées ces masses sombres et ardentes de brouillards épais qui couvrent les bruyères rouges et roulent sur le penchant des collines. Ce qui commence à s'effacer maintenant, c'est le caractère, c'est l'homme. Ni lâche, ni paresseux, ni sanguinaire, le paysan de l'Yorkshire, qui vers 1815, était volontiers farouche, est resté désobligeant et taquin. Le vent qui vient du large le harcèle dans sa petite maison solitaire, sans ornements, d'un aspect morose et d'une austère propreté. Si un passant s'arrête devant le seuil, l'homme se met volontiers à la fenêtre pour lui dire : « *Vous êtes bien laid !* » comme le rapporte en se plaignant un voyageur de cette époque. Toute cette insociable humeur qui ne répond jamais *oui* se résume dans la légende du bourgeois qui se fait assurer par une compagnie, meurt après avoir signé l'engagement, et s'écrie avant le dernier soupir : « *Comme la compagnie va être attrapée ! je joue toujours de bonheur !* »

Une scène plus authentique et qui se rapporte aux mêmes années anti-diluviennes (de 1800 à 1820), « le temps va si vite ! » est celle de sir William Ingleby, riche propriétaire de l'Yorkshire, membre du Parlement, et qui allait toujours payer ses factures en personne. Un de ses fournisseurs ne le connaissant pas, et contemplant ses bottes à revers et son habit bleu barbeau taillé selon l'ancienne mode, le prit pour l'intendant, non pour le maître, le fit asseoir, le fit boire, parla de sir William, de ses bizarreries et de ses caprices, traita le seigneur fort ironiquement, comme un Yorkshirois qu'il était, proposa une remise à l'intendant prétendu s'il voulait grossir un peu la note des fournitures, et ne fut détrompé qu'au dernier moment, lorsque sir William se fut attribué, à titre d'escompte, le pot-de-vin du fournisseur ; il garda le fournisseur et le pot-de-vin. C'est à l'Yorkshire qu'appartient aussi ce réformateur religieux dont nous parlions récemment, qui, le fouet de poste à la main, menait des ouailles à l'église, fermait la porte sur ces chrétiens, mettait la clef dans sa poche et les prêchait ensuite selon son gré. Nulle part les élections n'étaient plus orageuses que dans l'Yorkshire.

C'est à ce curieux pays qu'appartiennent Currer Bell (miss Brontë), romancière de l'Yorkshire, et mistriss Gaskell, biographe de cette romancière. *Jane Eyre* par Currer Bell a fait le tour de l'Europe. On a traduit dans toutes les langues cette âpre et passionnée, cette forte et naïve production de l'esprit puritain.

O le charmant texte et l'intéressant sujet de biographie, la vie de miss Brontë ! Fille rustique du pays que je viens de décrire ; élevée parmi ces hommes dont la race commence à s'éteindre ou à s'altérer ; gens qui savaient aimer et grondaient toujours ; qui se dévouaient et ne voulaient pas plaire ; chétive, passionnée, résignée, ardente, impétueuse, contenue, laborieuse, élevée dans l'obscurité du presbytère paternel, elle avait commencé, en face du cimetière du village, dans la pauvreté et l'humilité d'une situation sans espoir, cette lutte de la vie qu'elle a décrite et dramatisée dans ses romans ; le combat de la fille intelligente, privée d'attraits, de fortune et de beauté. C'est ce combat « sublime » qu'elle a reproduit dans ses œuvres : *Jane Eyre*, *Villette*, *Shirley*, publiés sous le pseudonyme de *Currer Bell*. Style concentré, couleur sobre et vive, sagacité, fermeté d'accent, vigueur fine dans le dessin et le détail des caractères : tout son pays est là. Depuis Swift, je ne crois pas qu'on ait écrit de meilleur anglais. La sobriété lui donnait la concision ; le temps qu'elle consacrait à son œuvre en augmentait la solidité ; ce qu'elle avait souffert communiquait à son style ce que rien ne remplace : souffle, vie, passion. De l'amour elle ne connaissait que les tristesses, les âpretés, les amertumes, les dissonnances ; elle en a fait son étude, son travail favori, son œuvre chérie. Elle n'a reproduit que des paysages âpres et qui attirent ; des situations pénibles et qui plaisent ; des êtres peu aimables et que l'on aime ; en un mot des *dissonances*. Quiconque n'ignore pas les secrets de ces deux puissances, « la musique et l'amour » comprendra ce que je viens d'indiquer.

Ce ne sont pas la coïncidence et l'uniformité qui nous charment ; pour l'oreille comme pour les yeux, l'esprit et l'âme, l'unisson est de peu de valeur. Par une loi suprême, l'antagonisme est la vie du monde. « Il y a, dit Montaigne, comme une *riotte* et un « combat perpétuels dans l'amour même. » Ce charme mystérieux de la dissonance réconciliée et fondue dans une harmonie définitive, ce problème de la répulsion, — problème infini, — la petite fille de l'Yorkshire — poitrinaire comme ses deux sœurs; morte très-jeune comme ses deux sœurs; — fille au teint gris, au nez trop fort, timide, embarrassée d'elle-même, à l'air orphelin et souffreteux, les a compris et résolus. Tous ses héros sont désagréables, toutes ses héroïnes laides. On ne peut les quitter dès qu'on a le livre entre les mains. Elle n'a pas vu le monde, elle est à peine sortie de son village et de sa pension, mais elle a souffert. C'est un grand mot que celui du philosophe antique : « *Mathêmata pathêmata;* ce qui nous enseigne le mieux, c'est de souffrir. »

Ensuite, ou plutôt avant tout, elle avait l'esprit juste, l'âme haute, l'habitude du travail. A ces qualités se joignaient en elle la charité sincère et active et la rectitude du sens moral. Elle faisait honneur à la petite localité provinciale qu'elle a décrite et dont le caractère se résume fortement dans ses œuvres. Oh ! le ton fier de la petite Yorkshiroise avec ses éditeurs de Londres! C'est une sauvage que cette enfant des bruyères de Keighley et de Haworth! Imaginez donc qu'elle traite avec eux d'égal à égal, elle qui ne pèse pas un fétu dans la société britannique ! Elle que l'*Edimburgh* peut écraser, le *Quarterly* crucifier, le *Times* livrer à la torture ! Avec une centaine de livres sterling pour tout capital, une chaumière pour habitation, un père misanthrope et aveugle; sans prôneur, sans ami, elle ose lever la tête !

Eh bien! tout cela ne fait rien à son succès en Angleterre. Elle a du talent et on l'estime; son premier livre publié, le triomphe est obtenu; on la met au rang qu'elle mérite; nulle intrigue ne la repousse; nulle rivalité ne l'écarte; nulle manœuvre ne la ravale; aucune bassesse ne la calomnie. On se fait l'honneur de l'inviter à dîner. M. Thackeray, sir Litton, Bulwer, Dickens, la saluent et lui sourient. Un brave baronnet la reçoit avec une courtoisie parfaite, bien que la petite provinciale, engagée dans ses robes noires comme dans un étui, les bras collés contre la taille, myope par-dessus le marché, quelquefois silencieuse ou timide jusqu'à l'enfantillage, ne soit pas une fleur de salon très-éclatante.

La provinciale reste provinciale, son humeur manque de grâce et son caractère de souplesse.

Elle semble un peu difficile dans ses rapports avec les journalistes et les gens de lettres. Elle dit son fait à Thackeray, que c'est un plaisir. Elle se gendarme comme si on l'assassinait, dès qu'on la taquine de la moindre critique. Elle n'entend pas que l'on se souvienne qu'elle est femme, encore moins fille nubile et qu'on la juge comme telle. Ses prétentions et ses courroux demi-virils sont tout à fait amusants. M. Lewer lui ayant donné quelques conseils littéraires, elle le bombarde d'un petit billet doux de deux lignes tout ému de fureur. Cela n'est pas du meilleur goût ; l'âme féminine se révèle dans sa véhémence instinctive plutôt que dans sa douce modération. Enfin la province perce, le ton de l'Yorkshire se fait jour, et l'on voit que la jeune romancière n'est pas ce qu'on appelle « élevée. »

Mᵐᵉ Gaskell, autre romancière, auteur de la très-agréable fiction de Ruth, a écrit avec plus de bonnes intentions que de succès la *Vie de Charlotte Brontë*. La minutie calviniste et la sentimentalité apparaissent trop dans ce livre, qui aurait pu être charmant ; les anathèmes du sentiment s'y mêlent à propos de tout — et hors de propos toujours — aux inquisitions de casseroles, aux vérifications de mobilier, aux expertises d'alcôve. Aimer l'ordre, être vertueuse, chérir l'exactitude, détester l'ivrognerie et les plats brûlés, surveiller le ménage, adorer la chasteté, soigner les enfants, étendre le linge par les temps secs ; oui, cela fait honneur. Mais n'abusons pas de cette vertu pratique. Il est inutile de nous apprendre que Charlotte Brontë excellait à réduire en purée les pommes de terre cuites. Il y a mieux dans la vie d'une femme que de surveiller *la glu végétale jusqu'à sa perfection définitive.*

Le calvinisme a soumis les mêmes détails de la vie domestique à une inquisition trop rigoureuse, et les biographes anglais ne nous font pas grâce de cette inquisition. Mᵐᵉ Gaskell reproche à M. Brontë de ne pas dîner avec sa famille. Si M. Brontë, qui est vivant et qui me semble un très-honnête homme, veut dîner seul, c'est son droit, laissez-le dîner seul. La marmite, l'édredon, les petits verres du jeune *Brauwell* et ses « tankards » de bière, ses torts, ses travers, ses amours ; — comment il s'est laissé emporter dans la carrière des voluptés par une femme « mûre », et comment il poussait des gémissements de « *veau malade* » (*sic*), quand on lui donna son congé ; — et comme quoi ses pauvres petites sœurs lisaient dans ses yeux, le matin, les traces de ses crimes (elles étaient trop curieuses les sœurs !) ; — je voudrais effacer ces biographiques mièvreries. Malgré l'autorité de Balzac, cet abus du détail microscopique m'a toujours soulevé le cœur.

Je sais bien que le puissant et subtil romancier Balzac, dont la trace littéraire, à mon sens, est ineffaçable, aimait le détail jusqu'à la frénésie. Je sais que M. *de* Balzac (c'est ainsi qu'il voulait être nommé), ayant donné à la littérature moderne l'impulsion descriptive, a eu pour élèves d'autres gens de talent, qui, en grand nombre et à travers l'Europe, ont dressé à leur tour des milliers d'inventaires. Je sais que l'esprit rare de M. Sainte-Beuve a encouragé cette tendance ; qu'elle est d'accord avec les penchants de nos contemporains, et que l'on imagine en exagérant l'analyse atteindre la vérité. Cela ne donne pas le droit de faire d'une biographie une autopsie ou une vente après décès, de suspendre à la fenêtre de la famille le vieux mobilier, le vieux linge, les détritus, les rognures et les déchets qu'il faut balayer loin de la maison.

FIN

TABLE DES MATIÈRES

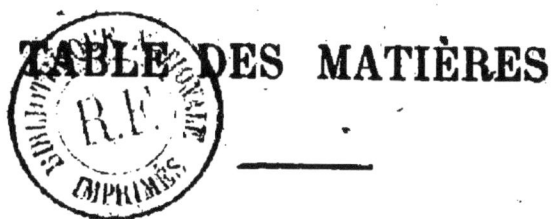

	Pages.
AVANT-PROPOS	1
FRANCIS JEFFREY. Fondation, développement et influence de la *Revue d'Édimbourg*	9
ROBERT SOUTHEY. Sa vie et ses œuvres	81
THOMAS MOORE	135
LE ROMAN DE MŒURS EN ANGLETERRE. William Makpence Thackeray	189
ROMANCIERS ET ROMANCIÈRES. La romancière de l'Yorkshire, Currer Bell	339

FIN DE LA TABLE DES MATIÈRES.

Corbeil, typ. et stér. de Crété fils.

www.ingramcontent.com/pod-product-compliance
Lightning Source LLC
Chambersburg PA
CBHW050806170426
43202CB00013B/2586